CHRONIQUES

ET LEGENDES

DES RUES DE PARIS

Paris. — Imprimé chez Bonaventure, Ducessois et Cie,
55, quai des Augustins.

CHRONIQUES
ET LEGENDES
DES
RUES DE PARIS

PAR

ÉDOUARD FOURNIER·

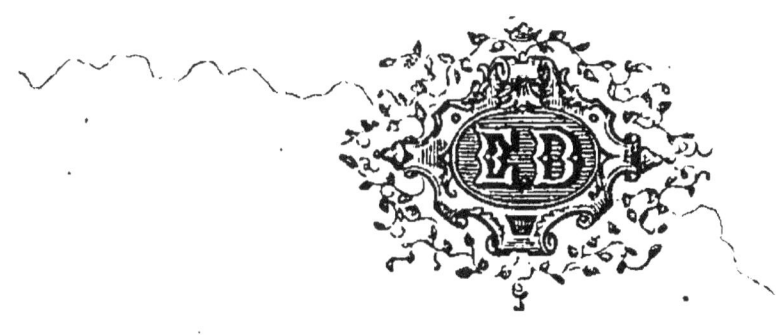

PARIS
E. DENTU, ÉDITEUR
Libraire de la Société des gens de lettres
Palais-Royal, 17 et 19, galerie d'Orléans.

1864
Tous droits réservés.

I

LES POÈTES A PARIS

Je commencerai, s'il vous plaît, par vous parler des poètes dont on ne se souvient vraiment pas assez dans ce temps-ci, et dont la *chronique,* par ses oublis, semble presque être l'ennemie intime. Quant à moi, je sympathise avec eux de tout mon esprit et de tout mon cœur ; nulle pensée ne m'est plus douce que celle qui me vient parfumée de leurs fleurs.

Je me plais surtout en leur compagnie depuis que, rompant avec la routine des inspirations ordinaires, ils ont quitté, pour la plupart, la banalité des sujets fanés qui, sous de nouveaux pompons et avec d'autres rimes, les renfermaient dans les entraves enrubanées d'un genre que j'appellerai l'*Almanach des Muses romantiques*. Ils ont quitté la vie de convention de ces *idylles,* dont le titre tout neuf était *rêveries* ; de ces *élégies* qui, pour se rajeunir, s'appelaient *émotions*. Ils sont restés dans la vie réelle, et leur Muse y a gagné d'être plus forte et de parler plus haut. Il est bon pour elle d'abandonner la nue, de dire même adieu aux bois, et de venir, moins dédaigneuse, tremper son pied dans le ruisseau de la rue. Madame de Staël aimait bien celui de la rue du Bac[1] ! A Coppet, elle le regrettait, ce fangeux ruisseau, et pourtant elle était poëte et les blancs sommets de la Suisse étaient devant elle.

De tous les poëtes d'aujourd'hui je n'en aime aucun plus que ceux dont la rêverie a bien voulu, en flâneuse, battre le pavé de notre vieux Paris ; s'arrêter aux carrefours

---

1. Suivant d'autres ce n'est pas le ruisseau de la rue du Bac, mais celui de la rue Saint-Honoré que regrettait madame de Staël, et c'est dans une de ses lettres à Talma qu'elle aurait exprimé ce regret : « Ah ! mon cher Talma, aurait-elle dit, le ruisseau de la rue Saint-Honoré ! » (V. Hugo, *Cromwell*, 1841, in-12, notes, p. 422.)

devant les derniers saltimbanques qui l'égayent, s'émerveiller des jeunes splendeurs dont il se revêt; puis, avec un soupir pour le passé, raviver, sous la ville nouvelle qui naît et qui grandit, la vieille cité qui tombe et disparaît.

Dans un beau poëme de M. Marc Pessonneaux, intitulé : *la Vie à ciel ouvert*[1], auquel je voudrais, je devrais consacrer de longues pages, je trouve sur ces spectacles du coin des rues, sur les saltimbanques et leurs pauvres petites victimes, des vers d'une grande vérité de touche, où l'on sent l'émotion frissonner sous la nuance :

> Les voilà tous : la Grosse est auprès de l'Hercule,
> Qui porte Mitoufflet sur une clavicule,
> Et sur l'autre Gaston ; il tient par le collet
> L'enfant que dans la troupe on nomme Gringalet.
> Gaston est en maillot ; un jupon polygone
> Que Pepa lui tailla dans un vieux jupon jaune,
> Fait ressortir encor sa maigreur et son teint,
> Par le jeûne, la veille et la fatigue éteint.
> Tous ses efforts secrets pour avoir un air libre,
> Tous les membres roidis pour garder l'équilibre
> Font crisper son sourire, et son œil transparent
> Promène sur la foule un regard déchirant.

Le saltimbanque est un débris du vieux Paris ; bientôt ce ne sera plus qu'un fossile,

---

1. Paris, E. Dentu, 1860, 2 volumes in-18.

comme la vieille ville ne sera plus qu'une ombre. Pour retrouver l'un, il faudra relire des vers comme ceux de M. Marc Pessonneaux, et pour revoir l'autre apparaître dans sa plus vive image, on devra s'adresser à quelque poëte encore, à M. André Lemoine, par exemple, qui, dans ses stances *une Larme du Dante,* bijou charmant enchâssé dans un trop mince volume, nous dit à son tour, comme naguère Auguste Barbier en une admirable pièce :

Voilà, voilà celui qui revient de l'Enfer.

M. A. Lemoine nous représente le vieux poëte jetant sur Paris, du haut d'une étroite fenêtre de l'hôtellerie de la rue du Feurre où il est descendu, un de ces regards qui voyaient si bien en d'autres gouffres [1].

Dante courbé pencha son regard dans Paris.
. . . .

---

1. J'ajouterai une note, inutile dans la *Maris Stella* de M. A. Lemoine, indispensable ici. Dante vint à Paris, et y étudia, on ne sait au juste à quelle époque, mais sans doute en 1294, année où son maître Brunetto Latini y mourut. Il avait alors vingt-neuf ans. Un passage de son *Paradis* témoigne de ses études aux écoles de la rue du *Feurre,* sous Sigier de

Il promena d'abord sa vue indifférente
Sur les gens affairés qui fourmillaient en bas,
Clercs, marchands, écoliers ;—il ne reconnut pas
Un seul habit toscan dans cette foule errante.

Brabant. « Dante, écrit M. Victor Leclerc (*Journal des Débats*, 11 août 1845), Dante, au milieu de la lumière éclatante de son *Paradis*, entend une voix qui lui apprend de quelles âmes illustres il est environné. « A ma droite, c'est mon frère et mon « maître, Albert de Cologne ; et moi, je suis Thomas « d'Aquin. Si tu veux savoir qui sont les autres, que « tes yeux suivent mes paroles, à travers la céleste « Guirlande. Ce sourire de flamme est celui de Gra- « tien, qui a rendu de tels services à l'un et à l'autre « droits, que la vie heureuse l'en a récompensé. Vois « ensuite resplendir l'ardent génie d'Isidore, de « Bède et de ce Richard, que ses extases élevèrent « au-dessus de l'homme. Celui sur lequel ton re- « gard m'interroge est un esprit, qui, dans ses graves « méditations, eût voulu devancer la mort trop lente, « c'est l'éternelle lumière de Sigier, qui, professant « dans la rue du Fouarre, mit en syllogismes d'im- « portunes vérités :

« *Essa a la luce eterna di Sigieri*
« *Che leggenda nel vico degli strami*
« *Sillogizzo invidiosi veri.* »

Fazio degli Uberti, « le disciple le plus fervent et le plus fidèle » de Dante, vint aussi un siècle après étudier à Paris, dans la rue du Fouarre, ainsi qu'on le voit par maint passage de son *Dittamondo*, ce livre

Puis, entre des palais et des maisons de bois
Il aperçut un fleuve au cours mélancolique,
Et, dominant au loin la cité catholique,
Une forêt de tours, de clochers et de croix.

Il chercha le soleil.—La lumière amortie
Pour le poëte en deuil n'eut pas un rayon d'or ;
Le globe descendait, ainsi qu'un astre mort,
Froid comme un clair de lune et blanc comme une hostie.

. . . .

Il joignit ses deux mains... (sur sa joue amaigrie
Une larme roulait...), sa tête se pencha...
L'enfant qui le suivait tout ému s'approcha
Et de sa douce voix parla de la patrie.

Ce sujet, *le Dante à Paris*, était bien fait pour tenter nos poëtes. Après avoir si heureusement alléché M. A. Lemoine, il a plus longuement et avec autant de bonheur inspiré considérable et si peu connu, auquel M. Paul de Saint-Victor a consacré dans *le Correspondant* du 10 janvier 1846 (p. 67-90), un si excellent article. La rue du *Feurre* ou du *Fouarre* nommée ainsi, selon Ménage, à cause de la paille (*feurre*), sur laquelle s'asseyaient les écoliers dans les classes, est citée dans Rabelais (liv. I, chap. II; liv. II, chap. X) et dans *les Contes d'Eutrapel*, où elle est donnée comme le pays de la glose (édit. 1732, t. I, p. 67). Aujourd'hui c'est une rue perdue, qui attend, comme ses voisines, la démolition. Au n° 13 est un vieux puits dont la margelle est ornée d'une tête de monstre.

M. Jacques [1], en l'une de ses *causeries* poétiques les plus développées. On y voit Dante se promener dans ce Paris qui est à lui seul, au grand complet, le triple monde qu'il hanta jadis : le *Paradis* pour quelques-uns, l'*Enfer* pour beaucoup, le *Purgatoire* pour le plus grand nombre [2]. Virgile n'est pas avec Dante, dans cette promenade. M. Jacques le remplace, et pour que le poëte de la *Divine Comédie* s'introduise d'une façon digne dans le grand pandémonium, il l'y fait entrer par la *porte d'Enfer !*

M. A. de Châtillon, un poëte éveillé d'hier, et qui babille déjà comme le plus gai pinson, égare à travers la banlieue ses rimes promeneuses.

Tout lui plaît dans ces environs, et ce qui est la plus charmante preuve de préférence, tout lui semble là sujet de poésie et de chanson. Il en a pour le *Cabaret de la Grand'Pinte*,

---

1. Pseudonyme du savant professeur Demogeot.
2. Je dois rappeler ici que le dicton : « Paris est le paradis des femmes, le purgatoire des hommes, l'enfer des chevaux, » date au moins de deux siècles et demi. Il se trouve dans un pasquil de 1619, où il n'est pas donné comme nouveau. (*V.* nos *Variétés*, t. II, p. 284.)

pour la *Barrière Blanche*, où il s'apitoie à regarder passer les bœufs qui vont à l'abattoir; pour les maisons neuves dont on bâtit les hauts étages vers la rue de Clichy et la rue Pigalle ; enfin, voyez jusqu'où va sa poésie, il a même des vers pour les moulins de Montmartre ; et il embellit, il idéalise toutes ces choses, tant il les aime.

Salut, dit-il, par exemple, aux moulins :

> Salut, dernières splendeurs
> De Montmartre et de sa butte
> D'où plus d'un fait la culbutte
> En descendant les hauteurs !
> D'un faux pas nul n'est le maître
> Quand il suit les brodequins.
> Qu'ils sont gais les trois moulins
> Que l'on voit de ma fenêtre !
>
> . . . .
>
> Venez là vous promener,
> Si votre bourse est en fête,
> Au Moulin de la Galette [1]
> Allez aussi déjeuner.
>
> Vous direz plus tard, peut-être,
> Même en de plus beaux jardins :
> Qu'ils étaient gais ces moulins
> Qu'on voyait de ma fenêtre !

Les vers de M. de Châtillon nous ont mené,

1. V. plus bas, p. 50.

tambour battant et mirliton sifflant, dans la banlieue : ne la quittons pas.

Un poëte qui ne dit pas son nom, car il veut qu'on l'appelle par celui d'*Ulrich*, qui n'est le nom de personne, va nous y entraîner sur les pas des grisettes trotte-menu que Paul de Kock regrette, et dans le sillage des calèches de ces lorettes *à grandes guides* que ne regrettera pas même le vice spirituel.

Il va nous conduire vers Suresne, dont le vin qui ne vaut guère, vaut mieux pourtant que sa réputation [1]; vers la Vallée aux Loups et les bois d'Aulnay, où l'*arbre de Robinson* l'arrêtera dans une oasis de guinguettes, qui n'est pas une île déserte; à Saint-Cloud, où depuis le temps de Louis XIII, quand la Du Ryer y grisait les gens de cour, on n'a pas cessé de boire [2]; enfin au bois de Boulogne, vers la villa de Rossini et le chalet de Lamartine, sur les ruines du Ranelagh [3] :

---

1. *V.* sur ce vin et le goût prétendu que Henri IV avait pour lui : *L'Esprit dans l'histoire,* 2ᵉ édit. p. 217.

2. *V.* notre *Histoire des hôtelleries et cabarets,* t. II, p. 281 et suiv., et le *Roman bourgeois,* édition elzévirienne, p. 87, note.

3. *V.* sur le *Ranelagh* les *Énigmes des rues de Paris,* p. 327-340.

Puisque c'est demain dimanche,
Nous irons hors de Paris,
Tu prendras ta robe blanche,
Moi, j'aurai mon chapeau gris.

Que choisira ton caprice?
—Où tu veux aller je vais.—
Montreuil, aux pêches propice,
Ou bien les prés Saint-Gervais?

Visiterons-nous, mon ange,
Dédaignant les frais sentiers,
Enghien, plein d'agents de change,
Ou Passy, plein de rentiers?

Boulogne, au bois purgé d'ânes,
Peut nous montrer à la fois
Ses escadrilles de canes
Et ses couples de bourgeois.

A Suresnes, mon hôtesse,
Échanson à l'œil divin,
Me verseras-tu l'ivresse
De tes regards et du vin?

Respirerons-nous l'arome
Du printemps jeune et verdi,
Malgré Mathieu (de la Drôme)
Et la chaleur qu'il prédit?

Ferons-nous notre dînette
Sur l'arbre de Robinson,
Tendres comme une fauvette,
Ou joyeux comme un pinson?

Le bois sera magnifique,
Tour à tour sombre ou vermeil

Comme un Diaz authentique,
Rempli d'ombre et de soleil.

Sur le fourreau blanc du tremble
Nous inscrirons notre nom.
Si nous disputons ensemble
L'amour ne dira pas non.

Nous verrons, courses heureuses,
Ou canotiers ou piétons,
Bougival plein de vareuses,
Saint-Cloud plein de mirlitons.

Fuyons surtout les lieux ternes,
Endroits tristes quoique beaux :
Versailles a trop de casernes,
Saint-Denis trop de tombeaux.

Irons-nous à la barrière,
Où pullule un monde entier ?
Mars s'y fait vendeur de bière [1],
Et Bacchus cabaretier.

Grave aujourd'hui, toi, mutine,
Aimerais-tu mieux, Nini,
Le chalet de Lamartine,
La villa de Rossini ?

Mais, ma chère, avant de mettre
A profit ce beau dessein,
Consultons le baromètre
Et dormons jusqu'à demain.

1. Ceci rappelle l'épigramme sur Santerre, brasseur et général de la garde nationale, pendant la Terreur :

Ci-gît le général Santerre,
Qui n'eut rien de Mars que la bière.

M. Louis Bouilhet nous fait repasser la barrière, pour nous ramener au cœur de Paris. Il a, dans ses *Poésies,* toute une pièce sur la grande ville. Ce sont des stances de regrets, au seuil desquelles il plante comme un drapeau de deuil ce titre éploré : *Démolition :*

> Ah ! pauvres maisons éventrées
> Par le marteau du niveleur,
> Pauvres masures délabrées,
> Pauvres nids qu'a pris l'oiseleur !
>
> . . . .
>
> Quand vos cloisons mal affermies
> Livrent aux regards insultants
> Les secrètes anatomies
> Du foyer qui vécut cent ans;
>
> Et qu'on voit au long des murailles,
> Sous les morsures des grappins,
> Flotter, ainsi que des entrailles,
> Vos vieux lambeaux de papiers peints !
>
> Mon cœur frémit, ma foi s'écroule
> Devant les manœuvres impurs
> Dont la cognée ouvre à la foule
> La conscience des vieux murs.
>
> . . . .
>
> Voici la mansarde fidèle
> Où le poëte, pauvre encor,
> Confiait au nid d'hirondelle
> Le secret de ses rêves d'or !

> Ah! douloureuses gémonies!
> Ils ont tout mis sous l'œil du jour,
> Depuis la chambre aux agonies
> Jusqu'aux alcôves de l'amour.
>
> . . . .
>
> Pour les couvrir, montez, ô lierres,
> Brisez l'asphalte des trottoirs!
> Jetez sur la pudeur des pierres
> Le linceul de vos rameaux noirs!
>
> Cercueils froids que le sage envie,
> J'ai vu votre ombre et vos lambeaux :
> Mais ces sépulcres de la vie
> Sont plus mornes que les tombeaux.

Le poëte des *Idylles parisiennes* [1], M. Jean Larocque parlant du Paris qui se fait trop beau, et méconnaît ses vieilles guenilles, sans penser que c'est être ingrat pour son passé et sa gloire, trouve des vers émus des mêmes plaintes, mouillés des mêmes larmes :

> Pourquoi vous aimer, ruelles étroites,
> Humbles coins obscurs,
> Rigoles sans jours, qui n'étiez pas droites,
> Angles des grands murs!
>
> Vertus qui mourez des froides risées
> Du progrès vainqueur,
> Pourquoi vous aimer, coutumes brisées
> Dans le fond du cœur!

M. Paul Juillerat, quoiqu'il se soit fait, dans

---

1. Paris, Dentu, 1862, in-18.

les *Soirs d'octobre*[1], le poëte de la saison mélancolique, n'a pas de ces mélancolies. Dans le Paris neuf, il ne regrette pas trop le Paris démoli. Les larges rues dans de nouveaux quartiers lui plaisent. Il en aime le grand air, la circulation animée, et les hôtels somptueux. Curieux de ce qui est art, élégance et bon goût, il risque parfois une indiscrétion de promeneur jusque dans ces sanctuaires du luxe, qui, à certains jours, se trouvent à louer, comme la plus simple mansarde, et livrent ainsi le secret de l'existence de leurs dieux à tout flâneur qui veut bien se donner les façons d'un locataire en espérance, et prendre dans ce labyrinthe encore meublé une portière pour Ariane.

C'est ainsi qu'un matin, l'écriteau *Hôtel à louer* arrêta notre poëte, devant « une gentille mignonne porte, » comme dit Figaro, et lui fit franchir, tout friand de ce qu'il allait voir, les deux marches du seuil. La portière, fière des belles choses qu'elle avait à montrer, ne se fit pas prier pour le mener de chambre en chambre. Il vit, il admira, et retournant chez lui, il se mit à photogra-

---

1. Un magnifique volume chez Dentu.

phier en vers charmants ce qu'il avait vu et admiré. L'écriteau provocateur *Hôtel à louer* lui servit de titre :

> La porte est peinte en vert ; point de cour ; pour entrée,
> Vestibule de stuc avec glaces au fond ;
> A droite, une statue en sa niche cintrée,
> Lanterne de cristal suspendue au plafond,
> Lourde armure d'acier, grave comme une veuve ;
> A gauche une fontaine où gentiment s'abreuve
> Un couple de ramiers du marbre le plus fin,
> Et qui semble se plaire au babillage humide
> De l'eau vive que lance en cascade timide
> La gueule ouverte d'un dauphin... etc.

Tout le charmant logis est décrit avec ce soin et ce goût pleins d'art. La peinture en est si parfaite qu'on le reconnaîtrait ; aussi l'ai-je reconnu. C'est cette jolie maison de la rue d'Astorg, à droite, en entrant par la rue de la Ville-l'Évêque, qui, au mois de juillet 1849, quand le poëte la visita, était encore habitée par mademoiselle Grisi. La déesse, en s'éloignant du temple, n'y laissa pas sa beauté, mais la fauvette, en s'envolant de la cage, y oublia sa voix, qu'elle n'a plus retrouvée.

Le gracieux asile, qui semble presque modeste auprès de la somptueuse coquetterie des habitations artistes d'aujourd'hui, n'a pas encore disparu, et j'en suis presque surpris. Les quartiers neufs, en effet, tels que celui où il se trouve, ne sont pas exempts de ruines; on les bouleverse, on les détruit aussi impitoyablement que s'ils étaient du Paris ancien. Il n'eût fallu, par exemple, qu'une toute petite déviation de la ligne droite du boulevard Malesherbes, et la jolie maison était à bas. Laissons faire, il doit y avoir à l'horizon quelque autre boulevard qui ne lui fera pas grâce. On a cherché longtemps et l'on cherche encore d'où peut venir ce mot *boulevard*. Je suis maintenant, quant à moi, fixé sur son étymologie : il n'est qu'une variante du mot *bouleversement*.

Dans la Chaussée-d'Antin, qui se trouve tout près de ce quartier et n'est pas beaucoup plus vieille, que de changements, que de débris!

Le Paris du XIIIe siècle resta debout, les pieds dans la crotte, jusqu'à ces années dernières, où la rue de Rivoli, se frayant passage du Louvre à la Grève, le renversa brusquement sans dire gare. Le Paris de Louis XV et de Louis XVI n'a pas eu pareille durée. Il était aussi sorti de la boue, car les marais du *chemin de l'Hôtel-Dieu,* devenus à la fin du xviie siècle, *la Chaussée* de M. le duc d'Antin, n'étaient ni plus secs ni plus salubres que la Grève, inondée chaque hiver, d'où l'autre Paris avait émergé lentement, de Philippe-Auguste à Philippe le Bel; mais bien assaini, leste et pimpant, ayant toutes les apparences d'un quartier de bon ton, il méritait de n'être pas dérangé dans les grands airs qu'il s'était donnés. Se voyant si neuf, il croyait pouvoir vivre.

Présomption de jeunesse! Le voilà ravagé, troué de part en part, démoli! Où donc y retrouver la maison de la Guimard qui y vint des premières; celle de la Duthé qui l'y suivit; celle de Grimm, dont Mozart fut l'hôte un instant; celle de M. Necker et de sa fille, madame de Staël?

Nous tâcherons de vous le dire plus loin. Mais pour combien d'autres, hélas! nous n'aurions pas de réponse. Madame Sand, quoi qu'elle en dise, aurait bien de la peine à nous montrer du doigt « cette petite maison des champs, » où sa galante aïeule, Marie Rinteau, dite mademoiselle Verrière, donnait de si jolies fêtes, et qu'elle nous assure devoir exister encore « au nouveau centre de

2.

Paris, en pleine Chaussée-d'Antin [1]. » Quant à M. Hugo, s'il voulait bien revenir, je doute qu'il eût plus de facilité à retrouver dans ces mêmes parages et la maison où sa mère l'amena tout enfant, à son retour de Besançon à Paris, et celle où, tout près de là, il allait à l'école. « En 1805, écrit M. Sainte-Beuve [2], l'enfant revint à Paris, avec sa mère qui se logea dans la rue de Clichy. Il allait à l'école rue du Mont-Blanc. Les souvenirs de ce temps ne lui retracent qu'une chèvre et un puits surmonté d'un saule, dans la cour de la maison. » La maison et le puits n'existent sans doute plus. Quant au saule, j'en jurerais.

M. Hugo devait penser à ces maisons, aimées comme toutes celles où l'on vécut enfant, lorsqu'il écrivait dans une des rares pages des *Misérables* qui soient irréprochables, parce qu'elles sont simples : « Voilà bien des années déjà que l'auteur de ce livre... est absent de Paris... Paris, la ville natale de son esprit. Par suite des démolitions et des reconstructions, le Paris de sa jeunesse, ce Paris

---

1. *Histoire de ma vie*, 1856, in-18, tome I, p. 45.
2. *Revue des Deux Mondes*, t. III (1831), p. 242.

qu'il a religieusement emporté dans sa mémoire, est à cette heure un Paris d'autrefois. Qu'on lui permette de parler de ce Paris-là, comme s'il existait encore. Il est possible que là où l'auteur va conduire les lecteurs en disant : « Dans telle rue, il y a telle maison, » il n'y ait plus aujourd'hui ni maison ni rue. Les lecteurs vérifieront, s'ils veulent en prendre la peine. »

Nous avons vérifié pour l'un des logis qui tint toujours le plus chèrement au cœur du poëte, la maison n° 12 de l'*Impasse des Feuillantines,* où se passa son enfance depuis l'âge de dix ans, et nous avons trouvé ce qu'il prévoyait : des ruines. « Il n'y a plus ni rue ni maison. » Depuis tantôt trois ans, tout a disparu. Chère maison ! presque claustrale avec son grand et tranquille jardin [1], si bien faite par son silence pour assister sans trouble au premier éveil d'un grand esprit. Combien de fois sa pensée ne l'a-t-il pas revue ? combien de fois ses vers n'en ont-ils pas ranimé les horizons :

1. « Ce n'était pas un jardin, c'était un parc, un bois, une campagne. » (*Victor Hugo raconté par un témoin de sa vie,* t. I, p. 55.)

> ... Le dôme oriental du sombre Val-de-Grâce,
> Le cloître du couvent brisé, mais doux encor ;
> Les marronniers, la verte allée aux boutons d'or...
> Tous ces vieux murs croulant, toutes ces jeunes roses
> Tous ces objets pensifs, toutes ces douces choses.

Le poëte, lorsqu'il habitait Paris, ne pouvait se détacher du souvenir de cette maison de son enfance. Sa pensée y revenait toujours. Maintenant qu'il en est bien plus loin, elle doit encore y revenir plus vite, car il en est ainsi pour ce qu'on aime : plus la chose regrettée est éloignée des yeux, plus elle est présente et visible pour le cœur.

Lorsque Victor Hugo fit les *Orientales*, on ne prévoyait pas qu'au milieu de ces légendes de l'Asie ou de la Grèce, une strophe ou une stance put s'éveiller sous la plume du poëte pour nous parler encore de cette pauvre maison, si loin de l'Orient. Il ne put cependant résister au doux souvenir, et la dernière *Orientale*, où le poëte parle à sa muse, les ramena tous deux aux Feuillantines :

> Entre mes souvenirs, je t'offre les plus doux :
> Mon jeune âge et mes jeux, et l'école mutine,
> Et les serments sans fin de la vierge enfantine,
> Aujourd'hui mère heureuse au bras d'un autre époux.
>
> Je te raconte aussi comment aux Feuillantines
> Jadis tintaient pour moi les cloches argentines,

Comment jeune et sauvage errait ma liberté,
Et qu'à dix ans, parfois resté seul à la brune,
Rêveur, mes yeux cherchaient les deux yeux de la lune,
Comme la fleur qui s'ouvre aux tièdes nuits d'été.
Puis tu me vois du pied poussant l'escarpolette
Qui d'un vieux marronnier fait crier le squelette,
Et vole, de ma mère éternelle terreur 1.

Il me reste à citer encore quelques vers, non plus de M. V. Hugo, mais pour lui.

Vous vous souvenez du temps où, tout près de l'endroit qui voyait l'hôtel de Nantes, les pieds dans la boue, la tête dans les nues, se dresser comme un îlot à six étages, la place du Carrousel était encombrée d'échoppes d'oiseliers et de marchands de bric-à-brac.

---

1. « Il y avait une allée de marronniers qui serviraient à mettre une balançoire. Il y avait un puisard à sec, qui serait admirable pour jouer à la guerre, et pour donner l'assaut... » (*Victor Hugo raconté par un témoin de sa vie*, p. 55.) — Un peu plus loin, p. 59, on lit : « La balançoire préméditée par Victor le jour de sa première visite, était installée à la place même que son coup d'œil sûr lui avait assignée. C'était à qui en userait et en abuserait. Personne n'en abusait plus que Victor : une fois monté dessus, on ne pouvait plus l'en faire descendre ; debout sur l'escarpolette, il mettait toute sa force et tout son amour-propre à la lancer le plus haut possible, et il disparaissait dans le feuillage des arbres, qui s'agitaient comme au vent. »

Certes, auprès du palais si copieusement sculpté qui en a pris la place, ces misérables masures de bois ne sont guère regrettables. Il faut être poëte pour les regretter, et poëte encore plus pour jeter en nous la contagion de ce regret, et nous faire soupirer sur ce passé d'oiseaux criards, de planches pourries, en présence des fastueuses façades que le présent a vu s'élever à cette même place. M. Charles Baudelaire a réussi, par l'énergique magie de ses vers, à produire en nous ce miracle. Sa pièce, qu'il intitule *le Cygne*, et qu'il dédie à M. V. Hugo, nous a fait pleurer sur ce misérable hameau de baraques, infime devancier de ces monuments.

En l'écoutant, nous avons senti les délices de nos flâneries d'enfant nous remonter au cœur, et aux pleurs qu'il nous faisait verser sur l'exil du poëte, dans cette allégorie, se sont mêlées des larmes inattendues pour le souvenir de tous ces bouquins, de tout ce bric-à-brac, de tous ces oiseaux qui meublaient et qui peuplaient ce grand Capharnaüm disparu. Cela prouve que la vie, même au milieu d'un amas d'échoppes et de haillons, vaut mieux que la mort dans un désert monumental.

Voici les stances de M. Baudelaire :

I

Andromaque, je pense à vous ! Ce petit fleuve,
Pauvre et triste miroir où jadis resplendit
L'immense majesté de vos douleurs de veuve,
Le Simoïs menteur qui par vos pleurs grandit,

A fécondé soudain ma mémoire fertile,
Comme je traversais ce vaste Carrousel.
Le vieux Paris n'est plus ! (la forme d'une ville
Change plus vite, hélas ! que le cœur d'un mortel !)

Je ne vois qu'en esprit tout ce camp de baraques,
Ces tas de chapiteaux ébauchés et de fûts,
Les herbes, les gros blocs verdis par l'eau des flaques,
Et, brillant aux carreaux, le bric-à-brac confus.

Là, s'étalait jadis une ménagerie ;
Là, je vis, un matin, à l'heure où sous les cieux
Froids et clairs, le Travail s'éveille, où la voirie
Pousse un sale ouragan, dans l'air silencieux

Un cygne qui s'était évadé de sa cage
Et de ses pieds palmés frottant le pavé sec,
Sur le sol raboteux traînait son blanc plumage.
Près d'un ruisseau sans eau la bête ouvrant le bec,

Baignait nerveusement ses ailes dans la poudre,
Et disait, le cœur plein de son beau lac natal :
« Eau, quand pleuvras-tu ? quand tonneras-tu, foudre? »
Je vois ce malheureux, mythe étrange et fatal,

Vers le ciel quelquefois, comme l'homme d'Ovide,
Vers le ciel ironique et cruellement bleu,
Sur son cou convulsif tendant sa tête avide,
Comme s'il adressait des reproches à Dieu !

II

Paris change ! mais rien dans ma mélancolie
N'a bougé ! palais neufs, échafaudages, blocs,
Vieux faubourgs, tout pour moi devient allégorie,
Et mes chers souvenirs sont plus lourds que des rocs.

Aussi devant ce Louvre une image m'opprime :
Je pense à mon grand cygne, avec ses gestes fous;
Comme les exilés, ridicule et sublime,
Et rongé d'un désir sans trêve ! et puis à vous,

Andromaque, des bras d'un grand époux tombée;
Vil bétail, sous la main du superbe Pyrrhus,
Auprès d'un tombeau vide en extase courbée;
Veuve d'Hector, hélas ! et femme d'Hélénus !

Je pense à la négresse, amaigrie et phthisique,
Piétinant dans la boue, et cherchant, l'œil hagard,
Les cocotiers absents de la superbe Afrique
Derrière la muraille immense du brouillard;

A quiconque a perdu ce qui ne se retrouve
Jamais, jamais ! à ceux qui s'abreuvent de pleurs
Et tettent la Douleur comme une bonne louve !
Aux maigres orphelins séchant comme des fleurs !

Ainsi dans la forêt, où mon esprit s'exile
Un vieux souvenir sonne à plein souffle du cor !
Je pense aux matelots oubliés dans une île,
Aux captifs, aux vaincus !... à bien d'autres encor.

Après tous ces beaux vers, qui montrent si bien qu'il n'est plus besoin d'aller à Palmyre pour savoir pleurer sur les ruines, on ne se plaindra pas si, pour une fois, j'ai parlé de poésie.

II

LE CÈDRE DE GIGOUX

Pendant que nos soldats partaient, il y a trois ans, pour le Liban, avec une mission d'héroïque vengeance, à laquelle ne devaient faillir ni leur dévouement ni leur courage, un enfant perdu de ces belles contrées, un exilé de la célèbre montagne, qui depuis cent vingt-six ans s'était fait une patrie d'un petit coin de la terre parisienne, un admirable cèdre, était menacé de périr.

Je dois vous dire d'abord, pour que vous ne soyez pas trop effrayé, que ce cèdre n'était pas celui du Jardin des Plantes, mais son frère jumeau.

Où se trouvait-il ? dans un charmant jardin

d'artiste du quartier Beaujon. Mais pourquoi s'y trouvait-il plutôt qu'ailleurs, tandis que c'est le Jardin des Plantes qui, si loin de là, possède encore l'autre ? Tout cela va demander quelques explications qui ne sont pas, je crois, sans intérêt.

Je commencerai, s'il vous plaît, par quelques mots sur la grande famille des cèdres, dont celui-ci est un lointain rejeton, et qui couvrent de leurs derniers ombrages la quatrième et la plus élevée des zones du Liban. Il y a trois cents ans, ces contemporains des époques bibliques étaient encore au nombre de vingt-huit ; mais depuis lors la neige, qui s'éternise de plus en plus à leur base, les a décimés d'année en année. Il y a cent ans, Schultz n'en comptait plus que vingt, et M. de Lamartine, qui les visita au mois d'avril 1833, n'en trouva plus que sept.

« Ces arbres, a-t-il dit, dans son *Voyage en Orient*, sont les monuments naturels les plus célèbres de l'univers. La religion, la poésie et l'histoire les ont également consacrés. L'Écriture sainte les célèbre en plusieurs endroits.

« Les Arabes de toutes les sectes ont une vénération traditionnelle pour ces arbres. Ils leur attribuent non-seulement une force végétative qui les fait vivre éternellement, mais encore une âme qui leur fait donner des signes de sagesse, de prévision, semblables à ceux de l'instinct chez les animaux, de l'intelligence chez les hommes. Ils connaissent d'avance les saisons, ils remuent leurs vastes rameaux comme des membres, ils étendent ou resserrent leurs coudes, ils élèvent vers le ciel ou inclinent vers la terre leurs branches, selon que la neige se prépare à tomber ou à fondre. Ce sont des êtres divins sous la forme d'arbres. Ils croissent dans ce seul site des croupes du Liban ; ils prennent racine bien au-dessus de la région où toute grande végétation expire. Tout cela frappe d'étonnement les peuples d'Orient.

« Chaque année, au mois de juin, les populations de Beschierai, d'Eden, de Kanobin et de tous les villages des vallées voisines, montent aux cèdres et font célébrer une messe à leurs pieds. Que de prières n'ont pas résonné sous ces rameaux ! et quel plus beau temple, quel autel plus voisin du ciel ! quel dais plus majestueux et plus saint que le dernier plateau du Liban, le tronc des cèdres et le dôme de ces rameaux sacrés, qui ont ombragé et ombragent encore tant de générations humaines prononçant le nom de Dieu différemment, mais le reconnaissant partout dans ses œuvres, et l'adorant dans ses manifestations naturelles ! »

Il se passa bien des siècles avant que l'Europe connût l'arbre syrien. Du temps des croisades, on essaya de l'acclimater chez nous, mais inutilement. Les cinq troncs de cèdres rapportés du Liban par saint Louis, et conservés « bruts et inutiles, dit Sauval, et vêtus de leur écorce » dans le trésor de la Sainte-Chapelle, furent tout ce qui resta de cette importation. L'arbre mort restait pour faire penser à l'arbre qui n'avait pu vivre.

Dans la première moitié du règne de Louis XV, en 1734, la France ne possédait pas encore un seul cèdre. L'Angleterre, plus heureuse, en voyait plusieurs croître dans ses jardins, et s'en montrait on ne peut plus fière.

Bernard de Jussieu, qui était alors sous-démonstrateur des plantes au Jardin du Roi, jura que nos pépinières n'auraient pas longtemps à envier sur ce point les pépinières anglaises ; et il tint parole. C'est à l'Angleterre même qu'il alla dérober l'arbre tant convoité par nous et soigneusement gardé par elle. Il en obtint, je ne sais comment, deux pauvres pieds bien chétifs, qu'on ne lui donna peut-être que parce qu'on pensait qu'ils ne pourraient pas vivre [1].

Vous savez le reste de l'histoire, à laquelle se mêla, comme il arrive toujours pour les histoires devenues populaires, un peu de légende et d'invraisemblance.

Ne sachant où loger sa conquête, c'est-à-dire où la cacher, car il l'emportait un peu comme un voleur, Bernard de Jussieu se servit de son chapeau pour y mettre en bonne terre les deux brins de verdure qui devaient être plus tard deux arbres géants. J'ai longtemps douté de ce détail. Le chapeau devenu pot de fleur, le tricorne porte-cèdre, me semblait un peu légendaire, mais Condorcet, m'ayant confirmé le fait dans un *Éloge* de Jussieu, où tout est vérité, je n'ai plus hésité à croire. La légende ne parle que d'un cèdre, mais Condorcet dit expressément que Bernard en a rapporté deux : l'un qui a si bien grandi près du labyrinthe du Jardin des Plantes ;

---

1. C'est, dit-on, le médecin anglais Collinson, qui lui en fit présent.

l'autre dont nous vous parlerons tout à l'heure.

La tradition ajoute sur leur voyage d'émigration bien des détails que n'a pas oubliés M. Gozlan dans l'article, d'un esprit charmant mais d'une vérité douteuse, qu'il écrivit, en 1834[1], sur le cèdre du Jardin des Plantes, pour célébrer sa centenaire.

« Le voyage fut long, dit-il, tempétueux, l'eau douce manqua, l'eau douce, ce lait d'une mère pour le voyageur.

« A chacun on mesura l'eau ; deux verres pour le capitaine, un verre pour les braves matelots, un demi-verre pour les passagers. Le savant à qui appartenait le cèdre était passager : il n'eut qu'un demi-verre. Le cèdre ne fut pas même compté pour un passager, il n'eut rien; mais le cèdre était l'enfant du savant, il le mit près de sa cabine, et le réchauffa de son haleine ; il lui donna la moitié de sa moitié d'eau et le ranima. Tout le long du voyage, le savant but si peu d'eau, et le cèdre en but tant qu'ils furent descendus au port, l'un mourant, l'autre superbe, haut de six pouces. »

---

1. Dans le journal *le Temps*.

Tout cela, certes, est on ne peut plus touchant ; tout cela même pourrait être vrai, s'il s'était agi d'un très-long voyage, du Liban à Marseille, par exemple ; mais pour une simple traversée de Douvres à Calais, tout cela n'est guère vraisemblable. Aussi n'est-ce pas vrai, pour l'aventure dont il s'agit, du moins. Ce n'est pas Bernard de Jussieu qui faillit mourir de soif par dévouement pour son arbuste altéré, c'est le capitaine Déclieu ; l'arbuste, ainsi ranimé et mis en état de vivre, n'était pas un cèdre, mais un plant de caféier ; et le voyage que l'homme et son cher arbuste avaient à faire, n'était pas une simple traversée de Douvres à Calais, mais un voyage de plus long cours. Déclieu allait du Havre à la Martinique, où le plant de café qu'il avait ainsi pu sauver devint la souche de tous ceux qui, depuis 1716, ont si miraculeusement pullulé sur les parties montueuses de cette belle colonie, dont ils sont la richesse [1]. Rendons à Déclieu ce qui est à

---

1. Déclieu écrivit lui-même, sur ce que nous venons de raconter, une lettre qui fut insérée dans l'*Année littéraire*, et que Guilbert a reproduite dans ses *Mém. biogr.*, 1812, in-8°, t. I, p. 282-286. Déclieu mourut le 29 nov. 1773, à Dieppe, peu de mois après que

Déclieu, au caféier ce qui appartient au caféier, et revenons à Bernard de Jussieu et à ses cèdres en espérance.

Quand il fut de retour au Jardin du Roi, Bernard y chercha bien vite un coin de la meilleure terre pour y faire sa plantation. C'est près de la butte, dont on a fait le labyrinthe, qu'il trouva ce coin béni. Le sol en était excellent. Bernard savait que, pendant des siècles, le Montfaucon du Paris de la rive gauche s'était trouvé là, et que le monticule ou *copeau* [1] du labyrinthe avait même été formé par ces amas d'immondices [2], qui sont pour la terre un si merveilleux engrais. Celui de ses deux cèdres qu'il y planta devait certainement pousser là on ne peut mieux. En effet, Bernard de Jussieu eut le

---

les colons de nos Antilles qui lui devaient leur richesse, puisqu'ils lui devaient la culture du café, lui eussent fait remettre par un des leurs cinquante mille écus, en témoignage de leur reconnaissance. C'était la seule fortune de Déclieu à sa mort. (*V. Mém. secrets*, édit. Ravenel, t. I, p. 297.)

1. Nous avons déjà dit ailleurs que de ce vieux mot, qui signifie butte ou monticule, on a fait le nom de la rue *Copeau*. (*V.* nos *Énigmes des rues de Paris*, p. 50.)

2. *Ibid.*

bonheur de le voir croître comme par magie. Lorsqu'il mourut, quarante-trois ans après, en 1777, « il pouvait admirer, dit Condorcet, la cime de son arbre chéri qui dominait les plus grands arbres [1]. »

Bien loin de là, sur un point tout opposé de la grande ville, entre l'église, alors très-humble chapelle, de Saint-Philippe-du-Roule et l'avenue des Champs-Élysées, existait alors la *Pépinière du Roi*, « où l'on élevoit, dit un livre du temps [2], des fleurs, des arbustes, des arbres, pour en fournir aux Tuileries, à Versailles et autres maisons royales [3]. » C'est là

---

1. Il serait beaucoup plus élevé encore si la flèche n'eut été cassée par accident. Or, ces sortes d'arbres poussent par le sommet des branches, et quand ce sommet est coupé, ils ne croissent plus.

2. Hurtault et Magny, *Dict. histor. de Paris*, t. IV, p. 12.

3. Les cèdres qui ornent aujourd'hui nos parcs viennent de celui-ci sans doute ou de son jumeau du Jardin des Plantes. Nous connaissons une lettre de Marie-Antoinette relative à la plantation de l'un de ces précieux rejetons, qui devait être faite par Joseph de Jussieu, frère de Bernard. Elle y donne ordre de réunir les jardiniers pour désigner la place des arbres choisis par M. de Jussieu. « Une collation d'en cas sera prête pour M. de Jussieu qui érigera devant elle le cèdre du Liban. »

que Bernard de Jussieu vint planter le second de ses cèdres. Il poussa aussi bien que l'autre, car le terrain n'était pas là moins excellent qu'au Jardin du Roi. Malheureusement, peu de temps après, la Pépinière dut changer de place. On la transplanta, c'est bien le mot ici, de l'autre côté du faubourg du Roule, au delà du grand égout[1], sur un espace, longé bientôt par une rue nouvelle, qui, aujourd'hui encore, s'appelle, pour cette raison, rue de la *Pépinière*.

L'ancienne qu'on supprimait ainsi, avait été déjà singulièrement amoindrie, à l'époque où Bernard de Jussieu était venu lui confier le second de ses deux cèdres. En 1719, une partie des terrains avait été envahie par les officiers de la Monnaie de Paris, qui se prétendaient de très-anciens droits sur tout le quartier du Roule[2], et qui destinaient l'es-

---

1. *V*. nos *Enigmes des rues de Paris*, p. 21.
2. Le clos de la *Pépinière*, selon l'abbée Lebeuf, était attaché à la Monnaie de Paris (Hurtault et Magny, *Dict. hist. de Paris*, t. IV, p. 256).—C'est à cause de cette propriété, dépendante du *Roule*, dont ils se disaient seigneurs, que messieurs de la Monnaie ayant en 1691, à percer une rue entre celle où se trouvait leur hôtel et la rue Saint-Honoré, lui donnèrent le nom de *rue du Roule*, qu'elle porte encore.

pace repris par eux, à la construction d'un nouvel hôtel des Monnaies. On fit les fondations, mais on n'alla pas plus loin, et pour cause [1]. On était alors à l'époque du système. Or, pourquoi un hôtel de monnayage, quand M. Law, contrôleur général des finances, remplaçait la monnaie par du papier? En 1770, un autre projet qui fut poussé plus loin, sans être pour cela plus heureux, vint enlever à la Pépinière un nouveau morceau de terrain. On l'acheta pour y construire, d'après les plans de Le Camus de Choiseul, l'immense établissement de boue et de crachat, dont, moins de dix ans après, il ne restait plus que le nom, qui fut pris, comme écriteau, par la rue du *Colisée*, tracée sur son emplacement.

C'est alors que vint le comte d'Artois. Non-seulement il s'empara de tout le terrain dont on avait précédemment disposé pour le *dessein* de l'hôtel des monnaies et pour l'éphémère Colisée, mais il prit encore ce que la congrégation de l'Oratoire possédait de ce côté [2]; ce qui, tout à l'entour de notre

1. Hébert, *Almanach pittoresque de Paris*, 1780, in-12, p. 239.
2. Une rue de ce quartier prit à cause de cette

cèdre, survivait intact de l'ancienne Pépinière, et de plus encore, tout le terrain de la nouvelle. Du reste, il paya bien. M. de Saint-Florentin, qui lui vendit la nouvelle pépinière, reçut une belle somme [1], et M. de Langeac, les pères de l'Oratoire et les entrepreneurs du Colisée, qui lui cédèrent le reste, n'eurent pas non plus à se plaindre. L'espace était immense. Le roi le reconnut comme fief d'*Artois*, et le prince qui en fut ainsi déclaré seigneur feudataire ne perdit pas de temps pour y rêver les plus coûteuses fantaisies. Il eut le projet d'y faire construire un vaste *square* à l'anglaise, ou, pour mieux dire, toute une ville de jolis *cottages* uniformes, dont chacun pour mille écus de loyer au plus vous eût procuré, sans l'ennui de quitter Paris, le vrai *comfort* de la vie anglaise. Ce quartier neuf se serait appelé la propriété des Oratoriens le nom de rue de l'Oratoire.

[1]. *Correspond. secrète*, t. IV, p. 192. Ce terrain dépendait de l'hôtel que M. de Saint-Florentin possédait au coin de la rue des Saussaies et de celle de la Ville-l'Évêque. Il existe encore, presque intact, sous le nom d'hôtel Molé, qu'il doit au célèbre homme d'État qui l'habita longtemps.

Nouvelle Londres[1]. Il ne fut pas bâti, tel du moins que l'avait rêvé M. le comte d'Artois. Un quartier plus prosaïque fut la réalité de son projet, et les noms donnés aux rues qu'on y traça sont le seul souvenir qui y reste de lui : la rue de *Ponthieu* s'appelle ainsi à cause de l'un des comtés qui étaient dans l'apanage du prince; la rue d'*Angoulême* dut son nom à l'aîné de ses fils, tandis que le plus jeune devenait le parrain de la rue de *Berry*, en 1778, l'année où on le baptisait lui-même[2]. Quant au nom de la rue des *Écuries d'Artois*, il porte avec soi son étymologie, pour qui sait ce que nous venons de dire.

La partie des terrains, qu'on trouvait en montant vers l'*Étoile* et dont on n'avait pas disposé pour ces rues nouvelles, fut achetée par Beaujon, et la coquette solitude, qu'il avait osé parer de l'austère nom de la *Char-*

---

1. *Correspond. secrète*, t. XIV, p. 236, et le *Vieux-Neuf*, t. II, p. 135.

2. L'un des premiers habitants de cette rue fut le futur président des États-Unis, Jefferson. Il y habitait en 1789, comme ministre de sa république en France, un fort joli pavillon avec magnifique jardin. (*État actuel de Paris*, 1782, in-32, quartier du Louvre, p. 18, 36.)

trouse, y étala ses mille fantaisies. C'est de ce côté-là que se trouvait le cèdre.

Qu'était-il devenu, après la suppression de la Pépinière, et lorsqu'on lui eut enlevé le voisinage des arbustes et des fleurs au milieu desquels il avait grandi?

D'abord, comme tout le reste, il fut sérieusement menacé. Mais on le trouva si beau qu'on le garda. Que voulait-on d'ailleurs créer dans ce quartier? Des lieux de plaisirs, des lieux enchantés. C'était le rêve du comte d'Artois, c'était aussi le rêve de Beaujon, qui était venu après lui semer des millions sur ce terrain pour qu'il en sortît des merveilles, et où il ne poussa que des folies. Notre admirable cèdre ne pouvait rien déparer; il eût orné le plus beau jardin du monde. On le laissa donc vivre, pour orner celui-ci.

Mais voilà qu'on se prend un jour ici, comme partout, de la rage de bâtir. Le jardin devient un quartier. C'en est donc fait du cèdre! Un prince en eut pitié, un financier l'a épargné; un maçon va-t-il donc le faire jeter par terre? Pas encore.

On lui laisse un petit coin, tout au plus assez grand pour contenir son ombrage, mais il y est toujours en compagnie excellente.

Une jolie maison d'artiste lui fait cadre.
L'hôte, un peintre célèbre, un homme d'esprit, M. Gigoux, fait les honneurs du logis et de son arbre avec une grâce charmante. On va voir le cèdre, on l'admire comme il convient; on le déclare plus beau que son frère de la rive gauche, qui n'a plus depuis longtemps sa flèche, et ne s'étend que de côté, tandis que lui n'a rien perdu de son élévation ni de son ampleur.

Le cèdre, M. de Lamartine vous l'a dit, qui est un arbre pensant, ne laisse pas que d'être fier et heureux de tout cela. Mais rien de stable, hélas! pour les arbres comme pour les hommes. Les plus solides sur leurs pieds ou sur leurs bases peuvent tomber. De nouvelles menaces commencent à gronder. Le terrain, où il enfonce si joyeusement et si profondément ses racines, va changer encore une fois de face. On parle d'un boulevard qui le traversera de part en part. Les alignements sont pris, et si le pauvre cèdre n'a pas le bonheur d'être, comme la tour Saint-Jacques, un peu en dehors de l'impitoyable ligne tracée, il tombera; il est tombé. Un moment on espéra qu'il serait conservé sur les ruines de son dernier jardin, pour servir de parure à quelque joli square placé à l'angle de la rue Balzac et du boulevard Beaujon. Le souvenir du grand romancier qui pare cette rue de son nom, après l'avoir, sur la fin de sa vie, honorée de sa présence [1], se fût illustré de cet ombrage, et s'en fût réjoui. C'eût été charmant de voir le cèdre de Gigoux au milieu du *square Balzac*. Rien de tout cela n'a été pris en considération. L'alignement qui n'eut jamais le moindre penchant sentimental est passé avec son niveau, et le cèdre a été emporté, comme le reste. À Londres, on l'eût respecté, mais à Paris, où pour la moindre fantaisie de bâtisse, l'arbre le plus rare et le plus beau ne compte

---

[1]. La rue, percée en 1825, où Balzac mourut le 20 mai 1850, et qui porte son nom depuis 1851, s'appelait auparavant rue *Fortunée*, du prénom de la célèbre madame Hamelin, propriétaire des terrains sur lesquels on l'avait tracée. « Balzac, dit Théophile Gautier, habitait rue Fortunée, dans le quartier Beaujon, beaucoup moins peuplé alors qu'il ne l'est aujourd'hui. Il y occupait une petite maison mystérieuse qui avait abrité les fantaisies du fastueux financier. Du dehors, on apercevait au-dessus du mur, une sorte de coupole repoussée par le plafond cintré d'un boudoir et la peinture fraîche des volets fermés. » (*Honoré de Balzac*, par Th. Gautier, 1859, in-18, p. 168-169.)

pas plus qu'un échalas ou qu'un pieu, on l'a sans pitié jeté par terre [1].

Il ne survit que par les regrets de ceux qui l'admiraient, et dont quelques-uns lui ont consacré quelques pages émues en façon d'épitaphe. Je choisirai, pour la citer ici, celle que j'ai trouvée sous la signature C. Desault, dans la vingt-unième livraison de *Paris qui s'en va*.

Le quartier tout entier, dont le cèdre était la joie et la parure, a, dans cette curieuse page, son oraison funèbre, et notre petite histoire y trouvera fort à point son complé-

1. J'ai vu ainsi déraciner, il y a sept ou huit ans, dans une maison de roulage de la rue Boucherat, au Marais, un marronnier immense qui datait certainement de l'époque où tout ce quartier était en culture, et qui devait être à peu près contemporain de son voisin le marronnier du Temple, « père de tous ceux que nous avons en France, » comme disait Sauval, *Antiq. de Paris*, t. III, p. 45. — Il y a deux ans, un gigantesque cotonnier, qui ombrageait le jardin de la maison de la rue de Navarin, n° 20, fut abattu par suite des mêmes exigences de bâtisse. Fechter, qui habitait la maison et avait la jouissance du jardin et de l'arbre, demanda, après la suppression de son cher cotonnier, la résiliation de son bail, et des dommages et intérêts. On les lui accorda. V. la *Gazette des Tribunaux* du 12 janv. 1861.

ment. Quand on aura lu ces quelques lignes, on saura tout ce qui reste à savoir sur ce terrain tant de fois métamorphosé depuis moins d'un siècle, où les derniers passants et les plus regrettés furent des artistes, à commencer par Houdon, qui, en 1788, avait déjà par ici son atelier [1], et à finir par les deux Giraud et Théodore Gudin [2], les seuls, je crois, qui y logent encore [3].

« Arrêtons-nous, une dernière fois peut-

---

1. Houdon avait son atelier dans la rue du Faubourg-du-Roule, en 1788. (*Etat actuel de Paris*, 1788, in-32, *quartier du Louvre*, p. 149.) C'était là, du reste, que se trouvait la grande fonderie d'où sortit la statue équestre de Louis XV, par Bouchardon, avec les figures du piédestal terminées par Pigalle. (*Mém. secrets*, édit. Ravenel, t. I, p. 82, 87.)

2. L'hôtel de Gudin n'est autre que l'ancien *pavillon de la Chartreuse*, bâti par Beaujon et où il mourut. C'est un hôtel-boudoir.

3. Béranger habita aussi ce quartier. Au mois de juillet 1851, la pension bourgeoise, qui lui servait de famille, ayant émigré de la rue d'Enfer n° 113, à la rue de Chateaubriand n° 5, il l'y suivit. *V.* sa *Corresp.*, t. IV, p. 84, 107. « Il y passa, dit M. P. Boiteau, *Vie de Béranger*, p. 222, ses trois dernières années de bonheur et de santé..., il fit à Beaujon ses derniers vers, la noble pièce de l'*Adieu*, qui clôt si majestueusement le volume posthume. »

être, dit l'écrivain de *Paris qui s'en va*, au pied du jardin en terrasse où Gigoux a construit son atelier. Qui sait si le maître est encore là pour nous recevoir ? Oui, certes, il y est, car voilà le chien Loulou, le fidèle Loulou, assis gravement comme un sphinx et couronnant la grille d'entrée.

« Du haut de son observatoire, Loulou domine tout le quartier Beaujon. Il aperçoit le désordre, précurseur d'un ordre nouveau : les alignements bizarres, les déblais, les démolitions et les terrassements qui, de toutes parts, menacent et enserrent de plus près l'atelier...

« La grille s'ouvre et nous voilà sous la tonnelle, ombragée de vignes, qui forme l'escalier pittoresque de l'habitation. Rien n'est changé encore. A gauche, à l'entrée, dans la grotte obscure, voici l'antique petit enfant, qu'on ne peut rêver plus gracieux, mais qu'on pourrait souhaiter mieux élevé ; puis, à la sortie, voici deux statues de la cathédrale de Strasbourg : la vierge sage et la vierge folle. Quelle est la sage ? Quelle est la folle ?...

« Sans nous annoncer à l'artiste, et en attendant qu'il sorte spontanément du sanctuaire, nous nous reposerons sous le cèdre majestueux [1]....

« Combien de jolies villas d'habitation s'élèvent sur l'emplacement des jardins Beaujon ! Ce quartier plaisait aux étrangers, aux artistes et aux dilettantes. M. d'Orsay l'habita quelque temps, M. de Nieuwerkerke y venait travailler ; Lola Montès y vécut légitimement mariée ; le duc de Brunswick y a enfoui ses trésors, mais son étrange et mystérieuse habitation touche à ses derniers moments. Déjà ont disparu, remplacés par la chaussée du boulevard : les ateliers de Dantan, son belvédère aux quatre vents, sa Pallas Athénée, enveloppée de vignes vierges, son jardinet dessiné, planté de ses mains et tout parsemé de sculptures et de surprises, comme les jardins de Pompéi ; le petit hôtel de madame la comtesse d'Agoult, construction de brique, originale et gaie, où le peintre Jacquand avait révélé un rare talent d'architecte ; et bien d'autres agréables retraites.

« La petite ville de Beaujon, aujourd'hui presque complétement détruite, ne comptait

---

[1]. La 21e livraison de *Paris qui s'en va* donne une belle eau-forte de Flameng représentant le cèdre.

pas vingt ans. Ainsi, en moins d'un siècle, la propriété du financier a passé par trois phases, dont la première, l'époque des labyrinthes, des eaux, des pelouses et des grands arbres, ne fut pas la moins belle assurément. Qu'en pense le cèdre, et quelle dut être son émotion, lorsque les premiers jalons posés et les premiers coups de pioche lui annoncèrent le morcellement du parc, dont il était un des splendides ornements? Cependant voici qu'une parcelle du domaine du financier est devenue le jardin de l'artiste. Le cèdre, cette fois, s'est trouvé en bonne compagnie. Il a vécu d'une vie digne de lui. Sous son ombrage hospitalier florissaient la paix et le travail, l'inspiration et les belles-pensées, et l'on voyait à ses pieds les ennemis naturels réconciliés se livrer à des jeux familiers et à de familières causeries : le chien avec le chat, l'enfant avec l'oiseau, le musicien avec le musicien, le peintre avec le peintre, l'homme de lettres avec l'homme de lettres. Où les promeneurs habituels du petit jardin suspendu, Troyon, Barge, Chenavard, François, Baron, Mouilleron, tous les amis et les élèves de Gigoux, retrouveront-ils les gais propos aux heures de loisir ? Nous ne verrons plus croître le blé d'Égypte, recueilli auprès d'une momie, et cultivé avec tant de soin par le propriétaire de ces aimables lieux. Nous ne cueillerons plus la rose et la pervenche ou la grappe vermeille. Nous n'irons plus sous le vestibule toucher du doigt les naseaux frémissants des coursiers de Phidias, dont la seule vue émeut jusqu'aux larmes Ch. Blanc, le critique athénien. Et puissions-nous retrouver ailleurs ce rare exemplaire de la Vénus de Milo, moulé sur l'original, pour le baron Gérard, et qui va, lui aussi, voyager au péril de ses jours; nous ne viendrons plus, le dimanche, feuilleter la collection inépuisable de gravures et de dessins recueillis depuis des années par Gigoux ! Nous n'aurons plus de beaux concerts improvisés dans ces vastes ateliers, que regrettera longtemps le maître, et que regretteront encore plus les élèves qui ont reçu de lui conseils et appui ! »

III

LES TRÉSORS DE MONTMARTRE

Il y a tantôt deux ans, on put lire dans les journaux [1] que Montmartre était tout d'un coup devenu l'un des points de mire de nos archéologues du moyen âge, et que la montagne des *Anes*, ainsi qu'on l'appelait du temps de ses moulins, se trouvait momentanément un lieu chéri de la science.

On s'était enfin avisé de découvrir ce qu'on n'aurait jamais dû ignorer, ou du moins oublier, à savoir, que les trois chapelles romanes groupées derrière la vieille église Saint-Pierre, sous la tour de l'ancien télégraphe [2],

---

1. V. notamment *la Patrie* du 5 décembre 1861.
2. Les chapelles et église de Montmartre sont,

sont un monument des plus curieux, des plus rares, surtout à Paris! et, grand miracle! au lieu de les détruire ou de les laisser se démolir d'elles-mêmes, ce qui n'eût pas tardé, on voulait bien les conserver, on les mettait par une acquisition intelligente, sous la sauvegarde de la ville et du comité des monuments historiques; bien mieux, on parlait de les restaurer!

Puisque l'archéologie s'installe à Montmartre, elle fera bien de ne pas se hâter d'en descendre. La célèbre butte renferme dans son sein plus d'une ruine perdue sous ses flancs de plâtre; il ne faut qu'y savoir chercher.

Les derniers vestiges de la chapelle du Martyre, la trace dernière du sanctuaire vénérable que saint Denis, l'apôtre de Lutèce, sanctifia par son supplice, et dans lequel — détail trop ignoré des Parisiens — Ignace de Loyola vint avec ses six compagnons, le 15 août 1534, consacrer par un vœu solennel la compagnie de Jésus « fille de Montmartre,

---

avec Saint-Germain-des-Prés, la crypte primitive de Saint-Martin-des-Champs (Conservatoire des Arts-et-Métiers) et la tour de Saint-Germain l'Auxerrois, les seuls échantillons du style roman qui existent à Paris.

des martyrs, et de la France [1]; » ces précieux vestiges sont encore à retrouver.

Avant la Révolution, la chapelle était encore debout, tous les Parisiens la connaissaient, et il n'en était pas un qui, la trouvant à mi-côte, sur le versant qui regarde Paris, ne se signât devant son humble croix. Alors en effet, si dans le peuple de Paris on n'était pas véritablement pieux, on avait toujours du moins l'extérieur de la piété, et chaque crucifix obtenait de tout passant un salut ou un signe de croix.

Tout le monde, les bonnes femmes surtout que certaine croyance superstitieuse attirait à Montmartre [2], tout le monde avait donc

---

[1]. Doublet, *Hist. chronolog. de Saint-Denis*, p. 531; Lebeuf, *Hist. du diocèse de Paris*, t. III, p. 114, et Orlandin, *Hist. soc. Jesu, pars prima*. Lib. I, p. 20.

[2]. « A Montmartre, il y a une image de Nostre Seigneur, qui apparoît à la Magdelaine et au bas est un écrit où on l'appelle *Rabboni*, qui est à dire maistre. Les bonnes femmes ont cru que c'estoit l'image et le nom d'un saint qui rendoit bons les maris, et pour cela lui portoient autrefois toucher les chemises de leurs maris, moyennant quoy, elles croyoient qu'il falloit qu'ils rabonnissent ou qu'ils crevassent dans l'année. » (*Mélanges* de Philibert Delamarre, mss. Bibl. imp., fonds Bouhier, n° 34, p. 173.)

salué la petite chapelle; beaucoup avaient fait leurs prières devant son autel. Il n'y a pas de cela plus de soixante-dix ans : cependant, personne aujourd'hui, même parmi les plus âgés, qui étaient des enfants ou des jeunes gens alors, personne ne peut indiquer à quelle place au juste de la montée se trouvait l'humble sanctuaire, si connu, si populaire. Quelques vieillards, quelques vieux meuniers de la butte [1] vous diront bien, en vous montrant un petit enclos en face de la chaussée des Martyrs, tout près du tournant que la route fait à droite : « Ce devait être là ! » Mais voilà tout ce qu'on pourra vous apprendre [2].

Ce dont on se souvient mieux à Montmar-

1. Montmartre, qui, au dernier siècle comptait encore douze moulins, dont M. de Trétaigne donne les noms dans son curieux livre : *Montmartre et Clignancourt*, 1862, in-8º, p. 222, n'en possède plus que deux à présent, à l'extrémité septentrionale de la butte : celui de *Butte-à-fin*, et celui de la *petite Tour* ou de la *Galette*.

2. La chapelle du Martyre se trouvait, suivant M. Chéronnet : « à mi-côte de la butte Montmartre, en face de la rue et chaussée des Martyrs, à quelques pas du premier coude que forme la route à droite, et à peu près sur la même ligne que la mairie. » (*Hist. de Montmartre*, 1843, in-12, p. 163, note.)

tre, c'est qu'un jour de l'année 1790, quelque temps après que tout le domaine de l'abbaye dont faisait partie cette chapelle du Martyre[1] eut été vendu comme bien national, un plâtrier, à qui elle était échue, la jeta par terre au ras du sol, et n'en laissa pas un moellon. Souvent, même dans les démolitions les plus impitoyables, les constructions souterraines survivent; on détruit la maison, mais on respecte la cave. Ce fut le contraire ici. Que demandait le plâtrier propriétaire? Du plâtre. Il ne détruisit donc la chapelle qu'afin de pouvoir éventrer mieux et fouiller plus profondément le sol qu'elle embarrassait. Lorsqu'il eut fait son trou, il respecta moins encore ce qui était dessus, et la ruine souterraine suivit de près la destruction extérieure.

En 1795, il ne restait plus trace des deux chapelles, ni de celle qui était au-dessus du sol, ni de celle qui était au-dessous.

---

1. Après la Ligue, qui fut un temps de ruine pour elle, la petite chapelle avait été réparée entièrement par les soins de Marie de Beauvilliers, l'abbesse, et enfermée avec la pièce de vigne qui l'entourait, dans l'enclos même de l'abbaye. (Sauval, t. I, p. 352; Du Breul, *Antiq. de Paris*, 1639, in-4°, *supplém.* p. 84, *Du lieu de Montmartre*.)

Le *village Orsel*, qui depuis a été remplacé lui-même par la rue des Acacias, entre les chaussées des Martyrs et de Clignancourt, avait peu à peu étagé ses maisons sur les vingt-six arpents en montée dont le petit sanctuaire était le centre [1]. Lorsque les plâtriers avaient eu bien fouillé et refouillé les profondeurs du sol, on avait bâti sur sa surface. Pour toute la butte il en fut de même. Ici, il en avait coûté de très-précieux restes ; ailleurs, chose plus étrange, on y perdit... une fontaine. Les excavations pratiquées pour l'extraction du plâtre en furent cause. Au XVIIe siècle, la source appelée *la Fontenelle* avait disparu ainsi [2]. Un matin elle s'était trouvée à sec, et depuis lors on n'y avait plus vu une goutte d'eau. Tout s'était perdu dans un trou à plâtre. En 1810, ce fut le tour de la *fontaine Saint-Denis*, la plus belle de toutes, et la plus sainte. C'est dans son onde pure que l'apôtre des Gaules avait, disait-on, lavé

1. M. Orsel, qui était fort riche, avait acquis sur le versant de la butte tous les terrains que l'abbesse, madame de Laval, avait défendus, en 1786, contre le fisc, qui voulait les englober dans la nouvelle enceinte de Paris. C'est M. Lambin, héritier d'Orsel, qui commença le village dont celui-ci fut le parrain.
2. Caylus, *Antiquités*, t. III, p. 387.

ses mains et sa tête, toutes sanglantes du martyre [1]; c'est sur ses bords que Loyola et ses compagnons avaient achevé en prières et en pieux entretiens la journée sanctifiée par leur vœu solennel [2]. Il n'y avait pas dans tous ces environs d'endroit plus célèbre, plus vénéré. Or, l'année que j'ai dite tout à l'heure, il vint des chercheurs de plâtre qui bouleversèrent tout le terrain voisin de la source. D'abord ils changèrent la direction de ses eaux, puis un beau jour un de leurs trous l'engloutit, elle aussi, tout entière, jusqu'à la dernière goutte. « Aujourd'hui, dit M. de Trétaigne [3], la fontaine Saint-Denis, autrefois si célèbre, n'est plus qu'un fait légendaire [4]. »

Nous la regrettons, mais nous ne regrettons pas moins le sanctuaire souterrain de la chapelle du Martyre.

Il y avait là mieux qu'une crypte ordinaire;

1. Doublet, *Hist. chron. de Saint-Denis*, p. 526-527.
2. Orlandin, *loc. citat.*
3. *Montmartre et Clignancourt*, p. 219-220.
4. Le plâtre qui, s'il fut la richesse de Montmartre, lui a fait perdre aussi tant de choses précieuses, y était exploité dès le xive siècle. M. Hœfer, dans son *Hist. de la Chimie*, t. I, p. 425, cite de ce temps-là, un manuscrit de Bartolomé, l'Anglais, où il en est parlé; Guillebert de Metz en fait aussi mention, p. 801.

c'étaient de vraies catacombes, semblables par la destination sinon par l'étendue, à celles qui avaient servi de refuge aux premiers chrétiens de Rome. Le souterrain n'était pas positivement sous l'église, il commençait sous le chevet du chœur, et de là se prolongeait assez loin. Après avoir été longtemps le but d'un pèlerinage fervent [1], et avoir partagé l'adoration qu'on vouait au saint martyr, dont on pensait qu'il avait vu le supplice, il fut fermé, muré, oublié. Pourquoi? à la suite de quels événements? C'est ce que je ne saurais dire.

Depuis longtemps, on n'y songeait plus, et le souvenir de son existence s'était même effacé, lorsque, le 12 juillet 1611, des maçons employés à la construction d'une annexe que les dames de Montmartre faisaient bâtir à la suite de la chapelle des Martyrs, trouvèrent, dès les premiers coups de pioche qu'ils donnèrent dans le sol « une voulte sous laquelle il y avoit des degrés pour descendre sous terre en une cave. » Ils descendirent, « et au

---

1. Dom Marier parle de cette affluence à la chapelle des Martyrs dans son *Hist. de Saint-Martin-des-Champs*, p. 319. Depuis 1096, une donation faite par des laïcs avait mis le sanctuaire de Montmartre sous la dépendance de cette riche abbaye.

bas de la descente, dit le procès-verbal conservé dans le *Théâtre des Antiquités* de Du Breul[1], ils trouvèrent une cave ou caverne prise dans un roc de plastre, tant par le hault que par les costez et circuit d'icelle. » Ils avancèrent, et quand ils furent au bout, du côté de l'orient, ils aperçurent « une pierre de plastre biscornue, et au-dessus, au milieu, une croix gravée avec un sizeau.... Icelle pierre eslevée sur deux pierres de chascun costé, de moillon de pierre dure de trois pieds de hault, appuyée contre la roche de plastre, en forme de table ou austel. » C'était un autel, en effet, sur lequel, dans les premiers temps, on était venu dire la messe en l'honneur des saints martyrs, devant la foule recueillie des fidèles. Plusieurs, avant de quitter le sanctuaire souterrain, y avaient écrit leur nom à la lueur des cierges, et tous ces noms, soit qu'ils fussent gravés avec la pointe d'un couteau, soit qu'ils fussent grossièrement écrits au charbon, étaient encore visibles.

Le bruit de cette découverte se répandit bientôt, et ce fut alors, de tous les points de Paris, une affluence de gens de toutes sortes,

---

1. 1639, in-4°, liv. IV, p. 365.

qui, par le nombre plus que par la piété, rappelaient la longue foule des anciens pèlerins. La reine Marie de Médicis, avec plusieurs dames de la plus grande qualité [1], vint des premières, toute la cour suivit, et pour que dans la province et à l'étranger ceux qui ne pouvaient pas voir la miraculeuse chapelle eussent au moins le moyen de s'en faire une idée, une grande image fut publiée avec ce titre : *Représentation d'une chapelle souterraine qui s'est trouvée à Montmartre, près Paris, le mardi, 12e jour de juillet 1611, comme on faisoit les fondements pour agrandir la chapelle des Martyrs*, Paris, 1611, in-fol. [2].

Après tout ce bruit et tout ce concours, il ne fut plus guère question de la crypte de Montmartre. On l'oublia, comme tout s'oublie. Quand le plâtrier en eut fait un puits à plâtre, il n'y eut personne pour se rappeler qu'elle méritait bien un regret. C'était cependant, il n'en faut pas douter, un très-précieux monument. Paris n'en possédait pas de plus an-

---

1. Sauval, *Antiq. de Paris*, t. I, p. 352. — D. Marier, *Sancti Martini de Campis historia*, p. 321.

2. Cette pièce se trouve à la Biblioth. impériale, département des estampes, *Hist. de France par estampes*, t. XV, année 1611.

cien; les Thermes seuls étaient d'une époque plus reculée. « Si, disait M. Edmond Leblant, le savant épigraphiste, dans un travail qu'il fit en 1856 sur cette chapelle souterraine [1], si mon opinion est partagée, on verra dans la crypte de Montmartre un sanctuaire creusé aux premiers siècles sur la place, alors sans doute bien connue, où saint Denis et ses compagnons avaient souffert pour la foi, et dans les inscriptions murales les actes de visite de pèlerins qui y sont venus prier. »

Dans la première moitié du XVIIIe siècle, pour peu qu'on eût encore songé à la crypte des Martyrs, on l'aurait bien vite oubliée et dédaignée pour une découverte bien autrement importante dont la nouvelle se mit à courir Paris dès la fin de décembre de l'année 1737 [2]. Il ne s'agissait plus de chapelle et de reliques, mais d'un incalculable trésor.

On parlait de deux figures de bronze de cinq pieds quatre pouces de haut, dont l'une

---

1. *Athenæum français* du 16 février 1856, p. 135-138.
2. V. dans les *Amusements littéraires ou Corresp. politique, histor.*, etc., de La Barre de Beaumarchais, t. I, p. 58 et 76, deux lettres du mois de janvier 1738 ; et le *Dict. histor. de la ville de Paris*, par Hurtault et Magny, t. III, p. 577.

représentait Osiris et l'autre Isis, ce qui venait donner un triomphant argument à ceux qui tenaient pour l'existence du culte isiaque dans l'ancienne Lutèce. Mais cela n'est rien. On avait trouvé, disait-on, dix-sept cylindres ou barriques de fer ayant chacun trois pieds de long sur onze pouces de diamètre, et dont un, s'étant ouvert, avait laissé échapper une grande quantité de médailles d'or, représentant d'un côté une figure de *Cybèle,* de l'autre une branche de *guy,* avec des caractères indéchiffrables. Ce n'était pas moins que le trésor d'un temple et, qui plus est, le temple lui-même avait été découvert.

Il était de forme ronde ; dix-huit arcades de marbre le soutenaient ; au milieu s'élevait un vaste autel d'argent orné de douze statues d'or tenant des boucliers et des épées d'argent. Une autre chapelle était auprès, où se voyaient huit statues aussi d'argent, représentant des femmes de la plus belle taille, etc., etc. Qui donc avait fait cette merveilleuse trouvaille? Un pauvre oculiste nommé Dubois, qui, s'étant un jour égaré sur le versant qui regarde Clignancourt, dans les touffes de verdure dont était alors entourée la fontaine Saint-Denis, avait aperçu l'entrée d'un souterrain, y avait pénétré, et, trouvant toutes ces merveilles sur son chemin, ne s'était arrêté qu'après une marche de sept heures, « pendant laquelle il avait, disait-on, beaucoup souffert de la fraîcheur. »Le souterrain, lui faisait-on dire, était parfaitement bien voûté ; il se dirigeait du côté de Paris, et venait aboutir en ligne droite à l'église Saint-Leu, dans la rue Saint-Denis.

Tout cela n'était, bien entendu, que mensonge ; l'effet d'une berlue subite tombée sur les yeux de notre oculiste. La crédulité avait commencé, l'exagération avait continué, et la mystification avait fait le reste.

Vint un honnête homme de savant qui rétablit les faits dans leur naïve vérité, et que resta-t-il de tout cet échafaudage de merveilles? La découverte d'assez insignifiants débris d'une villa romaine, de laquelle auraient peut-être dépendu des *thermes,* beaucoup moins importants bien entendu que ceux de Julien à Lutèce ; et quelques brimborions d'antiquités. « Il n'y a, écrivit-il dans le mémoire en forme de lettre qu'il voulut bien consacrer sérieusement à cette chose si peu sérieuse [1], il n'y a de vraisemblable en tout

---

1. *Mercure de France,* janvier 1738, p. 47-53.

cela que la rencontre qu'on a pu faire de quelques médailles de bronze, de morceaux de marbre ou d'albâtre, en remuant les terres[1]. »

Le savant dont je parle ici était ce bon abbé Lebeuf, dont on s'apprête à réimprimer le chef-d'œuvre, l'*Histoire du diocèse de Paris*, prodige d'érudition, où, malgré les progrès de la science moderne, on ne trouvera guère à ajouter et moins encore à corriger.

C'était un homme comme on n'en voit plus. Il ne vivait que pour la science et dans la science. L'arracher au passé, c'était le faire sortir de son plus beau rêve, et il ne marchait dans le présent que comme un homme qui n'est pas bien éveillé. Il ne connaissait rien du monde, et ce qu'il en comprenait ne semble pas le lui avoir fait beaucoup estimer, comme vous allez voir. « Nous avions, écrit l'abbé Barthélemy à madame du Deffand [2], nous avions été, lui et moi, députés par l'A-

---

1. Le plus curieux de ces débris était un grand tronçon d'albâtre, avec un fragment d'inscription, sur lequel on pouvait lire quelques mots signifiant peut-être *Leutetia civitas*.

2. *Correspond. inéd. de madame du Deffand, de la duchesse de Choiseul, de l'abbé Barthélemy*, etc., 1858, in-8°, t. II, p. 176.

cadémie à Clichy, pour voir quelques antiquités qu'on venoit de découvrir. Je ne sais par quel hasard nous y allâmes avec M. de Malesherbes, M. Boutu, et, je crois, le président de Cotte. Il avoit plu, on trouvoit plaisant de s'éclabousser, de se poursuivre à coups de mottes de terre, et de faire toutes les polissonneries possibles. L'abbé Lebeuf marchoit lentement, et je lui dis : « Que pensez-vous de ces jeux-là ? » Il me dit tout naturellement : « C'est apparemment là ce qu'on appelle le ton de la bonne compagnie. »

Quelle profondeur de méprisante ignorance à l'égard du monde dans ces simples paroles du savant !

Il y a dix-sept ans, en 1846[1], un nouveau bruit de trésors découverts courut dans Montmartre et descendit jusque dans Paris, où l'on s'en émut quelque temps. Ce bruit disait qu'on était sur la trace des richesses de l'abbaye, sauvées par la dernière abbesse, madame de Montmorency-Laval[2], et cachées

1. V. les journaux du commencement de juillet 1846.
2. La rue de Laval lui doit son nom. Les rues de Bellefonds, de Rochechouart, de La Rochefoucauld, de la Tour-d'Auvergne ont eu pour marraines les abbesses qui avaient précédé madame de Laval.

par elle avec l'aide d'un vieux domestique dans un souterrain placé sous la serre du château bien connu des Montmartrais, les *Folies-Montigny*. Le seigneur, M. le comte Chartraire de Montigny, arrêté et exécuté pendant la Révolution, n'avait rien dit de ce secret, que peut-être même il n'avait pas connu ; madame de Montmorency, l'abbesse, n'en avait pas davantage parlé, avant de porter, elle aussi, sa tête sur l'échafaud ; mais le vieux domestique, nommé Beuchot, avait enfin tout révélé. Près de mourir, il avait indiqué à une dame qui le soignait l'endroit où le trésor était caché. Cette dame ne tenta rien pour la découverte jusqu'au jour où le terrain recéleur fut devenu une propriété communale. Les démarches à faire près des propriétaires l'effrayaient. Enfin, l'acquisition faite par la commune lui permettant de ne plus s'adresser qu'à celle-ci, elle se décida. Une somme de 600 fr. fut déposée par elle à la mairie de Montmartre, comme premier dédommagement des dégâts indispensables. Les fouilles commencèrent. Qu'en résulta-t-il ? Je crois qu'on cherche encore.

IV

LE PALAIS DU ROI DE ROME

Il n'est pas de coin de Paris qui ne soit, à l'heure qu'il est, entamé par la sape municipale. Elle s'attaque même aux montagnes. Je ne serais pas surpris qu'un de ces jours Montmartre, ce Mont-Blanc, ce Chimboraço de la banlieue parisienne, ne fût perforé d'outre en outre par un tunnel, pour abréger le chemin aux bourgeois pressés d'arriver à Clignancourt. En attendant, ce sont d'autres sommets qui sont vaillamment attaqués. La montée de Chaillot est entamée au vif en deux endroits: ici, pour donner passage au boulevard d'Iéna; là, pour faire place au boulevard de l'Empereur, qui s'en ira en droite ligne du Cours-la-Reine à l'avenue de Saint-Cloud. Les deux grandes voies effleureront la rampe si roide du *Trocadero*, et ce sera, l'on peut le dire, une terrible difficulté tournée. Chemin faisant, quoique ces quartiers semblent assez jeunes et ne soient pas habités par une population bien nombreuse, plus d'un souvenir sera effacé, plus d'une histoire sinistre, comique ou galante, perdra son cadre.

Sans aller plus loin que le quai dont le parrain est le brave général de *Billy*, mort à cette bataille d'*Iéna* qui devait elle-même baptiser de son nom et de sa gloire le pont du Champ de Mars[1]; sans prendre même la peine de grimper la rampe du *Trocadero*, je trouve à faire une ample moisson d'anecdotes : disons-les vite, car peut-être, à cause des impitoyables démolitions qui balayent tout, on ne pourra bientôt plus les cueillir à leur vraie place.

Je passerai rapidement devant la *Manutention des vivres militaires*, qui englobe dans son vaste terrain l'espace occupé, sous Henri IV,

---

1. Décret de Varsovie du 13 janvier 1807.

par une *fabrique de savon*[1], et plus tard par cette fameuse manufacture de tapis, appelée la *Savonnerie*, à cause de la première destination des bâtiments. Je ne donnerai qu'un coup d'œil à la célèbre pompe à feu, ou, si je m'y arrête, ce sera seulement pour vous rappeler le distique dont, en 1778, on salua la création de cette doyenne des machines à vapeur, établie par les frères Périer, et remplacée, depuis 1857, par une autre bien supérieure, comme force et comme combinaison mécanique. D'un seul coup de piston elle élève 1,200 litres d'eau !

Ici, disait le faiseur d'épigrammes de 1778, qui, tout en riant, ne pouvait s'empêcher d'admirer l'invention, si grosse de merveilleuses promesses,

> Ici, vois, par un sort nouveau,
> Le feu devenu porteur d'eau.

L'histoire d'une maison voisine est un peu plus ancienne, sans aller pourtant au delà du même siècle : elle remonte à madame de

---

1. *V.* dans les *Archives curieuses de l'histoire de France*, 1re série, t. XV, p. 265, le *Mémoire concernant les pauvres qu'on appelle enfermez*, 1612.

Pompadour, qui fut ici dame et maîtresse. C'était dans le temps le moins frivole de son règne, où, de concert avec le marquis de Marigny, son frère, et l'architecte Gabriel, elle faisait activement travailler à l'École militaire, dont la création lui est réellement due, et pour laquelle, il faut le dire à sa gloire, elle dépensa une forte somme de ses propres deniers [1].

Afin d'être plus près de cette fondation chérie et de n'avoir qu'à traverser la Seine en barque pour aller surveiller les travaux, elle venait loger à certains jours dans le

---

1. Elle écrivait, le 3 janvier 1751, à la comtesse de Lutzelbourg : « Cette École royale sera bâtie auprès des Invalides. Cet établissement est d'autant plus beau que Sa Majesté y travaille depuis un an, et que ses ministres n'y ont nulle part, et ne l'ont su que lorsqu'il a eu arrangé tout à sa fantaisie. » La fantaisie, qui lui servait ici de ministre, c'était madame de Pompadour. Quatre ans après, l'ouvrage était en bonne voie, mais marchait lentement ; c'est alors que la marquise se décida à employer sa fortune. « J'ai dit, écrit-elle, le 15 août 1755, à Pâris-Duverney, j'ai dit à Gabriel aujourd'hui de s'arranger pour remettre à Grenelle les ouvriers nécessaires pour finir la besogne. Mon revenu de cette année ne m'est pas encore rentré. Je l'emploierai en entier pour payer les quinzaines des journaliers. »

charmant pavillon qu'elle possédait sur ce quai, nommé alors quai de *Chaillot* ou de la *Conférence*. Un joli parc en dépendait; il a disparu ainsi que le pavillon.

Une autre petite maison, où les souvenirs sérieux ne se mêlent pas, comme dans celle-ci, aux souvenirs de galanterie, est tout auprès. C'est celle que vous pouvez apercevoir au bout de la longue avenue où les bustes de Néron et d'Agrippine surmontent les pilastres de la grille d'entrée. Ce petit séjour n'a rien perdu de sa physionomie; tout y révèle l'époque coquette où il fut construit, et il semble qu'on y va entendre encore, au détour d'une allée, derrière un arbre, le spirituel éclat de rire de Sophie Arnould, qui en fut longtemps la galante châtelaine. Un cèdre bien vieux, qu'elle vit bien jeune, existe encore; vous en pouvez voir les rameaux toujours verts débordant au-dessus de la muraille, et projetant sur le quai leur éternel ombrage. Le jardinier qui l'a planté, il y a soixante-seize ans, vit toujours, selon M. Lefeuve[1].

---

1. *Les anciennes maisons de Paris*, art. QUAI DE BILLY.

Que d'intrigues nouées et dénouées ici! Que d'aventures galamment préparées! Que de petits complots! Mais pas un ne valait, Dieu merci! celui qui fut tramé dans le voisinage, et dont le dénoûment fut si terrible.

Je parle de la conspiration contre le premier consul, hardiment couvée dans une maison proche de celle-ci, au n° 10 du quai de Billy. C'était, chose rare en ces sortes de combinaisons lâchement mystérieuses d'ordinaire, c'était un complot vaillant. Georges Cadoudal, qui en était le chef, ne voulait agir qu'en plein jour et à force ouverte. « Georges, dit Desmarest qui connut bien l'affaire, car il fut chargé de la déjouer, ne marchait contre le premier consul qu'à la condition de le frapper de l'épée dans un choc militaire, et non sous la forme clandestine du meurtre[1]. » Toute autre entreprise, qui eût plus ou moins ressemblé à celle de la machine infernale, lui eût paru une lâcheté. La maison du *quai de Chaillot*, pour lui donner le nom qu'il portait

---

[1]. *Témoignages historiques*, ou *Quinze ans de haute police*, 1833, in-8°, p. 88.

alors, avait semblé tout à fait propre à la préparation du coup de main, et comme point d'appui pour l'attaque. C'est de là qu'on se serait élancé, sabre aux dents, contre le premier consul, au moment où, entouré de son escorte, il passerait sur le quai, en se rendant à Saint-Cloud.

« Soixante-dix à quatre-vingts hommes d'élite, appelés du Morbihan, dit quelque part M. Th. Muret, devaient déboucher tout à coup de la maison louée dans ce but, et livrer en plein soleil, le sabre à la main, ce nouveau combat en champ clos. Telle était l'entreprise que Georges avoua hautement devant ses juges, et qui,— les hommes de bonne foi de tous les partis en conviendront,—ne ressemblait nullement au crime odieux de la machine infernale. La victoire obtenue, le plan était que le comte d'Artois et le duc de Berry, attendus à Paris, se montreraient à la population, et que le premier consul serait envoyé en Angleterre. Par une circonstance remarquable, la prison que lui destinait le gouvernement britannique, était, à ce qu'il paraît, cette même île Sainte-Hélène qui le reçut douze ans plus tard. Nous tenons, ajoute M. Muret, ce curieux détail du général Brèche, l'un des principaux compagnons de Georges, qui, au moment où la conspiration fut découverte, était parti pour la Bretagne, afin d'y choisir la petite phalange de combattants et de l'amener à Paris. »

On sait comment ce coup manqua sans avoir pu être tenté; comment justice fut faite et à quel rang suprême monta bientôt celui dont le complot avait, de si près, menacé la tête.

C'est dans ce même quartier que Napoléon voulut élever l'un des monuments dont la construction lui tint le plus au cœur. Cet édifice, où la magnificence de l'Empereur eût tout mis en œuvre pour satisfaire la tendresse du père, était le *Palais du Roi de Rome*. Les bâtiments devaient couvrir ces hauteurs qui, sous le règne suivant, reçurent, comme par ironie, le nom de *Trocadero*. Ce ne fut qu'un projet, un rêve, mais on y crut longtemps, tant l'on était accoutumé à voir exécuter tout ce que projetait, tout ce que rêvait ce génie. Il y eut, d'ailleurs, des travaux commencés, des terrains acquis, des fondements jetés.

Le meilleur témoignage que nous ayons sur cette gigantesque entreprise est celui des deux architectes Percier et Fontaine[1] qui furent chargés de la conduire, au milieu de plans infinis dont le plus ou moins de splendeur se réglait, à chaque changement, sur la fortune, plus élevée ou plus abaissée de celui qui commandait.

D'abord, quand trois mois avant la naissance du roi de Rome, les travaux commencèrent sur ces hauteurs, de la base au faîte, il ne s'agit pas moins que de la construction d'un palais capable d'éclipser en magnificence et en étendue, les plus beaux et les plus vastes du monde.

L'Empereur régla lui-même la disposition générale, « selon laquelle, disent MM. Fontaine et Percier, plusieurs travaux de maçonnerie et de terrassement ont été faits. » Ils donnent une description du monument, dont le détail serait trop long à reproduire ici, puis ils résument son aspect général en quelques lignes, qui permettront fort bien d'en juger : « Ceux, disent-ils[2], qui pourront se représenter un palais aussi étendu que celui

---

1. V. leur article *Napoléon architecte*, dans la *Revue de Paris*, juillet 1833, p. 33.
2. *Ibid.*, p. 36.

de Versailles, occupant avec ses accessoires le rampant et le sommet de la montagne qui domine la plus belle partie de la capitale, avec les moyens d'accès les plus faciles, n'hésiteront point à penser que cet édifice aurait été l'ouvrage le plus vaste et le plus extraordinaire de notre siècle. »

Survinrent les désastres de 1812, dont le contre-coup se fit sentir jusque dans les travaux de la montagne de Chaillot. Tout dut rentrer en terre avant presque d'en être sorti. Le malheur avait appris la modestie à Napoléon, ou du moins l'avait désenchanté des palais trop magnifiques. Il ne voulait plus sur les hauteurs de Chaillot qu'un petit *Sans-Souci*, comme celui de Frédéric avant Rosbach. Endolori de ses chutes à Moscou et à Leipsick, il ne rêvait désormais qu'une retraite de convalescent [1].

De nouveaux et plus graves malheurs lui défendirent bientôt jusqu'à l'espoir de ce refuge modeste. Après l'île d'Elbe, sa pensée y revint, et les architectes eurent l'ordre d'y retourner avec leurs maçons. « Mais, disent MM. Fontaine et Percier [2], quoiqu'un assez

1. *Napoléon architecte*, p. 36.
2. *Ibid.*, p. 38.

grand nombre d'ouvriers ait été occupé à continuer les terrassements et les fouilles du palais, il nous fut impossible de retrouver les illusions du rêve qui venait de finir. » Ils n'avaient que trop raison. Le souvenir de Napoléon, de ce côté ne fut bientôt plus qu'une ombre qui s'effaça devant une autre, la gloire du vainqueur du *Trocadero*, pour lequel fut rêvé sur cet emplacement, propice aux vains projets, un monument qu'on n'a pas vu plus que l'autre.

Qu'était-il résulté de tout cela? Pour un palais qui ne devait pas être, la destruction de pauvres petites maisons qui ne demandaient qu'à vivre encore, ou qui désiraient pour dédommagement de leur disparition un prix qu'elles n'obtenaient pas toujours. Je vous dois, à ce propos, une anecdote peu connue et bonne à connaître. On y verra que si l'Empereur, rendu modeste, rêva *Sans-Souci* sur la montagne de Chaillot, il n'y trouva pas toujours le meunier qui refuse de vendre le bien de ses pères.

Dès que le bruit du projet impérial s'était répandu, la population, d'ailleurs peu nombreuse, de ces quartiers s'était émue vivement, mais en sens assez contraires.

Parmi les propriétaires, il y en eut qui virent là une fortune, d'autres un danger. Ceux-là se réjouissaient, ceux-ci se plaignirent. Dans le nombre de ces derniers se trouvait un propriétaire, depuis longues années receveur de l'octroi, qui, voyant que le plus clair de tout cela était la panique de ses locataires, déménageant en hâte, de peur d'être forcés de déménager, présenta sans tarder une requête à M. le comte Daru, intendant de la maison de l'Empereur.

Comme elle fut trouvée assez plaisante pour mériter d'être recueillie, je vous en citerai le plus curieux fragment : « Je suis, dit le suppliant, propriétaire d'une vaste maison sur le quai de Billy, n° 62; les entrepreneurs du palais du roi de Rome ont prononcé sa sentence, ils l'ont marquée de la pierre noire : ceux qui l'habitent en sont instruits et s'empressent de la quitter, autant par respect que par prudence. Il en résulte que pour peu que cette émigration continue, il ne restera pour habitants que quelques terrassiers du pont d'Iéna et les hirondelles. Vous concevez, monsieur le comte, qu'avec de tels locataires, il est difficile à un bourgeois d'acquitter ses charges.

« Pour éviter donc que ma ruine précède

celle de ma maison, j'ose proposer à Sa Majesté deux moyens : le premier serait de l'utiliser pour son service, en m'assurant son loyer, d'après l'estimation qui en sera faite, et ce jusqu'au jour de mon décès, qui ne peut tarder; le dernier serait d'en accélérer l'acquisition, de me la payer en monarque juste et libéral, comme l'est le nôtre, en ordonnant que le remboursement s'en fasse le plus promptement possible, attendu que j'ai des créanciers sur les bras et des cautionnements à relater, etc. »

Le brave homme ne s'en tint pas à cette requête. Il était commis et connaissait les catacombes de la bureaucratie. Il eut peur que les cartons de l'intendance ne fussent des abîmes d'où sa supplique ne sortirait pas. Il en rédigea une seconde, mais cette fois pour l'Empereur lui-même, et afin qu'elle fût digne de celui qu'elle allait solliciter, il l'écrivit dans la langue des dieux. D'abord, il explique les faits le mieux qu'il peut :

       Sire, au pied du Capitole
       Qui va couronner Chaillot,
       . . . .
       Je possède un hermitage
       Habité par l'indigent,

> Qui prudemment déménage,
> Et ce, depuis qu'il apprend
> Que Napoléon le Grand,
> Qu'on appelle aussi le Juste,
> Destine ce bâtiment
> A servir incessamment
> De rampe au palais d'Auguste...

Ensuite, il explique ce qu'il désire, fait humblement ses petites conditions, puis reprenant sa supplique :

> On prétend qu'au roi de Rome,
> J'aurais bien dû m'adresser,
> Mais, Sire, à vous c'est tout comme,
> Je suis sûr qu'en pareil cas
> Il ne vous dédira pas.
>
> . . . .
>
> Je crois donc tout me promettre
> Si Sa Majesté veut mettre
> En marge de cet écrit :
> *Soit fait ainsi qu'il est dit.*

L'Empereur se fît lire la requête, s'en amusa beaucoup, et accorda autre chose que ce qu'elle demandait. Il nomma le pétitionnaire concierge du palais du roi de Rome; fort belle place si elle fût venue[1]. Mais un

---

1. Elle eût notamment donné droit à un fort beau logement. Il entrait dans le plan des deux architectes que « les petits pavillons isolés en avant des rampes auraient logé les portiers et les corps de garde pour surveiller les entrées. » (*Napoléon architecte*, p. 35.)

palais chimérique ne peut avoir qu'un portier imaginaire ! c'est ce que fut le propriétaire rimeur avec sa pétition en rimes.

Le nom de Napoléon, assez impertinemment effacé sur ces pentes par celui du duc d'Angoulême, n'y reparut qu'un jour. Il y a de cela vingt-trois ans bientôt. On se demandait beaucoup alors où l'on placerait le tombeau de celui dont Sainte-Hélène venait de rendre les restes. Napoléon avait désiré qu'on mît sa tombe auprès de la Seine, et l'on cherchait un endroit favorable sur l'une et l'autre rives. Ceux qui le voulaient sur la rive gauche, aux Invalides, finirent par l'emporter; mais ceux qui le voulaient sur la rive droite, au Trocadero, en face du Champ-de-Mars, où son ombre eût présidé de haut à tous les jeux militaires, étaient certes bien mieux inspirés.

« Pour nous, — écrivit alors M. Vitet [1], l'un des plus chauds partisans de cette idée heureuse, qu'il combinait sans peine avec le projet de monument présenté par M. Marochetti,—pour nous, il est un autre emplace-

---

[1]. *Revue des Deux Mondes*, 1ᵉʳ sept. 1840.—M. Vitet a reproduit l'article dans ses *Études sur les beaux-arts et la littérature*, 1846, 2 vol. in-18. *V.* la p. 314 du t. I.

ment, qui semble mieux choisi : c'est un lieu prédestiné en quelque sorte à recueillir cette dépouille mortelle de Napoléon, et plus d'une fois, longtemps avant qu'il fût question du retour de ses cendres, nous y avions rêvé son tombeau. Je veux parler de cette place où lui-même avait jeté les fondements du palais du roi de Rome. Ce terrain par sa grandeur, par son élévation, par son isolement semble fait à dessein pour un tel monument. Je n'ajouterais, continue-t-il, au projet de M. Marochetti qu'un grand et large soubassement, sur le haut de la colline, et auquel on parviendrait par les deux rampes actuelles. Ces rampes revêtues de murs et de terrasses, prendraient elles-mêmes un caractère monumental. Au-dessus du grand soubassement, je placerais à la manière antique un triple rang d'arbres toujours verts, et c'est au-dessus de cette masse de verdure épaisse et sombre que se détacherait sur le ciel la silhouette pyramidale du monument, si heureusement accidenté par les quatre figures assises aux quatre angles, si hardiment couronné par la statue équestre.

« C'est là que Napoléon voulait élever la demeure de sa dynastie naissante ; c'est là que sa dynastie éteinte serait ensevelie avec lui. Il dominerait ce nouveau Paris, dont il fut pour ainsi dire le créateur, ces rives de la Seine, qu'il voulait couvrir d'une longue ligne de palais; à ses pieds, sous son regard, s'étendrait le Champ-de-Mars : le spectacle des manœuvres réjouirait encore son ombre, et quand vers le matin nos jeunes soldats viendraient s'exercer aux fatigues du métier des armes, ils verraient au-dessus de leur tête cette grande figure s'éclairer des rayons du soleil levant, comme un phare lumineux, placé là pour leur montrer le chemin des combats et de la victoire. »

Le projet était plein de poésie et de grandeur; on était à une époque prosaïque et mesquine : il fut repoussé.

V

LE DONJON DE JEAN SANS PEUR

Les choses dont nous venons de parler sont trop jeunes encore pour prêter complétement à la légende, retournons, pour qu'elle soit plus à l'aise, aux vieux murs et aux vieilles tours. Quoique l'ancien Paris ne soit plus guère facile à découvrir dans le nouveau, nous n'aurons pas à fureter longtemps pour y faire encore une découverte intéressante.

Entre la rue Saint-Denis et la rue Montorgueil, vers le centre de ce dédale de rues au milieu duquel le boulevard de Turbigo va bientôt jeter son éclaircie, nous trouverons ce que nous cherchons.

Tout au fond d'une cour de la maison profonde qui porta longtemps le n° 3 de la rue *Pavée-Saint-Sauveur*, et qui, depuis 1851, est passée sous le n° 23 de la rue du *Petit-Lion*, s'élève une tour quadrangulaire, remarquable à toutes sortes de titres : par sa position vraiment inattendue au fond d'un hôtel style Louis XV, par sa hauteur et par quelques détails de construction qui portent leur date et leur histoire. Sans être même très-familier avec le moyen âge, on voit du premier coup d'œil qu'on a ici affaire à un monument des premiers temps du xve siècle. On ne se trompe pas, comme nous allons voir.

Cette tour mesure vingt et un mètres de la base au faîte[1] ; elle est de construction solide, toute en pierres de taille soigneusement appareillées. Plusieurs baies ogivales s'étagent sur ses deux façades, larges chacune de huit mètres, et aussi sur ses côtés, qui ont chacun la moitié de cette largeur. De robustes et élégants mâchicoulis servent de frange à la ter-

---

1. C'est la mesure exacte donnée par M. le comte A. d'Héricourt dans sa curieuse notice sur l'*Hôtel d'Artois* à Paris, 1863, in-4°, p: 4. La Tynna avait dit à tort quatre-vingt-six pieds. (*Dict. des rues de Paris*, 1816, in-8°, p. 450.)

rasse en encorbellement qui couronne la tour[1].

L'intérieur, quoique la distribution en ait été singulièrement dénaturée, est fort curieux à visiter en détail. La haute salle voûtée en ogive, qui en occupait la plus grande partie, n'existe plus. On y a disposé, comme des alvéoles dans une ruche, plusieurs étages de petits logements où s'agite toute une population d'ouvriers. Des ménages complets vivent et travaillent dans cet espace jadis occupé tout entier par une seule chambre féodale.

L'escalier, qui s'arrête aux deux tiers du donjon, est logé dans une tourelle à pans coupés, dont la porte s'ouvre sous une voûte affaissée. Il est resté intact, avec ses cent trente-huit marches de pierre tournant autour d'une colonne, comme les lames d'un éventail autour de leur pivot; avec ses portes carrées à moulures, avec ses fenêtres semblables à des meurtrières, et enfin avec l'étrange ornementation symbolique dont celui qui le fit construire ordonna de décorer son sommet.

---

1. M. Albert Lenoir, dans la *Statistique monumentale de Paris*, 3ᵉ série, 28ᵉ livraison, pl. 182, a donné de cette tour un très-exact dessin, réduit par Fichot pour l'*Itinéraire archéologique de Paris*, de M. Guilhermy, p. 299.

Dans l'aspect général de cette tour, il y a une date; dans l'ornementation du plafond de l'escalier, il y a une histoire. Figurez-vous, posé sur le chapiteau de l'arbre ou colonne de grès autour de laquelle tournent les degrés, une sorte de caisse ronde en pierre, ou, comme dit La Tynna, « un baquet » cerclé de trois doubles anneaux. Les tiges d'un chêne vigoureux s'en élancent, et de leur feuillage abondant vont tapisser toute la voute, en y décrivant avec leurs robustes nervures quatre travées d'ogives. Rien de plus bizarre, mais rien de plus élégant aussi, que cette ornementation feuillue, que cette vigoureuse végétation de pierre. S'il n'y avait pas d'autre emblème, on pourrait se croire dans la dépendance de quelques-uns de ces nobles *séjours* que Louis, duc d'Orléans, frère de Charles VI, possédait dans Paris [1].

1. Nous ne lui connaissons pas moins de quatre hôtels à Paris : celui de la *Poterne*, près de Saint-Paul, sorte de petit sérail, auquel le peuple donnait le nom d'hôtel *Pute y musse*, que la rue voisine a conservé, légèrement altéré; l'hôtel d'Orléans, au faubourg Saint-Marcel, qui vit cette terrible fête de carnaval d'où Charles VI sortit fou, et dont le nom de la rue *d'Orléans-Saint-Marcel* est encore un souvenir; l'hôtel de Coucy à Chaillot; et enfin le plus

Il avait en effet pour emblème et il faisait sculpter partout, avec cette devise : *je l'ennuie*[1], de lourds bâtons, noueux comme les branches du chêne de pierre qui répand ici son feuillage. Mais lorsqu'on cherche un peu, on s'aperçoit vite que, loin d'être chez le duc d'Orléans, on se trouve chez son ennemi, le duc de Bourgogne, chez Jean sans Peur, celui-là même qu'il *ennuiait*. Dans le tympan ogival d'une des baies extérieures, sur le côté gauche de la tour, sont sculptés au milieu de fleurons gothiques, un *fil à plomb* et *deux rabots*, dont la vue fait frissonner lorsqu'on sait ce qu'ils veulent dire ; quand on connaît l'espèce de défi dont ils sont la menaçante expression. Ces deux rabots du duc Jean signifient que tôt ou tard les bâtons noueux du duc Louis seront rabotés et que Bourgogne enfin aura raison d'Orléans[2].

vaste de tous, l'hôtel de Behaigne ou de Bohême, dont il sera parlé tout à l'heure.

1. On écrivait ce mot avec un seul *n*, et comme l'*u* avait alors la forme du *v*, on crut longtemps que la devise du duc était je l'*envie* et non je l'*ennuie*. Ce qui était un gros contre-sens.

2. Le duc Jean mettait des *rabots* partout, même sur ses habits et sur la livrée de ses gens. (*V*. L. de

Le meurtre nocturne du 23 novembre 1407 prouva que ce n'était pas une menace vaine. Le brutal emblème était pour ainsi dire la fleur d'une vengeance dont cet assassinat de la rue Barbette fut le fruit sanglant [1].

Maintenant vous savez qui fit bâtir le donjon de la rue du *Petit-Lion :* les rabots de pierre vous ont assez dit que c'était le duc Jean ; et de plus vous devinez sans doute dans quel dessein il le fit construire.

Ici ce fut l'effroi qui inspira cet homme

Laborde, Glossaire, p. 368, 476.) « Le *nivel de maçon* avec son *plommet* » n'était pas moins son emblème. Le 1ᵉʳ janvier 1410, suivant Monstrelet, les joyaux d'or qu'il donna, comme étrennes, à ses familiers, avaient tous cette forme. C'était un présent et un mot d'ordre ; Jean sans Peur voulait dire par là qu'il lui tardait d'aplanir le terrain où le gênaient encore le fils de sa victime, le dauphin Charles, et ses amis les Armagnacs.

1. Le meurtre eut lieu rue Vieille-du-Temple, dans la partie qui s'appelait alors rue *Barbette,* en face de l'hôtel de ce nom, dont il reste encore une tourelle en encorbellement au coin de la rue des Francs-Bourgeois, et de l'autre côté en face de l'hôtel de Rieux, remplacé aujourd'hui par le charmant hôtel qu'Amelot de Bisseuil fit bâtir vers 1660. Il porte le n° 47 de la rue Vieille-du-Temple et fait face à la rue des Rosiers.

sans peur. Louis d'Orléans avait laissé des amis qui pouvaient devenir ses vengeurs. Jean de Bourgogne les craignit, et se mit sur ses gardes.

La tour qu'il fit solide pour qu'elle lui fût un sûr refuge, et haute à l'avenant, afin d'y dominer mieux le mouvement du populaire, fut bâtie par lui, trois ans après le meurtre, lorsqu'obligé de revenir à Paris, il pensa qu'il y avait tout à craindre de la veuve et du fils de sa victime.

C'est en 1410 [1], qu'il l'ajouta aux défenses déjà très-fortes du vaste hôtel qui lui était échu huit ans auparavant dans le partage des

---

1. Il ne me semble pas douteux, en effet, que Monstrelet (édit. Buchon, in-8°, t. I, p. 240) ne parle de notre donjon lorsqu'il dit, sous cette date de 1410, que Jean sans Peur « fist faire et édifier à puissance d'ouvriers une forte chambre de pierre bien taillée, *en manière d'une tour*, dedans laquelle il se couchoit par nuict. Et estoit ladite chambre fort avantageuse pour le garder. » Il ne s'y retirait que bien entouré. On voit en effet par les *Comptes de Jehan de Pressy*, fol. 215, « que le duc se faisoit accompagner, dans Paris, par plusieurs arbalestriers et les tenoit en son hostel d'Artois pour la sûreté de sa personne; » et que « Estienne Lambin estoit gouverneur de 64 arbalestriers et Colas de Gennes de 35. »

biens de sa mère, Marguerite, cette bonne *comtesse d'Artois*, dont l'extrémité de la rue Montorgueil garda si longtemps le nom [1].

C'était une demeure vraiment royale que cet hôtel, dès lors appelé indifféremment d'*Artois* ou de *Bourgogne*. Paris n'en possédait pas de plus grand ni de mieux défendu, point capital en ce temps où les seigneurs, lorsqu'ils étaient dans Paris, se battaient d'hôtel à hôtel, comme de châteaux à châteaux, lorsqu'ils étaient dans leurs domaines.

Le mur bâti par Philippe-Auguste, de 1190 à 1211, qui, depuis la construction de la

---

[1]. Cet hôtel d'Artois avait été bâti du temps de saint Louis, par le comte Robert, qui mourut si glorieusement à la Massoure. On le confisqua sur son petit-fils après le honteux procès où il fut condamné comme *envousteur* et faussaire. (*V.* la curieuse notice de M. Le Roux de Lincy, *Rev. de Paris*, 21 juillet et 4 août 1839). Le dauphin Jean le reçut en présent. Devenu roi, il le rendit à la comtesse Marguerite, lorsqu'elle épousa son fils Philippe le Hardi. Elle possédait à Paris, en outre de cet hôtel, celui de *Flandres*, sur l'emplacement duquel se trouve aujourd'hui l'hôtel des Postes. A l'époque du partage de ses biens, Jean sans Peur eut à choisir. Il prit l'hôtel d'Artois et laissa l'autre à son frère Antoine, duc de Brabant. Guillebert de Metz, p. 65, dit qu'il le lui donna, mais il se trompe.

nouvelle enceinte de Charles V, achevée en 1383, avait cessé d'être une défense pour la ville, servait de clôture à l'hôtel d'Artois qui semblait y avoir été comme accroché du côté de la rue Mauconseil[1]; clôture redoutable, mais que le donjon de Jean sans Peur renforça encore d'une façon singulière. Il s'adossait à l'une des hautes tours rondes de Philippe-Auguste, dont nous avons vu les assises souterraines, en visitant la cave. Il s'appuyait à droite et à gauche sur deux solides pans de la muraille qui, d'un côté, s'allait joindre, rue Saint-Denis, à la *Porte aux Peintres*[2], et, de l'autre, rue Montorgueil, à la *Porte au comte d'Artois*, près du cul-de-sac de la Bouteille[3]; et combinant ainsi sa force plus jeune avec celle des anciennes fortifications, il donnait à l'hôtel du duc deux défenses pour une.

N'était-il pas curieux de trouver un tel appareil de guerre au milieu de Paris? N'é-

1. L'entrée de l'hôtel était rue Pavée. (Piganiol, t. III, p. 314.)
2. Au n° 216 de la rue Saint-Denis. Elle ne fut démolie qu'en 1535.
3. Au n° 31 de la rue Montorgueil. Cette porte subsista jusqu'en 1498.

tait-il pas étrange surtout de voir une vieille muraille s'éterniser avec ses tours et ses créneaux, longtemps après que la ville, montant toujours, l'avait dépassée et qu'une autre enceinte l'avait rendue inutile ? Tout le monde, seigneurs, bourgeois, gens du peuple, trouvait cela naturel alors et s'en accommodait. Les tours devenaient des refuges pour les pauvres gens; dans les fossés restés béants, s'entassait une population de mendiants et de bandits, et sur les murailles on faisait des jardins, on disposait des promenades, on alignait des jeux de boules. Elles étaient assez épaisses pour cela. La courtine que l'on démolit l'an dernier, sur l'ancienne place Saint-Michel, n'avait pas moins de deux mètres d'épaisseur.

A la fin d'un manuscrit du Vatican, *Galliæ historia, ab anno* 1461 *ad annum* 1467 [1], se trouve un curieux passage au sujet des promenades qu'on faisait *à la nuitée* tout le long et sur les vieilles murailles de Paris. Il y est parlé d'un autre duc de Bourgogne, Philippe le Bon, et d'un autre duc d'Orléans, le père

---

[1]. In-4°, p. 106.—Ce manuscrit est cité dans la *Biblioth. histor. de la France*, supplément, n° 17,297.

de Louis XII, lesquels, en se promenant et sans quitter l'ancienne enceinte, se rendaient de l'hôtel de Bourgogne ou d'Artois à *l'hôtel d'Orléans,* plus tard *hôtel de Soissons,* dont la Halle aux blés occupe en partie l'emplacement[1] : « Alors souvent, dit le vieux chroniqueur[2], monseigneur le duc de Bourgogne et monseigneur le duc de Clèves, voire monseigneur d'Orléans et madame sa femme, sœur dudict seigneur de Clèves, alloient après souper esbattre et passer temps au long et dessus les anciennes murailles de Paris, depuys ledict hostel d'Artoys jusque dedans ledict hostel d'Orléans, vers les halles, sans que ceux de la ville les vissent. »

Jusqu'au temps de Louis XIV, il y eut de ce côté des fragments considérables de l'ancien mur. Sauval en retrouva tout près de l'hôtellerie de la rue Comtesse-d'Artois (rue Montorgueil) qui avait pour enseigne une *Bouteille,* et dont l'impasse du même nom, vis-à-vis du parc aux huîtres, a pris la place. Par là, vous pouvez juger d'ici à quelle hauteur, dans la rue Montorgueil, se trouvait la

1. *V.* nos *Enigmes des rues de Paris,* p. 281-283.
2. Alex. Petau l'appelle Jean Fauchet. (*Biblioth. manusc.,* t. Ier, p. 82.)

vieille enceinte. Les fragments dont parle Sauval[1] étaient « si longs et si entiers » qu'il les avait vus, à ce qu'il assure, servir de jeux de boules.

Alors l'hôtel d'Artois-Bourgogne n'existait plus depuis bien longtemps déjà. Sur une partie de son terrain on avait construit, rue Mauconseil, un théâtre où jouèrent successivement les confrères de la Passion, les comédiens du Roi, les premiers acteurs de l'Opéra-Comique[2], et qui fut enfin démoli pour faire place à la Halle aux cuirs, laquelle à son tour devra très-prochainement disparaître.

La vente de l'immense hôtel avait été faite, en 1543, par François Ier, dont, en souvenir, le nom fut donné à l'une des rues bâties sur une partie de l'emplacement : c'est la rue *Françoise*, que, par corruption, nous appe-

1. T. Ier, p. 32. — On voit encore, gravée sur une pierre de la maison n° 29 de la rue Montorgueil, à côté de l'impasse de la Bouteille, cette inscription :

ICY EST
L'ANCIEN MUR
DE LA
VILLE DE PARIS.

2. *Enigmes des rues de Paris*, p. 145.

lons rue *Française*, et qui bientôt n'existera plus.

Quelques mots sur cette vente de l'hôtel de Bourgogne sont nécessaires ici. Depuis que la splendeur de la maison de Bourgogne avait disparu avec le dernier duc, Charles le Téméraire, l'hôtel n'était plus ce qu'il avait été si longtemps, notamment sous Philippe le Bon, alors qu'on y venait en foule de tous les coins de Paris, pour admirer les beaux meubles, la riche vaisselle, les belles tapisseries; alors qu'on y trouvait, tout le jour durant, table ouverte, et trois chevaliers à la porte pour recevoir chacun avec honneur [1]. Désormais sans seigneur, et devenu une proie royale, il n'était plus que la dernière ombre de cette magnificence. A la mort du Téméraire, Louis XI avait eu double gain. Il avait repris l'hôtel de Nesle [2] dont, en 1461, il lui avait fait présent, et en même temps il avait mis la main sur l'hôtel de Bourgogne [3].

Quand, à la fin de 1542, François Ier que

1. G. Chastellain, *Hist. du bon chevalier Jacq. Delalain*, 1634, in-4°, p. 169-170.
2. *Archives de l'Empire*, mémoriaux de la Chambre des comptes, t. III, p. 420; 18 sept. 1461.
3. A. d'Héricourt, *l'Hôtel d'Artois*, p. 6.

pressaient de grands besoins d'argent, résolut de vendre en même temps les hôtels de Flandre, d'Étampes, du Petit-Bourbon, de Tancarville, de la Royne, et celui dont nous parlons, les commissaires qui furent chargés de le visiter avant la mise en vente, ne purent dans leur rapport, parler « que de la ruine et décadence, estat et disposition, en quoy avoient été trouvés lesdits lieux[1]. » Treize lots furent faits de l'espace et des bâtiments à livrer aux enchères. De ces treize lots, on fit deux parts distinctes, séparées par une rue nouvelle brutalement percée à travers les bâtiments démolis, et qui, d'abord nommée *rue Neuve*, puis rue de Bourgogne, puis rue Neuve-Saint-François, finit par s'appeler, comme nous l'avons dit, rue *Françoise*, puis rue *Française*.

La partie où se trouvait le donjon, forma les six lots numérotés 1, 2, 4, 6, 7, 8. Par qui fut-elle acquise, et que devint-elle? C'est ce que je ne sais pas. Sous Henri IV, il existait de ce côté, entre les rues Françoise, Pavée et

---

[1]. *Edict de commission du Roy François I*ᵉʳ, *donné à Sainte-Menehould le vingtiesme jour de sept.* 1542, etc. In-4°.

Mauconseil, le *fief de Bezée*[1], qui comprenait six maisons; or, celle où se trouvait notre tour était certainement du nombre; voilà tout ce que je puis dire. En 1615 Louis XIII, mettant à exécution une idée de son père[2], céda cette seigneurie de Bezée aux religieux de Sainte-Catherine, en échange de leurs droits seigneuriaux sur le palais des Tournelles, dont la place Royale, achevée depuis trois ans, occupait le terrain, et notre donjon eut ainsi des moines pour seigneurs.

Plusieurs hôtels avaient été bâtis sur le terrain du fief. Dans le nombre s'en trouvait un qui appartenait à un certain Diego de Mendoça, dont le nom indique assez l'origine espagnole, qui était sans doute parent de Bernardino de Mendoça, ambassadeur de Philippe II à Paris pendant la Ligue, mais sur lequel il m'est impossible de dire rien de positif, non plus que sur l'époque où il logea par ici. Tout ce que je sais à son sujet me vient de Sauval[3], et c'est fort peu de chose. Après quelques regrets donnés aux démoli-

1. Sauval, t. I, p. 32.
2. Piganiol, t. IV, p. 426.
3. T. Ier, p. 32, 33.

tions faites de ce côté, et qui n'avaient presque rien épargné des vieilles murailles, Sauval s'explique ainsi : « Diego de Mendosse ruina tout, aussi bien que les autres, hormis une tour ronde, qu'il conserva, qu'on voit encore à l'hôtel de Mendosse, qui appartient présentement au sieur Courtin de Tannequeux. »

Cette tour, quoique la forme ronde que lui donne Sauval nous déroute un peu, doit toucher de près à celle dont nous parlons. Il n'aura bien vu que la tour de l'ancienne enceinte, avec laquelle, nous l'avons dit, le donjon de Jean sans Peur était pour ainsi dire accouplé ; et comme les débris de la vieille muraille étaient ce qui l'occupait surtout, il aura oublié l'un pour parler de l'autre. Pendant le règne de Henri IV, l'hôtel de Mendoça, dont l'entrée était rue Mauconseil, à quelques pas de l'hôtel de Bourgogne et sur la même ligne, semble avoir été sans habitants fixes. Le seigneur espagnol qui l'occupait s'était sans doute enfui, ainsi que ses compatriotes, à l'arrivée du Béarnais. Antonio Pérez qui logea vis-à-vis pendant trois ans, et qui n'avait pas, dit-il [1], « cherché ce voisinage à

---

[1]. *Cartas de Ant. Perez : A un señor amigo,* p. 649,

cause du nom, » parle d'un danseur de corde « qui y faisait des tours et des sauts périlleux, dont la vue causait encore plus d'étonnement que le récit, » et qu'il dédaigna d'aller admirer, « quoiqu'il vît entrer tous les jours, les princes, les dames, et des gens de tout état. »

Pendant la Fronde, l'hôtel Mendoça est encore sans maître. On y établit l'un des deux *magasins-charitables* fondés par saint Vincent de Paul, pour les pauvres de la campagne [1]. C'est là que les paysans de Gonesse et des lieux voisins viennent chercher ce que leur garde la charité.

Après avoir été ainsi le restaurant des pauvres diables, l'hôtel devint le cabaret des heureux. Le voisinage du théâtre lui faisait une chalandise. Il en profita. Il n'y eut plus de bonne fête si elle n'avait lieu à *Mendosse*, comme on disait, ou chez *Mendoce*, comme on disait encore. Robinet en parle souvent ; comme *Mendosse* rime bien à *noce*, jamais dans

---

650. — Mignet, *Antonio Perez et Philippe II*, 1ʳᵉ édit., p. 281.

1. Feillet, *la Misère au temps de la Fronde et saint Vincent de Paul*, p. 446.

ses mauvais vers il ne met l'un sans qu'aussitôt vienne l'autre. Parlant par exemple du roi Casimir, il dit qu'*il*

> Donna chez lui mieux qu'à Mendosse
> Le beau régale (*sic*) de la nôce [1].

De Visé, dans *la Mère coquette* [2], entraîné aussi par la rime, n'oublie pas non plus le fameux cabaret de l'hôtel Mendoça. *Il vient*, dit-il de son Cléon,

> Il vient assurément pour danser à la noce,
> Il est peut-être allé descendre chez Mendosse.

Aujourd'hui, l'on ne fait plus par ici de ces oisives ripailles. Le travail est partout. Une grosse maison de négoce s'est installée rue Mauconseil, à deux pas de la rue Françoise, sur l'emplacement de l'hôtel Mendoça. Rue du Petit-Lion, dans la maison qu'un mur mitoyen sépare de l'autre, et de laquelle, par suite de remaniement de propriété, dépend aujourd'hui le donjon de Jean sans Peur, l'industrie et le commerce ne sont ni moins actifs, ni moins florissants. Le riche quincaillier Sterlin, avait ses magasins dans cette

1. *Gazette rimée* du 16 août 1665; *V.* aussi celle du 22 août 1666.
2. 1666, in-8°, acte III, sc. ix.

maison, en 1816, quand La Tynna fit à la tour une visite qui la révéla. M. Bricard, qui lui a succédé, fait avec une complaisance éclairée, les honneurs du précieux débris. Il montre ce joyau archéologique en homme qui en sait le prix.

Nous pourrions nous arrêter ici, et ne rien dire de ce qu'il advint de l'autre partie de l'hôtel de Bourgogne, dont le morcellement formait au moment de l'adjudication, en 1543, les lots ou *places* portant les numéros 3, 5, 9, 10, 11, 12 et 13 ; mais, sans ce détail, notre notice serait incomplète ; nous le donnerons donc en quelques lignes, d'après le *procès-verbal* même de la vente, *en date du dix-huitième jour de mars* 1543 [1].

L'annonce de la vente fut d'abord criée et cornée par les rues et carrefours ; « Pourtraict et figures furent faits des lieux à vendre, et attachés sur tableaux de bois ès portes desdits hôtels de Bourgogne et d'Artois, et portes du Palais du Chastelet. » Puis, au jour dit, se firent les enchères « au feu esteint. » Il y avait grande assemblée de peuple. Parmi les riches

---

[1]. V. le recueil intitulé *Spectacles,* portant à la Bibl. Impér. le n° Y, 5,498. A. In-4°.

de la bourgeoisie qui étaient venus pour se partager cette grande dépouille féodale, l'une des premières qu'on leur livrât, se distinguait Jean Rouvet, le grand marchand, assez riche à lui seul pour tout acheter. On le savait, et pour lui faire pièce, on pouvait surenchérir plus que de raison. Il para le coup en amenant des compères, auxquels furent adjugés la plupart des lots, et qui, la vente terminée, déclarèrent n'avoir surenchéri que pour son compte. De cette façon, les sept places, sauf quelques bribes, restèrent à Jean Rouvet tout seul. Il lui fallut satisfaire à plusieurs conditions. D'abord, il dut payer 5,200 livres tournois; ensuite il prit l'engagement « de desmolir ce qui estoit sur rue et le remettre à droict alignement, suivant le pourtraict ; » il promit encore « que le gros mur estant en la onzième place, adjugée pour lui à Jacques Payen[1], serait rompu, afin d'être mis au niveau ; » et enfin il s'obligea « à bastir et édifier maisons manables

---

1. Le docteur J. Payen, à qui ses travaux sur Montaigne ont fait une si belle réputation parmi les bibliophiles, descend de ce Jacques Payen. Je crois savoir qu'il possède une maison rue Française, dont le terrain fut sans doute acquis par son aïeul à l'époque de cette première vente.

et habitables. » Il ne paraît pas s'être hâté de satisfaire à cette dernière condition. Il en laissa le soin à d'autres. Cinq ans après, n'ayant encore rien reconstruit, le 30 août 1548, il s'entendit avec les *confrères de la Passion* qui venaient de perdre leur théâtre de l'hôpital de la Trinité, la salle où ils faisaient leurs jeux ayant été « par ordonnance de la cour, prise, occupée et employée en l'hébergement des pauvres. » Il leur vendit « une *masure* de 17 toises de long sur 16 de large, » avec deux issues, l'une sur la rue Mauconseil et l'autre sur la rue Françoise, « puis peu de temps en ça faite et érigée droit. » Les conditions furent : Que les confrères lui payeraient une rente annuelle de 250 livres, rachetable pour 4,500 livres; qu'ils bâtiraient et édifieraient de neuf « une grande sale et aultres bastiments, pour le service de la confrérie; et que parmi les loges de ladite salle ledit Rouvet en auroit une à son choix, pour luy, ses enfans et amys leur vie durant, sans aulcune chose en payer, ne diminuer de ladite rente [1]. »

---

[1]. Le contrat de vente se trouve dans le Recueil cité tout à l'heure, et dans Félibien, *Hist. de Paris*, t. III des *Preuves*, p. 781-785.

Ce Jean Rouvet nous paraît avoir été un maître homme, et puisque nous le tenons ici, nous nous en voudrions de ne pas dire tout ce que nous savons de bien sur son compte.

Il faisait un commerce qui n'était pas toujours très-heureux à Paris : le commerce des bois. Souvent, les arrivages manquant, il y avait disette, et l'on ne savait comment y remédier. Bien longtemps auparavant, en 1490, des bûcherons de la forêt de Lyons, en Normandie, s'étaient avisés de faire flotter de la rivière d'Andelle jusqu'en Seine le bois qu'ils avaient abattu, et qu'on appelait bois d'Andelle, sur le quai de l'École où on le mettait en chantier [1]. Charles Leconte trouva le moyen bon et l'employa pour les bois des bords de l'Yonne qu'il fit flotter jusqu'à Paris, à la grande satisfaction du bureau de la ville, qui lui octroya des lettres patentes, « comme premier expérimentateur du flottage [2]. »

C'était en 1547. L'année précédente, un ami

---

1. Sainct-Yon, *les Edicts et Ordonnances des roys, coustumes des provinces, règlement, arrest et jugement notables des eaux et forest*, Paris, 1610, in-fol.

2. *Archives de l'Empire*, sect. judic. Bureau de la ville, *Reg. des Audiences*, f° 223, v°.

et un protégé de Rouvet avait eu une idée pareille, mais faute d'argent il avait dû laisser Charles Leconte prendre le pas sur lui.

Il s'appelait Gilles Deffroissez, et passait sa vie à s'ingénier d'inventions de toutes sortes « pour le bien de la république de la ville. » Ainsi n'avait-il pas voulu, le premier de tous, établir un bac entre le Louvre et la tour de Nesle, fonder sur la Seine des moulins à mouture économique qui feraient considérablement baisser le prix du blé; puis encore, faire une vigoureuse prise d'eau dans la Seine, à l'aide de laquelle toutes les grandes rues de la ville seraient abondamment arrosées[1]? C'était l'inventeur complet, d'autant mieux que, chez lui déjà, comme chez tant d'autres depuis lors, la disette de l'argent allait de pair avec la richesse des idées. Pour une seule invention, celle du flottage, quelqu'un lui vint en aide, ce fut Jean Rouvet[2]. Deffroissez était depuis longtemps en familiarité d'affaires avec sa famille. Fiacre Rouvet, frère de Jean, lui avait notamment acheté

---

1. *Arch. de l'Emp.*, sect. administr., H, 1781, p. 241.
2. Fréd. Moreau, *Hist. du flottage en train*, 1843, in-8°, p. 47, 79.

la ferme des vins et du poisson de mer dont il avait été gratifié. En 1546, le flottage des bois du Morvan jusqu'à Paris, était l'entreprise qu'il caressait le plus chèrement. Il s'était persuadé qu'il suffirait, pour qu'elle réussît, de rendre navigable la petite rivière de Cure dans le Morvan. Il sut le persuader à d'autres, même dans le conseil du roi ; il obtint des lettres patentes, et ainsi recommandé, il vint apporter son idée au bureau de la ville, le 23 juillet 1546, avec la double caution de G. Le Gras, et de notre Rouvet.

Que lui fallait-il? Une avance de deux mille écus sur les deniers des aides auxquels lui donnait droit la commission octroyée avec les lettres royales. Il demandait cette somme en trois payements, et, sous la responsabilité de Le Gras et de Rouvet, il s'engageait à la restituer, dans le cas où, malgré sa promesse, la Cure ne serait pas rendue navigable pour le flottage à *bois perdu* [1]. Il obtint ce qu'il voulait, mais le mauvais état de ses affaires, les dettes dont il était accablé l'empêchèrent de rien mener à bien [2]. Après trois années

1. *Arch. de l'Emp.*, sect. administr., H, 1781, p. 39, v°.
2. *Ibid.*, p. 241.

perdues qui laissèrent à Charles Leconte l'avance que nous lui avons vu prendre il fallut que Rouvet, engagé comme caution, s'emparât de l'entreprise.

Deffroissez, en qui l'on n'avait plus confiance et que le bureau de la ville avait déclaré « grant entrepreneur et petit exécuteur [1], » reçut de Rouvet, comme refuge, un bon emploi dans ses forges de la forêt de la Charité, et à ses risques et périls, notre marchand de bois, dut seul, comme je l'ai dit, reprendre et pousser l'affaire du flottage [2]. Il réussit ; la Cure que Deffroissez n'avait pu rendre *flottable* que jusqu'à Cravant, le devint par ses soins jusqu'à son embouchure dans l'Yonne, et ainsi de rivière en rivière, les trains de bois du Morvan purent entrer dans la Seine [3] et arriver triomphalement au quai de l'École, vers le milieu d'avril 1549. Ce fut une véritable fête ; « le roi, dit Lamberville [4] accorda sa protection à Jean Rouvet, et ordonna qu'en

1. *Arch. de l'Emp.*, sect. administr., H, 1781, p. 241.
2. *Ibid.*
3. Sainct-Yon, *loc. citat.* — De Lamare, *Traité de la police*, t. III, p. 837 et suiv.
4. Ch. de Lamberville, *Discours polit. et œconom.*, 1626, in-12, p. 17.

l'honneur de son heureuse entreprise on fit des feux de joie le long des rivières d'Yonne et de Seine, aussi bien que dans l'intérieur de Paris. »

Les feux de joie en pareil cas étaient bien trouvés, ma foi ! C'était la reconnaissance du *bois flotté*.[1]

Le succès de Jean Rouvet n'alla pas beaucoup plus loin. C'est René Arnould qui, dix-sept ans après, en 1566, eut les plus beaux profits de l'affaire, profits bien gagnés du reste par d'incontestables améliorations[2]. Lorsque la fortune du flottage eût été complétement faite, et qu'un arrêt du Parlement

---

1. L'invention du *flottage*, selon M. Fréd. Moreau qui en donne de nombreuses preuves dans son curieux volume, p. 21-26, était connue de toute antiquité. M. Maury ne le dément pas. Suivant lui, les *nautes* de la Durance, du Rhône et de la Seine avaient fait du *flottage* une des principales branches de leur industrie. *V.* dans les *Mémoires présentés par divers savants à l'Acad. des inscript.*, 2ᵉ série, t. IV, p. 251, son traité historique sur les *Forêts de la France*, travail excellent, mais incomplet et même inexact pour ce qui se rapporte à Jean Rouvet, p. 110.

2. De Lamare, t. III, p. 852, lettres patentes du 25 décembre 1566.

de 1569 l'eût consacrée[1], les jésuites, toujours aux aguets pour les fructueuses affaires, mirent la main sur celle-ci[2], jusqu'à ce qu'en 1621, un concurrent plus heureux vînt à son tour l'accaparer pour son compte[3]. La bonne œuvre de Jean Rouvet, tentée pour le profit de tous, tournait au profit d'un seul !

Maintenant, puisqu'on va percer de nouvelles rues sur des terrains dont il fut propriétaire, ne pourrait-on pas donner à l'une d'elles, fût-ce à la plus petite, à la plus modeste, le nom de ce philanthrope intelligent, en l'honneur duquel la ville de Clamecy, prenant l'avance sur la reconnaissance parisienne, éleva, en 1828, un monument si bien mérité.

1. *V.* dans le *Recueil* de Sainct-Yon, p. 1028, l'arrêt du Parlement du 26 février 1569.— Un autre, de 1669, le confirma. (*V.* Freminville, *Dict. ou traité de la police générale,* 1775, in-8º, p. 638 et suiv.)

2. *Mémoires* du P. Garasse, publiés par Ch. Nisard, 1861, in-18, p. 102, 146-148.

3. *V.* dans nos *Variétés hist. et litt.*, t. III, p. 317, l'*Advis de Guillaume de la Porte, hotteux ès-halles de la ville de Paris.*

VI

L'HOTEL PIMODAN

Le nom de Pimodan, auquel, il y a deux ans, la belle mort du marquis Georges vint donner un nouveau lustre, est depuis longtemps célèbre dans Paris.

Il brilla pendant plus d'un siècle, écrit en lettres d'or sur marbre noir, au-dessus de la porte de l'un des plus fameux et des plus charmants hôtels de l'île Saint-Louis. Les gentilshommes d'une antique maison de Lorraine, dont l'inscription annonçait le long séjour dans cette belle demeure du quai d'Anjou, étaient bien les ancêtres du Pimodan qui mourut si digne d'eux.

Ils s'étaient distingués de bonne heure au

service de nos rois, soit dans le Parlement, soit dans les armées. Un d'eux, qui avait combattu près de Henri IV, reçut de lui une lettre que l'on croirait écrite au brave des braves, à Crillon. Ce n'est que bien plus tard, sous Louis XV, qu'ils vinrent à l'île Saint-Louis. Des propriétaires de tout rang, comme on va voir, et de toutes fortunes les avaient devancés dans l'hôtel qui devait longtemps garder leur nom.

Le premier, celui qui l'avait fait bâtir, était un homme de finance, fils d'un cabaretier. Il s'appelait Charles Gruyn, ou Groïn ; son père avait été, comme maître du fameux « cabaret d'honneur » de *la Pomme de Pin*, au bout du pont Notre-Dame [1] ; le prédécesseur de cet illustre Cresnet, qu'immortalisa un vers de Boileau. Philippe Gruyn, le tavernier, qui, malgré le mauvais renom du métier, se faisait appeler « honorable homme, » et gros comme le bras, avait fait de beaux profits sur les forts écots dépensés chez lui ; il voulut que son fils en pût faire de plus considéra-

---

1. « Auprès du Palais, » dit Tallemant, édition P. Paris, t. VII, p. 34. — *V.* sur ce cabaret notre *Histoire des hôtelleries*, t. II, p. 304.

bles encore. Il le lança dans les grandes
affaires, où, lui-même il avait déjà deux frères
qui grapillaient à merveille. Afin de ne pas
sortir tout à fait du métier paternel, le fils
du cabaretier se jeta, comme ses oncles, dans
les subsistances, et s'y engraissa démesuré-
ment. Il était, en 1641, commissaire général
des vivres pour la cavalerie légère [1], et, afin
qu'elle restât fidèle à son nom, il s'engrais-
sait de ce qu'il ne faisait pas manger à
cette cavalerie. Un pamphlet, qui parut du
temps de la première Fronde sous ce titre :
*le Catalogue des partisans, ensemble leur généa-
logie, extraction, vie, mœurs et fortune*, nous
renseigne ainsi sur les façons administratives
des oncles et du neveu, et sur leurs prompt-
itudes de fortune : « Les Gruyn, y est-il dit,
frères et fils du maistre du cabaret de *la
Pomme de Pin*, à force de pillages, qu'ils ont
faits dans la *subsistance*, lors de l'établissement d'icelle, ont acquis de grands biens et
possèdent des charges de finances très-consi-
dérables [2]. »

1. Lettre de M. I. Pichon dans le *Bulletin de l'Al-
liance des arts*, du 10 juin 1844, p. 379.
2. C. Moreau, *Choix de Mazarinades*, t. Ier, p. 136.

Parmi ces grands biens, le neveu possédait pour sa part la terre des Bordes, dont il prit le nom, celle de Noizières, près de Lagny, où il faillit se rompre le cou en y faisant travailler au mois d'octobre 1660 [1], et enfin le bel hôtel de l'île Notre-Dame, ou Saint-Louis, dont nous vous faisons l'histoire.

C'est sur un terrain encore vague, acheté en 1641, qu'on le lui avait construit, mais plus tard, dans le temps où il était de mode pour les gens de finance ou de Parlement, d'avoir sa maison en l'Ile.

M. le président Lambert de Thorigny et M. de Bretonvilliers y étaient venus vers le même temps, et l'étendue des hôtels qu'ils se faisaient construire à la pointe de l'île, le luxe qu'ils y déployaient dans les ornements et les peintures des galeries, dont Lebrun et Lesueur avaient été chargés, étaient pour Gruyn, qu'on n'appelait plus que M. des Bordes, une singulière émulation de magni-

---

1. *V.*, sous la date du 5 oct. 1660, une lettre de Gui-Patin sur cette chute de M. des Bordes-Groïn, auquel il ne marchande pas la vérité sur son origine. Il l'appelle « ce M. des Bordes-Groïn, jadis garçon cabaretier, fils du maître de *la Pomme de Pin*, aujourd'hui grand partisan. »

ficence. La maison du fils du cabaretier égala donc, ou peu s'en faut, celles de ces opulents dignitaires du Parlement. Lorsque Richelet rédigea dans son Dictionnaire, le mot *maison*, et chercha quelques belles demeures à citer, c'est à celle-ci qu'il pensa : « M. Des Bordes, écrivit-il, a fait bâtir une fort jolie maison dans l'Ile. »

Elle fut terminée en 1658. Des Bordes ne s'était pas pressé, comme on voit, puisqu'il possédait le terrain depuis dix-sept ans. La jolie Normande Geneviève de Mony, veuve de M. de Lanquetot, que des Bordes avait épousée pendant l'été de cette année-là, le força bien d'en finir une bonne fois avec cette bâtisse sans fin. Elle ne s'était mariée avec le traitant que par amour « pour la grande despense[1] ; » et parce qu'elle le sentait fort riche : elle n'était donc pas disposée à n'avoir que l'ombre de cette fortune et surtout à vivre en quelque triste logis, tandis qu'elle pourrait se prélasser en un si magnifique.

Elle fit stipuler au contrat, de façon expresse, qu'elle aurait pour demeure « la maison que le futur époux faisoit construire en l'isle

---

1. Tallemant, édit. P. Paris, t. VII, p. 34.

Nostre-Dame, sur le quay regardant le quay Saint-Paul, » et non autre. Des Bordes alors s'exécuta, et, peu de temps après, l'on voyait dans l'hôtel, enfin terminé, s'étaler partout, aux plafonds, sur les panneaux, les plaques de cheminée, etc., les armes de la nouvelle épouse, puis le G des Gruyn, enlacé avec le M des Mony. Ils y sont encore.

Le moment vint où il fallut quitter violemment tout cela. A cette époque, il arrivait toujours une heure où le pouvoir cherchait à voir clair dans l'eau trouble des fortunes financières. Il s'étonnait d'abord de ces rapides improvisations d'opulence, puis de l'étonnement il passait au soupçon, du soupçon à l'enquête, et de l'enquête à l'exécution. Gruyn avait eu Fouquet pour protecteur. Après avoir suivi sa fortune, il partagea sa ruine. La chambre de justice de 1661, qui jeta un jour si redoutable dans les dilapidations du surintendant, éclaira des mêmes lueurs la fortune ténébreuse de son protégé. Gruyn, convaincu de fraude et dépouillé, se retrouva, ou peu s'en faut, Gros-Jean, comme avant son entrée dans les affaires, moins l'honneur pourtant, qu'il aurait pu garder en restant pauvre, et moins la liberté aussi. On avait, en effet, commencé par le mettre en prison. Il y mourut.

On ne le plaignit guère. Lorsqu'il avait failli se rompre la tête à Noizières, Gui-Patin l'avait gratifié d'une oraison funèbre anticipée qui n'était pas tout à fait un éloge, et dont les expressions sans pitié purent bien être reprises quand il mourut tout de bon[1]. « Ne seroit-ce pas, avait-il dit, ne seroit-ce pas grand dommage s'il mouroit! Mais en cas que cela arrivât et que le diable l'emportât, faudroit-il crier au larron! » Quelques jours après, des Bordes allant mieux, il avait encore écrit: «On dit qu'il ne mourra pas. N'est-ce pas que Dieu l'attend à pénitence? Mais seroit-elle bonne sans restitution? Nenni-da! Si Dieu attend que ces gens-là rendent tout ce qu'ils ont dérobé, il a beau attendre. » En effet, quoique pressé par la justice, des Bordes ne fit qu'une restitution assez faible, auprès de tout ce qu'il aurait dû rendre. Sa femme, qui, par une précaution assez en usage de tout temps dans les ménages financiers, s'était mariée séparée de biens, garda

---

1. *Lettres* de Gui-Patin, édit. Reveillé-Parise, t. III p. 282.

la baronnie de Préaux en Normandie, acquise sous son nom, moyennant 800,000 livres, l'année qui avait suivi celle de son mariage[1].

L'hôtel de l'île fut aussi sauvé. Le fils de des Bordes ne le vendit, comme nous verrons, que vingt ans après.

Fouquet, dans la prison de Pignerol, avait pour compagnon de captivité l'homme qui devait justement succéder à son protégé Gruyn comme propriétaire et habitant de cette belle demeure du quai d'Anjou.

Cet homme est Lauzun, dont vous savez l'histoire, que son mariage clandestin avec la grande Mademoiselle fit disgracier et emprisonner, et qui ne dut de redevenir libre qu'à l'énorme rançon payée par sa royale épouse, lorsqu'elle abandonna au duc du Maine la plus belle part de son apanage : le comté d'Eu, le duché d'Aumale et la principauté de Dombes. Le prix était assez beau pour qu'on rendît à celui dont c'était la rançon sa liberté tout entière. Louis XIV pourtant ne lui fit qu'à moitié grâce. Lauzun ne sortit de prison et n'eut la permission de revenir à Paris « qu'à la condition de n'appro-

---

1. Tallemant, t. VII, p. 35, note de M. P. Pâris.

cher pas plus près de deux lieues de l'endroit où serait le roi. » Il s'en consola en jouant gros jeu à Paris et en faisant de grandes dépenses dans l'hôtel de l'île Saint-Louis.

Le fils de Gruyn des Bordes avait, nous l'avons dit, pu sauver cette propriété du naufrage de la fortune paternelle. Comment? Par ruse, à l'aide d'un prête-nom. Ce n'est pas lui qui figure dans l'acte de vente, mais un pauvre diable dont il s'était fait un *homme de paille*, le cordonnier Féret. Il comparut comme vendeur, tandis que M. le duc de Lauzun comparaissait comme acquéreur.

Un fils de cabaretier avait fait bâtir l'hôtel, un cordonnier le vendait, n'était-ce pas logique? On ne s'attendait pas toutefois à voir tant de roture dans l'histoire d'un si noble hôtel.

Lauzun l'embellit beaucoup, car il aimait le luxe, et au sortir de Pignerol il s'était trouvé trop riche, faute d'avoir pu dépenser. « La longueur de sa captivité, dit quelque part Saint-Simon, l'a beaucoup enrichi. »

Il augmenta encore cette fortune par son bonheur au jeu, et mena un train d'autant plus magnifique à l'île Saint-Louis. Sa mère cependant, vieille huguenote du bon temps, passait la vie la plus austère dans un coin de l'hôtel, entourée de ministres qui voulaient la maintenir dans sa foi, et de prêtres qui voulaient l'en arracher.

Pendant que le fils sortait en grand équipage par la principale porte de l'hôtel, on voyait à certaines heures le père La Chaise, le père Feuillet, de l'Oratoire, Bossuet lui-même, entrer par une porte secrète pour venir catéchiser la vieille duchesse. C'est le père Feuillet qui eut l'honneur de cette laborieuse conversion.

Après Lauzun et sa mère, nous trouvons à l'hôtel du quai d'Anjou la petite-nièce du cardinal Mazarin, l'aimable fille d'Hortense Mancini et de ce bizarre duc de Mazarin, qui, pour la sauver de la perdition, n'avait rien trouvé de mieux que de l'enlaidir à jamais en lui faisant arracher toutes les dents. Il ne mit pas heureusement à exécution cet acte de prudence sauvage. Mademoiselle de Mazarin s'en alla avec toutes ses dents, toutes ses grâces, au couvent des dames de Sainte-Marie, à Chaillot, d'où, en 1682, le marquis de Richelieu vint l'enlever par escalade pour l'emmener à Londres, où elle devint sa femme [1].

---

1. V. lettre de madame de Sévigné du 23 décembre 1682.

En 1709, le marquis de Richelieu vendit l'hôtel au receveur du clergé, M. Ogier, qui sut enchérir encore sur le faste étalé par les autres. « Cette maison, dit G. Brice, qui la vit en 1752, lorsqu'Ogier l'habitait encore, ne se distingue pas beaucoup à l'extérieur de celles des environs. Les vues qui règnent sur l'Arsenal et sur les Célestins sont assez agréables ; mais les appartements y sont d'une richesse qui va jusqu'à la magnificence : l'or y est prodigué partout avec profusion. Ce qui fait présumer, ajoute Brice, que le maître a travaillé avec succès pour en acquérir quantité [1]. »

C'est après ce magnifique Pierre-François Ogier que vint le premier Pimodan : « Très-haut et très-puissant seigneur Charles-Jean de la Vallée, marquis de Pimodan, seigneur de Passavant, la Chassée et autres lieux, mestre de camp de cavalerie, ancien premier enseigne de la première compagnie des mousquetaires du roi. »

A la Révolution, la noble famille habitait encore l'hôtel. Le gendre du marquis, M. de la Viollaye, proscrit par le Comité de salut

[1]. *Description de la ville de Paris*, 1752, in-12, t. II, p. 342.

public, y chercha un refuge. Sous l'hôtel, sous le quai et sous la Seine s'étendent, jusqu'au côté droit du fleuve, d'immenses souterrains. M. de la Viollaye vint s'y cacher jusqu'au jour où, après avoir été en proie aux plus grandes privations, aux plus terribles inquiétudes, il put s'échapper par l'issue de la rive droite.

Son arrière-neveu, qui tomba si héroïquement en Italie, avait souffert de pareilles angoisses lorsque, prisonnier des Hongrois à Peterwardin, en 1849, il avait eu la crainte d'être fusillé, comme M. de la Viollaye celle de monter sur l'échafaud. L'un fut sauvé par cette fuite heureuse dont nous venons de parler, l'autre par la fin de l'insurrection hongroise.

Le marquis a raconté lui-même, dans ses souvenirs militaires [1], publiés il y a dix ans dans la *Revue des Deux Mondes*, toutes ses impressions de captif et de condamné, à cette heure qu'il devait croire suprême :

« Je passai, dit-il, toute la soirée à marcher dans la casemate, comprimant les battements

---

1. *Souvenirs des campagnes d'Italie et de Hongrie.* Nouv. édition, Paris, E. Dentu, 1861, I vol. in-12, p. 240 et 244.

de mon cœur et cherchant à me calmer par la pensée que j'étais dans la même situation qu'un officier qui, blessé mortellement dans un combat, sait qu'il n'a plus que quelques heures à vivre. Pendant ces heures, me disje, il lutte avec la souffrance, et moi je suis encore en ce moment plein de force et de vie...

« J'avais conservé une bague sur laquelle était monté un petit diamant; je la tirai de mon doigt et j'écrivis sur un des carreaux : « Adieu, chers parents, je vais être fusillé ; « je suis tranquille et résigné ; je meurs plein « de foi et d'espérance. Chère mère, mon « seul chagrin est le vôtre. » Puis je détachai le ruban de ma croix, afin de le tenir sur mon cœur quand je serais fusillé ; et, m'asseyant sur mon lit, je repassai dans mon esprit les anciens souvenirs de ma famille ; je me rappelai tous les détails de la mort héroïque de lord Strafford, que je n'avais jamais lus sans me sentir saisi d'admiration ; je me jurai de montrer autant de fermeté d'âme que lui. Les espérances que j'avais souvent caressées dans mon cœur, il fallait les abandonner; mais je pouvais, en ce moment suprême, gagner encore de l'honneur. »

Noble cœur! il put ressaisir avec sa liberté toutes ses espérances, et cet honneur qu'il désirait pour sa mort à Peterwardin, il l'obtint bien plus beau sous le drapeau de la foi!

L'hôtel du quai d'Anjou est aujourd'hui la propriété du riche et délicat bibliophile le baron Jérôme Pichon, qui, après l'avoir loué pendant quelque temps, vers 1844, au Lauzun du roman et de la fantaisie modernes, M. Roger de Beauvoir, est venu lui-même l'habiter, et lui rendre, par toutes les recherches savantes d'un ameublement du goût le plus rare et le plus exact, sa physionomie du beau temps. L'hôtel Pimodan est redevenu vraiment l'hôtel Lauzun; aussi en a-t-il repris le nom sur la plaque de marbre noir à lettres d'or qui surmonte sa porte d'entrée.

Grâce à M. le baron Pichon, ce beau logis a mérité que M. P. Pâris pût dire de lui: « C'est peut-être à Paris la seule maison qui donne encore une idée de l'habitation d'un homme de qualité au XVIIe siècle[1]. »

---

1. Notes sur les *Historiettes* de Tallemant, t. VII, p. 35.

VII

L'HOTEL DE SALM

(PALAIS DE LA LÉGION D'HONNEUR)

C'est une Altesse allemande, Frédéric III, rhingrave de Salm-Kyrbourg, qui fit bâtir, peu de temps avant la Révolution, l'hôtel tout à la fois élégant et prétentieux, qui devint palais en 1802, quand la grande chancellerie de la Légion d'honneur y fut installée, et dont vous voyez d'ici la porte en arc triomphal, toute grande ouverte sur la rue de Lille, et la jolie terrasse égayant le quai d'Orsay, aux abords du pont de Solférino.

Ce principicule de Salm avait tous les goûts et se permettait toutes les folies. S'ennuyant dans ses États, dont une heure de galop de ses équipages lui faisait atteindre l'extrême frontière, il était venu les manger à Paris. « Le Salm est ici, cherchant à tout vendre et à piaffer, écrivait la marquise de Créqui en août 1786, à Senac de Meilhan; le baron de Breteuil soutient qu'il n'en a pas pour deux ans, et que l'hôpital sera sa fin [1]. »

L'hôpital! le dénoûment était cruel, mais probable toutefois; en attendant, M. de Salm voulut se donner un bel hôtel, et il fit bâtir celui dont je vous parle ici. C'était une dernière fantaisie, une dernière vanité, que notre rhingrave se passait, moins pour le plaisir d'habiter le nouveau palais que pour celui de le construire, car il savait bien qu'avant qu'il fût achevé il ne lui resterait guère que la ressource de le vendre.

Il avait d'ailleurs la prétention d'être un peu artiste, et il voulait le prouver. C'est l'architecte Rousseau, dit Legrand, qui dirigeait les travaux; mais si vous consultiez le secrétaire du prince ou ses valets, ils vous disaient en confidence que Rousseau n'avait rien fait que d'après les dessins de Son Altesse [2]. Le

---

1. *Lettres inédites de la marquise de Créqui*, p. 59-61.
2. Ed. et J. de Goncourt, *Hist. de la société franç. pendant le Directoire*, Paris, E. Dentu, in-8º, p. 21.

concierge de l'hôtel l'assurait encore longtemps après que le pauvre rhingrave n'était plus là ni ailleurs, ce qui donnerait à croire que c'était un peu vrai. M. de Salm, pour couvrir cette dépense, n'avait guère à compter sur ses États. Il les avait déjà dévorés deux fois pour le moins. Cette pauvre petite principauté, « dont l'armée, lisait-on dans la *Petite histoire de France*, pamphlet du temps[1], ne s'élevait pas à la moitié du quart de deux mille mâles, » ne pouvait plus même être hypothéquée. Comment faire ? Le rhingrave se souvint qu'il possédait trois ou quatre villages perdus dans un ravin des Vosges[2]. Il les fit mettre aux enchères, et les sommes qu'il reçut s'allèrent engloutir dans la bâtisse du quai d'Orsay. Son dernier louis servit pour la dorure de quelque feston dans cette vaniteuse bonbonnière.

Il n'eut guère que le temps d'y pendre la crémaillère, dans une fête qui fut une cohue. La moitié de Paris accourut y étouffer l'autre. Tilly, qui vint comme tout le monde, en parle ainsi : « Il y avait tant de gens que

---

1. Cité par MM. de Goncourt, p. 21.
2. *Ibid.*

le prince lui-même ne connaissait pas, qu'il me dit plaisamment : « Beaucoup de per-« sonnes qui sont ici peuvent aussi me croire « invité au bal[1]. »

C'était à la fin de 1786; l'année d'après, l'architecte, pour se payer de ses travaux, avait acheté l'hôtel, et le prince n'y était plus que locataire[2].

La Révolution survint, et, comme tous les princes ou seigneurs ruinés, M. de Salm prit parti pour elle. Il se laissa faire capitaine de la garde nationale, afin qu'il fût dit que, né général d'armée, il avait au moins commandé une compagnie.

Grâce à l'influence de La Fayette, qui l'avait quelque temps employé dans la rue Saint-Dominique, il parvint même à être commandant de bataillon. « C'est en cette qualité, dit le *Petit dictionnaire des grands hommes de la Révolution*, que le vaillant prince de Salm, à la tête de 3,000 hommes, a fait la descente au cimetière des Invalides. Persuadé qu'il s'y tramait quelque nouveau complot,

---

1. *Mémoires* du comte Alex. de Tilly, 1830, in-8, t. II, p. 238.

2. *Etat actuel de Paris*, 1789, in-8. Quartier Saint-Germain, p. 16.

et que tout l'argent et les canons de France y étaient ensevelis, il y pénétra, armé de pied en cap. Il y combattit pendant cinq heures entières sans rien trouver contre les intérêts de la nation ; et sa valeur contre les morts fit juger de sa douceur avec les vivants. »

Il y a, sous l'ironie de ce dernier trait, une allusion aux bruits qui plus d'une fois, notamment en 1776[1], au sujet d'un duel du prince avec Lanjamet, avaient couru sur son peu de vaillance ; bruit faux, suivant Tilly[2], comme la plupart de ceux qui l'avaient discrédité : « Jamais, dit-il, on ne vit une réputation plus malheureuse. Criblé de coups d'épée, on suspectait son courage ; ruiné, après avoir gaspillé une fortune considérable, sa probité était attaquée. Il passait pour *peu sûr* au jeu, et il avait perdu des sommes immenses. On n'osait pas lui contester de l'esprit, mais on niait qu'il eût le sens commun ; et, avec un fond d'instruction que j'ai trouvé chez peu de gens, sa conversation n'attachait personne. Ne serait-ce point qu'on

1. Lettre de madame du Deffand à Walpole, 6 mars 1776.
2. *Mémoires* de Tilly, t. II, p. 238.

refuse de la confiance à l'esprit des gens du caractère desquels on se défie? Haut comme les nues, ce dont tout le monde était parfaitement persuadé, on s'attendait toujours à quelque bassesse pour se dédommager de son orgueil, et l'en punir. »

Son hôtel, où, dans un temps raisonnable, il n'eût pu se maintenir, même comme locataire, mais qu'il avait alors su ne pas quitter, protégé qu'il était par le désordre universel, complice de son désordre particulier, s'était d'abord ouvert pour un *club* très-ardent. Comme on n'y fit guère que du bruit, cette petite Babel démagogique de M. de Salm ne fut appelée partout que le *Salmigondis*[1].

Toutes ces prétentions, tout cet étalage de démocratie qui n'avaient pour le pauvre prince *sans-culotte* que l'avantage de le faire craindre de ses créanciers, et de lui permettre de nager toujours, sans qu'on y regardât trop, dans l'eau trouble de ses affaires, aboutirent enfin à une catastrophe.

Il fut arrêté le 13 germinal an II, et conduit à la maison des Carmes[2]. Pour quel

1. *L'Improvisateur franç.*, t. XVIII, p. 282.
2. A. Sorel, *le Couvent des Carmes sous la Terreur*, 1863, in-8, p. 243.

crime? On l'ignora jusqu'à ce que, l'année d'après, le 5 thermidor, quarante-neuf détenus, dont il faisait partie, ayant été appelés devant le tribunal révolutionnaire comme complices d'une prétendue conspiration tramée dans la prison, Fouquier-Tinville fit savoir que « Salm, prince allemand, n'était, sous le masque du patriotisme, que l'agent caché de la coalition allemande contre la France. » Le soir même, quarante-six de ces quarante-neuf accusés, et le prince était du nombre, furent conduits à la place du Trône et guillotinés. Encore quatre jours, et le 9 thermidor les sauvait en perdant Robespierre!

La sœur de M. de Salm, la princesse Amélie de Hohenzollern, voulut emporter ses restes en Allemagne. Elle acheta le terrain voisin du lieu du supplice, où le prince reposait avec treize cents autres victimes, espérant qu'elle pourrait le reconnaître dans cette foule décapitée. Tous ces soins douloureux furent inutiles [1]. Elle n'eut que la consolation d'avoir fait consacrer de nouveau, et enclore de murs, ce terrain, qui avait servi de cimetière aux chanoinesses de Picpus depuis 1647 jusqu'en 1690. Une pyramide com-

---

1. *Biographie universelle*, t. XI., p. 199-200.

mémorative y a été élevée sous l'Empire, et l'on y a bâti un oratoire où chaque année, après la quinzaine de Pâques, les prêtres de la chapelle de Picpus viennent célébrer un service solennel.

C'est là que repose André Chénier, qui tomba, non pas sur la place de la Révolution, comme on le croit, mais « sur la place publique de la barrière de Vincennes [1]. »

C'est aussi là que les membres des plus nobles familles : les Montmorency, les Noailles, les Lévis, etc., se font maintenant porter, pour mêler leurs cendres à celles des victimes que la Terreur prit dans leur maison [2].

Le général La Fayette y repose auprès de sa femme, dont le désir avait été d'être enterrée non loin de son père, le duc d'Ayen, l'une des treize cents victimes tombées sur cette même place.

Revenons à l'hôtel de Salm. Qu'en avait-on fait ?

---

1. *V. L'Esprit dans l'histoire*, 2ᵉ édit., p. 346.
2. On y a transporté, il y a quelques mois, le corps de M. le duc de Lévis, mort à Venise, près du comte de Chambord. — V. sur ce *cimetière des suppliciés à Picpus* la *Revue rétrospective*, 31 juillet 1837; p. 149-151.

Des mains d'un prince souverain sans budget, il était passé, sous le Directoire, dans celles d'un garçon perruquier plusieurs fois millionnaire !

Il s'appelait Lieuthraud[1] avant cette fortune; mais ayant changé la savonnette du barbier pour cette autre qui décrasse les vilains, il se faisait nommer, argent comptant, M. le comte ou même M. le marquis de Beauregard, *ad libitum*.

Les fêtes qu'il donnait étaient d'une magnificence inouïe. Tout Paris y venait pour admirer l'hôtel et pour rire du maître. Au buffet, en dévorant ses fruits magnifiques, en croquant ses friandises, on avait toujours un coup de langue et un coup de dent à son adresse.

Parmi les histoires qui se chuchotaient chez lui sur son compte, celle de ses premiers pas dans la fortune n'était pas la plus édifiante, mais n'était pas non plus la moins curieuse. Fils d'un vigneron de la Bourgogne ou du Nivernais, et décrassé par le curé de son village, il s'était fait garçon perruquier,

---

1. Les frères Goncourt l'appellent Leutraud (*Directoire*, p. 348), et Geoffroy, Neutraud. Son vrai nom était Lieuthraud.

comme nous l'avons dit, puis valet de chambre d'un grand seigneur de sa province. Le maître, aux premières crises de la Révolution, voulut émigrer, et son valet dut le suivre.

Toute la fortune de monseigneur, réalisée en beaux louis, avait été mise en des sacoches, qui elles-mêmes avaient été cachées dans le porte-manteau que le valet avait en croupe. On galopa jusqu'à l'extrême ligne de la frontière. Là, monseigneur s'effraya d'un poste de gardes placé au bord de la route. Il dit à Lieuthraud de prendre par la traverse, tandis que lui ferait de même par un autre détour. Ils devaient se rejoindre au delà de la frontière sur un point convenu. Le maître s'y trouva, mais on y attend encore le valet. Son désir d'émigrer n'était pas très-vif. N'ayant plus près de lui monseigneur pour l'y obliger, il tourna brusquement le dos à la frontière, et piqua des deux vers l'intérieur, sûr qu'on ne l'y arrêterait pas, et que son maître, pour qui, au contraire, il y allait de la tête, se garderait de l'y poursuivre. Sa résolution fut si vivement prise et si vivement exécutée qu'il oublia les sacoches qui lui sonnaient en croupe, et que, revenu à Paris, il se trouva qu'il avait, par mégarde, emporté toute la fortune de monseigneur. Vouloir la rendre eût été se compromettre en pure perte; il la garda, et par surcroît de prudence il ne perdit pas trop de temps pour faire l'échange de ses louis en assignats. « Il paraît, écrit dans ses *Souvenirs*[1] Berryer père, à qui nous devons de connaître cette anecdote, il paraît qu'il s'en était procuré une abondante collection, car il se montra tout à coup avec tout l'appareil de l'opulence. »

Ce n'est peut-être qu'une fable, mais elle est de celles qui ne sont jamais tout à fait gratuites. Elles ne courent que pour de certaines gens, et on ne les prête qu'à de certains riches.

D'autres versions moins romanesques et aussi peu édifiantes donnaient à la fortune de Lieuthraud d'autres commencements.

Geoffroy, qui dirigeait un des journaux les plus malins du temps, *la Feuille du jour*, va nous faire connaître une des plus vraisemblables.

Voici comment il sténographia, pour son numéro du 9 août 1796, l'apologie singulière qu'il avait entendu faire de Lieuthraud, à la

---

1. 1839, in-8, t. 1, p. 287-288.

porte même de son hôtel, pendant la fête qu'il avait donnée peu de jours auparavant[1] :

« Ce que vous voyez, fait-il dire à un spectateur, ce faste, ces magnificences, ce palais et ces richesses qu'il renferme appartiennent à un garçon perruquier ! Et l'écho étonné répète jusque dans le salon doré : « A un garçon perruquier ! ». — Je suis de son pays, reprend le narrateur, je vous certifie les faits ; il n'eût tenu qu'à moi d'aller aussi là-dedans insulter à la misère publique ; mais je hais les voleurs et je méprise la mauvaise compagnie.

« Le successeur du prince de Salm est fils d'un pauvre vigneron de Corbigny, près Clamecy et la Charité, département de la Nièvre[2]. C'est là qu'il exerça jusqu'à ces der-

---

1. *La Feuille du jour,* n° 115.
2. Dans la *Biographie moderne,* 1815, in-8, t. I, p. 156, et dans la *Biographie portative des contemporains,* t. I, p. 297, on le donne pour fils d'un notaire d'Avallon. Il serait venu de bonne heure à Paris, où il aurait mené une vie d'expédients peu honorables, jusqu'à ce que la fortune lui eût ouvert un chemin plus heureux, sinon plus honnête. On voit qu'il est assez difficile de savoir la vérité sur le citoyen Lieuthraud. Un seul point reste hors de doute : c'est qu'il ne fut pas la perle des gens honorables.

nières années, en tout bien tout honneur, l'utile métier de garçon perruquier.

« Comme cet heureux Figaro savait lire et écrire, il quitta son rasoir et commença de se décrasser dans un petit bureau. Bientôt on le vit prendre un *vol* plus haut, et mon homme se trouva, Dieu sait comment! intéressé dans une fonderie de canons à Moulins. Il obtint des avances de la République, et fit de très-bonnes affaires, car sa manufacture n'a pas rendu un seul canon à nos arsenaux.

« Bientôt Paris et le Palais-Royal le voient déployer de grands talents que Dieu lui donna pour *manier* les finances, et surtout celles d'autrui. L'agiotage et les moyens auxquels vous donnerez tels noms qu'il vous plaira l'ont rendu un des plus *honnêtes gens* qui se puisse, car il est possesseur public de richesses énormes, et le garçon perruquier Lieuthraud est le vrai marquis de Carabas [1].

« Il a acquis les superbes attelages de douze chevaux du prince de Croï; il a acquis l'hôtel

---

1. Il comptait par millions, dit Arnault dans ses *Souvenirs d'un sexagénaire*, t. II, p. 308, et il possédait vingt hôtels plus beaux les uns que les autres.

de Salm ; il a acquis Bagatelle [1] ; il est l'amant de mademoiselle Lange, de la rue Feydeau, à raison de 10,000 livres par jour, d'avance [2].

« Il a consacré cette dernière acquisition par deux boîtes à portraits : le sien et celui de la déesse, ornés chacun de 15,000 livres espèces et de diamants.

« Il fournit maintenant du fer à la République, à peu près comme sa fonderie fournissait des canons, et c'est le fer de la République qui, sous les mains du nouveau Midas, se convertit en or ; il a même cela de plus heureux que l'ancien, qu'il n'aura pas besoin de découvrir son secret à un barbier étranger, et que si des oreilles d'âne le trahissent, il pourra les cacher lui-même sous de charmantes *oreilles de chien,* car il a la réputation de donner le coup de peigne comme un ange.

« Cette fête, qui n'est qu'un échantillon de ses folies, lui a déjà coûté 1,200 livres en numéraire données au citoyen Daniel, restaurateur, pour le prix d'un buffet commandé trop tard, et qu'il n'a pas servi. Pour qu'aucun

---

1. *V.* plus bas notre chapitre XIII. Après Beauregard, un traiteur acheta Bagatelle. *Censeur des Journ.* (Juin 1797.)

2. Le *Paris* de Peltier, août 1796, confirme ces faits.

trait ne manque à ce qui peut caractériser la sottise et l'impertinence d'un faquin parvenu, le garçon perruquier Lieuthraud, pour effacer tout vestige de la poudre originelle, et à la fin de la Révolution, se fait appeler le marquis de Beauregard. Cet apprenti seigneur est déjà fait aux belles manières; il singe l'Anglais, et ses billets portaient invitation de venir prendre le *thé* à l'hôtel de Salm. »

Lieuthraud sentait bien qu'il n'était pas honorable; il voulut s'en donner l'apparence par un mariage qui le fût réellement. Il chercha donc une famille dont la considération jetterait sur ses millions et sur lui un reflet d'honnêteté. Il demanda la main de mademoiselle de Montholon[1]. Il ne fut pas agréé tout d'abord, mais il ne fut pas non plus repoussé. Son immense fortune exigeait des égards. Madame de Montholon l'admit chez elle, et vint à ses fêtes avec ses filles, mais sans rien promettre : elle attendait.

« Elle fit bien, dit Arnault, qui nous a seul fait connaître ce dernier épisode [2]. Pendant

1. Elle épousa le général Joubert, et en secondes noces Macdonald. (Sainte-Beuve, *Causerie du Lundi*, t. XV, p, 183, note.)
2. *Souvenirs d'un sexagénaire*, t. II, p. 308.

qu'elle réfléchissait, la fortune du citoyen Beauregard s'évanouit comme elle s'était formée.

« Le lendemain du bal qu'il donna à ces dames, dans son palais, il disparut. Qu'était-il devenu? Je ne sais, ajoute Arnault. La rivière coule pour tout le monde. »

Elle coulait justement devant l'hôtel du faux marquis, et il n'avait qu'à enjamber le quai pour y trouver son dernier naufrage. Est-ce là qu'il le chercha? C'est possible ; mais il eut auparavant bien des jours de déboire et de honte.

Au mois de janvier 1797, il fut inquiété comme complice de la conspiration royaliste de l'abbé Brottier et de la Ville-Heurnois, mais relâché bientôt. Il en fut quitte pour la peur et quelques jours de prison. Après avoir ainsi payé son titre de marquis, il dut payer plus cher l'insolence de son luxe, qui avait trop frappé tous les regards pour ne pas attirer ceux de la police. Pendant qu'il était en prison l'on avait examiné ses papiers. Peut-être même était-ce pour faire cet examen plus à loisir qu'on l'avait préalablement arrêté [1].

1. *Biographie moderne*, 1815, in-8, t. II, p. 156.

Ses escroqueries y parurent évidentes, et, mis en liberté comme conspirateur, il resta, comme fripon, sous la main de la justice.

Une action correctionnelle lui fut activement intentée. Il était encore assez riche pour la détourner, et, en effet, il échappa[1]. Après une année d'audace nouvelle et d'insolence, il fut repris, et très-sérieusement cette fois. Il eut beau tout essayer pour se défendre et pour prouver que l'emploi de sa fortune avait été aussi délicat et aussi honorable que la source en était honnête. Mémoires, lettres dans les journaux, plaidoiries, tout fut inutile. Lieuthraud, désemmarquisé, fut condamné, *comme faussaire*, à quatre ans de fer, à l'exposition et à la marque.

Un peu d'aide de la part de quelques amis restés fidèles, et beaucoup d'or à propos répandu, le tirèrent encore d'affaire. Le jugement rendu ne fut pas exécuté. Les créanciers de Lieuthraud furent malheureusement pour lui plus impitoyables que la justice. Il avait achevé de se ruiner pour se faire innocent, ou du moins pour se conserver libre. Ceux à qui il devait lui rendirent sa liberté

---

1. *V.* le *Grondeur* du mois de mars 1797.

bien amère, en la menaçant de nouveau chaque jour. Fatigué de leurs poursuites, et ne sachant comment s'y soustraire, il disparut, et depuis lors sa trace n'a jamais été retrouvée.

Berryer père, qu'il avait pris pour conseil, le dit positivement, d'accord en cela avec la *Biographie moderne*[1]. « Le lendemain de sa dernière apparition chez moi, écrit-il[2], il avait disparu, sans que j'aie jamais su ce qu'il était devenu. »

Ce qu'a dit Arnault sur sa fin est peut-être la vérité.

L'hôtel de Salm ne pouvait, en s'échappant des mains d'un tel drôle, devenir brusquement ce qu'il est encore : une succursale du temple de la gloire. Il lui fallait une purification. Madame de Staël y pourvut en venant y tenir, pendant le Directoire, avec Benjamin Constant, les séances du *Cercle constitutionnel*. Le feu de ces grands esprits y ayant passé, l'hôtel de Salm se trouva purifié.

1. T. I, p. 157.
2. *Souvenirs*, 1839, in-8°, t. I, p. 287.

VIII

ARCHÉOLOGIE DU RAT DE PARIS.

Les rats ! voilà plus que jamais une des grandes inquiétudes de Paris. « Mort aux rats ! » tel est le cri de guerre du moment, en attendant mieux. Vous savez combien de légions souterraines on trouva, il y a quatre ans, dans les démolitions du marché des Innocents, au centre même de Paris, et le rongeant pour ainsi dire au cœur.

Dérangés par la pioche indiscrète qui a bouleversé leur gîte, et mis le plus terrible désordre dans leurs magasins—car, sachez-le, ils en avaient d'immenses et d'admirablement organisés — ils ont déguerpi sans tambour ni trompette. Où sont-ils allés? Oh ! tout près, dans le voisinage, où ils se dédommagent de la destruction de leurs greniers, en grignotant de leur mieux dans les caves des marchands. C'est là qu'ils sont pour le moment; mais d'où venaient-ils lorsqu'ils envahirent le sous-sol du marché des Innocents?

La question est grave et peut nous mener loin, comme vous allez voir. Les légions délogées avec si peu de cérémonie de la *Ratopolis* des Halles, sont venues des contrées qui avoisinent la mer Caspienne. Quand et comment? Je vais tâcher de vous le dire. Mais il faut d'abord que je vous parle du *rat brun*, race aujourd'hui presque éteinte, par suite de la guerre de cent ans qu'elle a dû soutenir contre l'autre, la race roussâtre des surmulots, ou rats d'Asie.

Le rat brun était lui-même un émigré; il régnait en France, non par droit de naissance, mais par droit de conquête. Il était venu avec les barbares du Nord. « Telle horde, tel rat, » dit M. Toussenel dans son ingénieux livre *l'Esprit des Bêtes*[1]. A chaque occupation de la superficie correspond une occupation du

---

1. 4e édition, Paris, Dentu, 1862, in-8° p. 453.

sous-sol. Il y a eu le rat des Goths, le rat des Vandales, le rat des Huns[1]. »

Celui dont nous parlons était le rat des Vandales. Quand il arriva chez nous, il n'eut personne à déloger pour prendre sa place. Les Gaules n'étaient infestées par aucun individu de son espèce, aussi dut-on s'y étonner bien fort de la présence de cet inconnu.

En voyant par quels ravages il trahissait tout d'abord son incognito, l'on pensa que sa visite était un effet de la céleste vengeance qui nous frappait, comme elle avait jadis frappé l'armée de Sennacéhérib. Par un passage trop peu remarqué de Grégoire de Tours[2], nous savons comment les Parisiens, qui ne pouvaient expliquer raisonnablement cette invasion souterraine, en cherchèrent l'explication dans une fable. Leur ville de Lutèce, dirent-ils, avait toujours été préser-

---

1. M. Tosusenel rappelle que le docteur Lallemand a développé la même thèse, et il réclame sur lui une juste antériorité. Il commet seulement une légère erreur. C'est dans le numéro du 10 mai 1847, de la *Revue indépendante*, et non dans celui d'avril que parut le travail où se trouve ce développement. V. p. 83.

2. Livre VIII, ch. XXXIII.

vée des incendies et des animaux malfaisants, par la protection d'un dieu, auquel on avait fait hommage de certaines figures, enfouies dans un lieu consacré. Le malheur voulut qu'en creusant un égout, on déplaçât ces saintes images. Alors les bêtes malfaisantes s'emparèrent de la ville, et l'incendie la ravagea[1].

Cette légende, regardée d'un peu près, devient une vérité. Il n'y a là ni dieu en fureur, ni talisman changé de place, mais l'invasion des Barbares apportant avec eux les deux fléaux : l'incendie et les rats.

Une fois maîtres du terrain, les rats bruns ne bougèrent plus. Ils détachèrent seulement, au XIIe siècle, une armée d'occupation à la suite de celle de Guillaume le Conquérant, qui s'en allait envahir l'Angleterre. Ils avaient assez pullulé chez nous pour pouvoir se permettre cette croisade. Les Anglais nous le rendirent bien : à chaque invasion qu'ils firent sur nos terres, il y eut une nouvelle invasion de rats, qui ayant contracté les habitudes du pays dont ils s'étaient faits les colons, purent donner des leçons d'adresse et de voracité à leurs frères de France.

1. V. notre *Histoire du Pont-Neuf*, t. 1, p. 18 et 19.

Ces rats anglais avaient aussi trouvé moyen de faire irruption en Irlande. Les grenouilles, qui y étaient en grand nombre, leur semblèrent un morceau friand ; ils s'en régalèrent donc avec un tel appétit qu'un beau jour il se trouva que la gent coassante avait disparu. Quelle belle occasion de refaire en irlandais la *Batrachomyomachie* d'Homère ! Aucun barde pourtant ne s'en avisa. Les rats, n'ayant plus rien à se mettre sous la dent, disparurent à leur tour. Le fait est qu'ils sont aujourd'hui, en Irlande, beaucoup moins nombreux qu'au moyen âge.

Il paraît que chez nous les mêmes raisons de dépopulation n'existèrent pas pour eux, et que ce qui faisait leur régal leur fut toujours servi avec une égale abondance. Loin de diminuer, le nombre des rats bruns ne cessait d'aller en augmentant, quand la guerre fit enfin ce que n'avait pas fait la famine.

Vers 1647, peu de temps avant la Fronde, le bruit courut dans Paris qu'une nouvelle espèce de rat avait tout à coup fait son apparition, et se signalait non-seulement par ses ravages, mais par les combats acharnés qu'elle livrait aux rats bruns, maîtres du sol et du sous-sol. Ces nouveaux venus étaient de couleur gris de fer, et, à cause de cette teinte de leur pelage, on les appela *vulcains*.

Les questions de toutes sortes se mirent à circuler au sujet de leur origine, et cette fois encore personne ne trouvant une explication raisonnable, contes et légendes rentrèrent en jeu. Ce qu'il y a de surprenant, c'est que ce furent tout à fait les mêmes qui avaient couru du temps de Grégoire de Tours. On reparla des images d'airain enfouies comme talismans dans un coin de Paris, puis dérangées par accident. On ajouta cependant une variante : cette fois, c'était un chaudronnier qui les avait trouvées, puis fondues ; dès le lendemain, disait-on, les rats de nouvelle espèce étaient entrés dans la ville [1].

Si l'on eût fait attention que cette invasion suivait de près celle des lansquenets d'Allemagne, qui, pendant toute la fin du XVIe siècle et le commencement du XVIIe, avaient ravagé la France tantôt au service de l'un, tantôt au service de l'autre, et si l'on se fût dit que les nouveaux rongeurs pouvaient bien avoir été apportés dans les chariots de ces pillards en

---

1. *V.* à ce sujet un livre très-rare: *Recherches historiques, curieuses et remarquables*, 1723, in-8°, p. 261-262.

échange du butin qu'ils avaient fait partout sur nos terres, on eût été bien plus près de la vérité.

Alors, toutefois, le mal ne fut pas bien grand; c'était moins une invasion qu'une avant-garde d'invasion. Le *surmulot*, dont la race règne aujourd'hui, ce rat terrible qu'on ne peut chasser maintenant de Montfaucon, et qui, de même, tiendra bon, tout le fait craindre, dans le quartier des Halles et du Palais-Royal, ne devait arriver que cent ans plus tard.

Il y avait eu, en 1725, d'effroyables tremblements de terre dans les contrées qui avoisinent la mer Caspienne, principalement dans la partie qu'on nomme le désert de Coman. Du fond des abîmes brusquement ouverts, du sein déchiré des montagnes en travail, qu'était-il sorti? Des rats! Ne croyez pas que j'invente et que je veuille ici faire de la terreur avec des choses dont Horace, Phèdre et La Fontaine n'auraient fait qu'une fable. Ce que je dis est la vérité vraie.

Les rats qui s'échappèrent des montagnes effondrées n'avaient rien d'ailleurs du *ridiculus mus* du poëte, ils étaient gros et forts, armés de dents formidables, et d'apparence terrible sous leurs longs poils roux. Ils s'avançaient par bataillons innombrables, dont la marche sur Astrakan fut signalée dans l'automne de 1727. Rien ne les arrêtait, pas même les grands fleuves, car ils sont bons nageurs. Parvenus au Volga, ils le passèrent, ou se logèrent par légions sur les vaisseaux qui s'y trouvaient.

D'autres avaient poussé vers des côtés opposés. Ainsi, toute une armée d'expédition s'était dirigée vers la Sibérie. Arrivée devant la petite ville de Jaïck, elle s'en empara. « La ville fut prise d'assaut, dit M. Toussenel. L'attaque avait eu lieu à quatre heures du soir; les vaincus accordèrent en toute souveraineté aux vainqueurs un quartier de la ville. »

Comme nous étions bien loin des contrées envahies, on pouvait penser que nous n'avions rien à craindre de la terrible invasion ; on se trompait. Les vaisseaux à l'ancre dans les ports russes où les surmulots avaient pris passage, sans s'inscrire sur le livre du bord autrement qu'en le rongeant, revinrent dans nos parages : les rats affamés furent les premiers débarqués. En 1750, ils faisaient déjà rage en Angleterre, où tout d'abord on leur donnait le nom de *rats de Hanovre*, non parce qu'ils venaient de ce pays, mais parce que leur arrivée se rapportait un peu pour la date avec celle des rongeurs de cour, que le Hanovre avait envoyés en Angleterre avec la dynastie des Georges [1].

Vingt ans après, les surmulots avaient passé le détroit et étaient maitres chez nous. Le rat noir ne put tenir contre cet intrus dévorant, plus fort que lui, mieux armé de dents terribles, et renouvelant tous les ans ses légions par une triple *portée* des femelles, à douze ou vingt petits pour chaque portée. Il disparut. Son existence aujourd'hui est un des mythes des caves de Paris et des égouts de Londres.

« Je me promenais une nuit, dit Alphonse Esquiros [2], avec un naturaliste écossais des Highlands, dans le quartier le plus pauvre, le plus mal famé, le plus laid, le plus vieux et le plus pittoresque de la ville de Londres, dans Wapping [3]... nous descendions les vieux escaliers, *Wapping old stairs*, célèbres dans les chansons des marins. La lune répandait sur la Tamise une lumière glacée. Hormis la voix

---

1. *Magasin pittoresque*, 1842, p. 83.
2. *L'Angleterre et la vie anglaise*, 1re série, p. 94-95.
3. C'est le quartier du fameux et inutile *Tunnel*. Il fait communiquer Wapping avec Rotherhithe.

du fleuve, tout faisait silence. Sur les marches de pierre boueuses et déchaussées, nous fûmes alors témoins d'un combat entre deux rats de taille et de couleur différentes. Le plus faible des deux adversaires fut exterminé par le plus fort, avant que nous eussions le temps de suspendre les hostilités. Mon guide poussa un soupir : « Pauvre Breton, s'écria-t-il, voilà ton sort ! Tu succombes partout sous les attaques des envahisseurs ! Encore quelque temps, et le naturaliste te cherchera en vain à la surface de tes îles natales. »

Combien de fois le chiffonnier de Paris n'a-t-il pas fait, sur le cadavre de quelque rat ainsi tombé sous la dent de son roux ennemi, une oraison funèbre moins érudite, mais aussi touchante !

IX

LE VEAU QUI TETTE

Paris continue à se rajeunir ; mais, ainsi que me disait un barbier, on fait avec lui, comme moi avec mes clients : pour le rajeunir, on le rase.

Une ville nouvelle surgit du chaos. En bien des endroits, le présent se bâtit avec le passé, le Paris ancien prête ses pierres au Paris neuf. Ceux qui aiment les contrastes trouvent souvent là matière à curieuses antithèses, lorsqu'ils mettent en présence dans leur pensée, d'un côté les monuments dont ces pierres sont les débris, et, de l'autre, les édifices qu'elles servent à élever.

Il me souvient d'avoir lu dans les *Comptes*

des bastiments royaux du xive siècle, la mention d'une somme payée au marguillier de l'église dont dépendait le cimetière des Innocents pour avoir vendu au château du Louvre, où se faisait alors un grand escalier en vis [1], plusieurs pierres tombales provenant dudit cimetière. Il fallait « de belles tranches de pierre, » comme on disait alors, et pour les trouver, on n'avait pas reculé devant cette impiété, devant cette violation de la demeure des morts. Voici l'extrait de ce curieux compte daté de 1364 : « A Thibaut de la Nasse, marguillier de Saint-Innocent, pour dix tumbes dont l'on a faict marches en la grand viz neuve du Louvre, acheté de là chacune tumbe, pris au cimetière dudit Saint-Innocent, à xiiij sols p., par quictance vii liv. p. [2] »

Si l'on agissait ainsi pendant un siècle de croyance, jugez de ce que ce dut être à une époque où tout respect pour les choses véné-

---

1. Cette *vis*, ou escalier tournant, du Louvre fut célèbre jusqu'à ce que celle qui fut construite aux Tuileries par Catherine de Médicis le devînt davantage. V. au sujet de celle-ci une gaillardise du *Moyen de parvenir*, 1757, in-12, t. I, p. 257-258.

2. Cité par M. Léon de Laborde dans sa *Notice des émaux*, 2e partie, p. 534.

rées s'était peu à peu éteint dans les âmes ; je parle de la Terreur et du Directoire. On était alors si bien entré en familiarité avec la mort, qu'on ne pensait pas lui devoir les moindres égards.

Ce n'était partout dans Paris que profanations effrontées des sépulcres. Ici, dans le faubourg Saint-Germain, l'on avait élevé une salle de bal dans un cimetière ; là, près de la rue Saint-Denis, ayant besoin de larges pierres pour le dallage d'un passage, on avait pris celles qui, pendant des siècles, avaient couvert les tombes des religieuses du couvent des Filles-Dieu.

Je trouve à ce sujet de curieux et fort attristants détails dans un petit volume, publié en l'an IX, et intitulé *des Tombeaux*, etc., par le citoyen Girard[1].

« Le cimetière Saint-Sulpice, dit-il[2], est placé en face latérale de l'église. Il y a sur

---

1. C'est un pauvre poëme, avec de trop rares notes qui valent mieux que ses vers. En voici le titre complet : *Des Tombeaux, ou de l'influence des institutions funèbres sur les mœurs*, par Girard, auteur de *Praxile*, à Paris, chez F. Buisson, imp.-libr., rue Hautefeuille, n° 20. An IX (1801), in-12.
2. *Notes*, p. 134.

la porte cette inscription : *Has ultrà metas requiescunt beatam spem expectantes.* On lit au-dessus, en transparent couleur de rose : *Bal des Zéphyrs.* Tous les jours, le bruit des instruments semble sortir du fond des tombeaux [1].

« Le nouveau passage du Caire, près la rue Saint-Denis, ajoute le citoyen Girard, est pavé en partie de pierres sépulcrales dont on n'a pas même effacé les inscriptions gothiques ni les emblèmes.

« Ah ! s'écrie-t-il avec une indignation que dépare un peu l'emphase du temps, détournons nos regards de ces affreux tableaux. Législateurs, hâtez-vous de les faire dispa-

---

1. *V.* sur ce bal *la Chronique scandaleuse de l'an 1800*, Paris, 1801, in-12, p. 17, et les *Souvenirs thermidoriens* de G. Duval, t. II, p. 72.—Ceux qui permettaient ces profanations eurent leur tour. Comme la place manquait au cimetière de la Madelaine, quand les corps décapités de Robespierre, Saint-Just et Dumas durent y être portés, on les transporta au *cimetière des Errancis*, à l'extrémité de la rue du Rocher. Ce cimetière fut fermé peu après et vendu. On y établit un bal public qui exista jusqu'à ces derniers temps. Les fouilles faites pour la construction de la maison qui le remplace ont mis à découvert les restes de Saint-Just et de Robespierre.

raître, de mettre un terme au scandale, de punir l'ingratitude envers les morts comme un crime envers les vivants, et de donner à vos institutions funèbres le caractère auguste qu'elles doivent avoir. »

Aujourd'hui, de telles profanations ne sont pas à regretter : si l'antithèse entre ce qui était et ce qui est se reproduit encore, c'est d'une façon plus riante, et presque toujours à l'honneur du présent. Ainsi, qu'a-t-on fait à la place du Châtelet? Du fond d'immenses cavités, qui, sans qu'on sans doutât, se sont trouvées être de véritables carrières, on a tiré d'énormes blocs de pierre. Qu'étaient-ils dans ces profondeurs? les fondements du Grand Châtelet, les murailles des cachots effrayants que la prison cachait sous ses pieds ; et que sont-ils devenu au contraire ? à quoi ont-ils servi? à la construction d'un théâtre. C'est le Cirque, on le sait, qui s'est élevé sur cette place pour y prendre le nouveau nom de *théâtre du Châtelet* qu'elle lui imposait si naturellement. Les cachots dont la pensée seule jetait la terreur parmi le peuple, car la Bastille des gens du commun était là, ont prêté leurs pierres à celui de tous les théâtres où le peuple aime le mieux à s'aller ébattre, parce qu'il y entend parler de la gloire de ses enfants sur les champs de bataille. On le voit, comme je le disais, tout est contraste : le cœur populaire, réjoui par le spectacle de ses triomphes, vient à présent bondir de joie et d'orgueil à cette place même où il se serra si souvent sous les angoisses et l'épouvante !

C'était une terrible prison que ce Châtelet, avec ses cachots, dont les deux plus redoutés s'appelaient, celui-ci la *fin d'aise,* ce qui veut dire que le prisonnier qu'on y enfermait n'avait plus rien à espérer, et cet autre la *chausse d'hypocras,* parce qu'il était fait en forme de cornet, comme la chausse à travers laquelle on passait l'hypocras pour le clarifier. Au fond était de l'eau croupie, où grouillait toute une population de reptiles, dont le prisonnier, qui devait se tenir debout, les pieds dans le cloaque, sentait les corps froids et visqueux serpenter autour de ses jambes [1]. Le frisson vous prend rien que de penser à ces horreurs ; aussi, dans tous les contes d'arrière-boutique, dans toutes les légendes des

---

1. *V.* pour plus de détails notre article sur le Châtelet dans *l'Illustration* du 23 août 1856.]

veillées, le Châtelet se dressait comme un épouvantail.

Jusqu'aux derniers temps, il effrayait le moins poltron, bien que tenant à peine et presque tout ruiné. Claude le Petit, qui aurait eu plus d'un compte à régler avec lui, ne s'arrêta pas trop à l'invectiver dans son *Paris ridicule*.

Il se contenta de l'apostropher par ces quelques vers :

>Bastiment debasti partout,
>Qui sans pied se tient tout debout,
>Vieux reste de vieilles masures
>Que six siècles n'ont pas vaincu,
>Chastelet, faut-il que tu dures [1]?...

Les abords mêmes en étaient redoutables; quiconque se sentait la mine d'un vaurien devait craindre d'en approcher, tant les gens de justice y faisaient bonne garde. Berthod, l'auteur du *Paris burlesque,* qui paraît aussi avoir été de ces batteurs de pavé que le regard d'un homme de police a toujours embarrassés, ne flâne pas longtemps dans son poëme, aux environs de la terrible geôle. Il s'en va vers les Innocents, avec son compa-

---

1. *Paris ridicule et burlesque au* XVIIe *siècle*, par Cl. le Petit, Berthod, etc. Nouvelle édition. Paris, 1859, in-12, p. 46.

gnon de promenade, et déjà tout tremblant du pas qu'ils vont avoir à franchir, il lui dit :

> Faut passer sous le Chastelet
> Et ce diable d'endroit fourmille
> D'Officiers d'Hostel de Ville,
> Qui sont des Archers, des Sergens,
> Et de cette sorte de gens.
> C'est une race très-meschante,
> De qui la vie est insolente,
> Et qui, sans rime ni raison,
> Vous fourrent un homme en prison
> Sous une simple conjecture,
> Pour dire qu'ils ont fait capture.
> Cache donc bien ton pistolet,
> Qu'on ne te saisisse au collet [1]..

Ce qui semble singulier, mais ne rentre que mieux dans la loi des contrastes rappelée tout à l'heure, c'est que plus d'un cabaret célèbre se trouvait aussi de ce côté, tout près de la prison, dont l'ombre seule aurait dû faire fuir la joie.

Rousseau, ce traiteur si vanté à la fin du règne de Louis XIV, dans les pièces de Lesage et de Dancourt, dressait ses tables fameuses non loin de là [2]. C'était le Véfour du temps. Or, où se trouvait son Palais-Royal ? où

---

1. *Paris ridicule et burlesque*, etc., p. 124-125.
2. *V.* notre *Histoire des hôtelleries et cabarets*, t. II, p. 333-334.

voyait-on resplendir son enseigne : *A la Galère d'argent?* dans la rue d'Avignon, ruelle infecte, qu'on a balayée, avec toutes les autres ordures de ces quartiers.

Un autre cabaret d'honneur, comme on disait sous Louis XIII, *la Table Roland,* se trouvait aussi par ici, à *l'Apport-Paris,* à deux pas de la *Vallée de Misère*[1], dont le nom longtemps mérité, contrastait si singulièrement avec les copieuses ripailles de *la Table Roland* et des autres tavernes du voisinage[2], ce qui faisait dire en 1608 par l'auteur de l'*Ode à tous les cabarets de Paris :*

> Que n'ai-je cent mille ducats
> Afin d'en faire bonne chère
> De tous les morceaux délicats
> Qui sont dans ce lieu de *Misère*[3]*!*

Jusqu'en 1758, les gourmets du bel air,

---

1. *V.* l'*Histoire du Pont-Neuf,* t. Ier, p. 54, pour cette *vallée* devenue le *quai de la Mégisserie.*

2. Les fameux cabarets, les illustres *traiteurs,* comme on disait déjà vers 1687, étaient si bien tous de ce côté que le bureau de la corporation, au XVIIIe siècle, avait été placé tout près, au *quai Pelletier.*

3. *La table Roland* est citée aussi dans le *Guidon bachique. V.* la *Caribarye des Artisans,* nouv. édit., 1862, in-12, p. 163.

les *becs friands* des métiers y firent de belles ripailles, et le maître du cabaret de bonnes affaires; mais la vogue cessa tout à coup, la taverne perdit sa chalandise. Maison, clientèle, ustensiles, meubles et jusqu'à la table qui avait fait la fortune de la maison, car on prétendait que Roland y avait bu avec les quatre fils Aymon[1] : tout fut vendu en bloc pour 20,100 francs[2]! C'est pitié, quand on pense à ce que se vendent aujourd'hui les restaurants et les cafés, même lorsqu'ils n'ont plus la vogue.

La dernière maison de traiteur qui ait survécu de ce côté est celle du *Veau qui tette*.

Elle datait de loin. Tout le XVIIIe siècle l'avait vue florissante, et nous l'avons connue encore célèbre. Sa renommée lui venait du mets délicat importé chez nous par les pieux gourmets d'Italie, au temps des Médicis, et dont le nom embarrasse tant les érudits, lorsqu'au lieu de son appellation française, le

---

1. *V. les Visions admirables du pèlerin du Parnasse*, etc., 1635, in-12, et sur ce livre un curieux article de Nodier dans le *Bulletin du Bibliophile*, août 1835, p. 10.

2. Cette vente se fit en février 1758. *V. les Annonces-affiches de Paris* pour ce mois-là, p. 130.

Veau qui tette, les auteurs du XVIIᵉ siècle, tels que Scarron [1], le désignent par son appellation italienne : *Vitelle mongano*, le veau Mongane, qui, sans en avoir l'air, a le même sens [2]. La place qu'occupait cette célèbre taverne et d'où les dernières démolitions l'ont fait déguerpir, n'était pas celle où son renom s'était d'abord fondé.

Le cabaret du *Veau qui tette* avait longtemps été installé en deux petites maisons adossées à la prison même, et dont le toit servit souvent de halte propice aux prisonniers qui s'évadaient. Plusieurs années après la démolition du Châtelet, elles étaient encore debout; enfin il fallut les jeter bas, pour agrandir et régulariser la place. C'est alors que le *Veau qui tette*, à qui une plus lointaine émigration eût été fatale, vint où nous l'avons connu, à deux pas de son ancienne place. Alors déjà il commençait à mentir à sa renommée, il dédaignait, l'ingrat! le *fricot* fa-

1. *Le Virgile travesti*, édit. V. Fournel, p. 21; et une excellente note, p. 433.
2. *Mongano* est une altération du verbe italien *mulgo*, qui veut dire *teter*. *V.* les *Origine della lingua italiana* de Ménage à ce mot (le *Menagiana*, 1729, in-12, t. III, p. 129), et les *Lettres* du président de Brosses, 1836, in-8°, t. I, p. 376.

meux auquel il devait sa fortune, le veau n'avait plus ses préférences, le mouton l'avait remplacé.

Il est vrai, s'il faut en croire Prud'homme[1], qu'on l'y accommodait à miracle, et que si l'on voulait faire, comme il dit, « des parties fines de pieds de mouton à la Sainte-Menehould, à l'anglaise, à l'égyptienne, » c'était chez le traiteur du *Veau qui tette* qu'il fallait aller. « Il accommode, dit-il, les pieds de mouton de tant de manières, qu'il pourrait faire un repas de dix services, composé exclusivement de pieds de mouton[2]. »

Les ventes par autorité de justice, qui s'étaient faites longtemps sur le pont Saint-Michel, avaient alors lieu sur la place nouvelle du Châtelet, et les huissiers, fripiers, brocanteurs, étaient la clientèle naturelle du *Veau qui tette*.

On y voyait affluer, en des salles ou des cabinets spéciaux, tous ces gens de la haute friperie qui avaient fait la fortune de *la Table Roland* depuis le temps de Louis XIII[3] jusqu'à

---

1. *Miroir historique, politique et critique de l'ancien et du nouveau Paris*, 1807, in-12, t. VI, p. 231.

2. *V.* aussi l'*Almanach des Gourmands* de 1801.

3. *V.* dans les *Variétés histor. et litt.* de la biblio-

l'époque déjà indiquée, où elle avait cessé d'exister. Il y venait surtout des vauriens de la *Grafignade*. On appelait ainsi les brocanteurs de tableaux, qui, après avoir fait longtemps leurs ventes sur le pont Notre-Dame [1], et tenu leurs réunions, dites de la *Curiosité*, dans un cabaret borgne de la rue de la Vannerie, appelé du *Franc Pineau*—pour faire croire sans doute qu'on n'y buvait que de ce *vin pineau*, vanté par Rabelais—avaient émigré, après la sentence du 23 novembre 1742 qui défendait leurs assemblées [2], dans les autres cabarets du voisinage, et notamment au *Veau qui tette*. Ils s'y mêlaient aux huissiers priseurs, qui, dans ce temps-là, n'étaient pas une classe beaucoup plus scrupuleuse, mais qui, gagnant ainsi d'autant plus d'argent, n'en faisaient que de meilleures ripailles.

« De crainte, dit encore Prud'homme [3], que les frais de justice n'absorbent toute la valeur des objets vendus, ils ont attention de

---

thèque elzévirienne, t. VI, p. 40, la pièce intitulée : la *Propriété des bottes en tous temps*, dont la date est 1616.

1. *Mémoires de l'Académie de peinture*, t. II, p. 365.
2. Fréminville, *Dictionnaire de la police*, p. 12.
3. *Miroir historique de Paris*, t. VI, p. 231.

porter sur le mémoire de frais, dans un style *grec,* la dépense du déjeuner qui se fait au *Veau qui tette,* avec des pieds de mouton et le meilleur vin blanc. »

Il ajoute ensuite, à propos de la fontaine qu'on parlait alors de construire sur la place : « Il faut espérer que les huissiers mettront de l'eau dans leur vin. »

Or, il y a cinquante-deux ans que la fontaine coule, et je ne crois pas qu'une goutte de son eau soit entrée dans leurs verres.

X

LA CIVETTE

Parmi les maisons jetées bas, il y a quatre ans, pour faire place à la façade nouvelle du Théâtre-Français, ou plutôt au *square* qui égaye et dégage ses abords, il en est une qui, à cause de sa renommée européenne et plus que centenaire, demande ici quelques mots d'histoire. Je vais, s'il vous plaît, vous les dire, et sans grande peine; car un homme dont les *Mémoires* ne contiennent pas beaucoup de chapitres aussi facile à citer, Casanova de Seingaldt, les a dits avant moi.

C'est de la fameuse boutique où se vendait le tabac de la *Civette* qu'il est question. Elle date d'il y a cent dix ans. Son premier emplacement ne fut pas où nous l'avons vue, mais plus près du Palais-Royal, en face même du *Café de la Régence*, où tout bon joueur d'échecs, naturellement bon priseur, n'entrait jamais sans avoir rempli sa boîte de son tabac parfumé. En 1829, le duc d'Orléans ayant complété par ici son Palais-Royal, la vieille boutique dut disparaître, et disparut en effet pour laisser bâtir la galerie de Nemours. Elle ne recula pas de plus de quatre ou cinq maisons, en remontant vers la rue de Richelieu. Ce n'était pas assez loin pour que la vogue ne suivît pas. Elle suivit, et après la nouvelle et courte émigration de la célèbre boutique, nous la voyons qui suit encore. Elle a bravement, d'une seule enjambée, passé avec elle de l'autre côté de la rue.

Casanova venait d'arriver à Paris, lorsque commença cette mode tabagique. C'était en 1750. Il s'en étonna et voulut en savoir la cause, comme s'il était toujours nécessaire qu'une mode eût sa raison.

Celle-ci pourtant, par exception, avait la sienne, et Casanova justement se trouvait avoir sous la main un homme capable de le renseigner sur ce point comme sur bien d'autres.

C'était un jeune homme de vingt et un ans à peu près, qui se nommait Pierre Patu, d'une bonne famille de robe, avocat lui-même, homme de lettres aussi, mais flâneur avant tout. Il en avait le goût, et le barreau ainsi que les lettres lui en laissaient le temps. Flâner et courir étaient si bien sa vie que lorsqu'il fut las de flâner dans Paris, il se mit à flâner à travers l'Europe. Il alla voir deux fois Voltaire aux Délices, la première dans l'automne de 1755, avec Palissot[1], la seconde, l'année d'après, avec d'Alembert[2], et il y serait sans doute encore retourné si la mort ne l'eût brusquement arrêté, le 20 août 1757, à Saint-Jean de Maurienne[3].

Ce petit Patu, comme l'appelait Voltaire, savait tout son Paris par cœur ; depuis l'histoire de la boutique bien achalandée, voire du mauvais lieu[4], et le nom des principaux clients, jusqu'au détail des misères enfouies dans les mansardes littéraires, et même jusqu'aux titres des pauvres ouvrages que les rats mangeaient en attendant les lecteurs.

1. *V. Lettres* de Voltaire à Thiriot du 8 nov. 1755, et à d'Argental du 29 octobre.
2. *Lettre* de Voltaire à Palissot, du 30 nov. 1756.
3. *Lettre* de Voltaire à Palissot, du 12 janvier 1758.
4. Quelques notes de son curieux recueil, *Choix de petites pièces de théâtre anglais* (1756, 2 vol. in-12), prouvent qu'en ce genre il n'ignorait rien.

La rencontre d'un tel homme avait été précieuse pour Casanova, d'autant plus que tout roué qu'il fût, ses premiers pas dans Paris avaient été de vrais pas de clerc et ses premières questions de véritables naïvetés. Avec Patu, qui était fort bon diable et suffisamment bavard, ce dont ne se plaint jamais celui qui a beaucoup à questionner et à apprendre, Casanova put être curieux et même naïf tout à son aise.

Les voilà donc l'un et l'autre, celui-ci ne cessant pas de questionner, celui-là ne se lassant pas de répondre, qui, bras dessus bras dessous, descendent du Palais-Royal dans la rue Saint-Honoré et tombent au beau milieu de la foule qui se presse devant la *Civette*. Là-dessus, étonnement de Casanova et en même temps sourire satisfait du complaisant cicérone, tout heureux de la question qu'il pressent et qui va lui permettre une nouvelle anecdote. Il la raconte, et rentré chez lui, Casanova l'écrit dans ses *Mémoires*, qui nous l'ont transmise gâtée par le voisinage d'une foule d'autres[1].

---

1. *V.* l'édition belge de ces *Mémoires*, 1860, in-12, t. II, p. 178.

—Que font tous ces gens à cette porte? dit l'Italien.

—Ils viennent acheter du tabac.

—Sans doute parce qu'on n'en vend que là?

—Nullement; on en vend en mille endroits; mais depuis trois mois, personne ne veut que celui qui se vend ici. Il faut être un croquant pour ne pas avoir dans sa tabatière du tabac de la *Civette*.

—Il est donc meilleur que les autres?

—Pas tout à fait.

—Pourquoi donc est-il à la mode?

—Parce que la duchesse de Chartres l'a voulu.

—Qu'a-t-elle fait pour cela?

—Presque rien. Deux ou trois fois, en descendant de ses appartements du Palais-Royal, elle a fait arrêter sa voiture devant cette boutique, y a fait remplir sa tabatière, et a dit bien haut à la marchande que son tabac était le meilleur de Paris. Il n'en a pas fallu davantage. Quelques badauds avaient entendu les paroles de la duchesse, le lendemain tout Paris les connaissait, et le surlendemain la foule affluait à la *Civette*, qu'elle n'a plus abandonnée.

—La marchande a dû faire une belle fortune.

—Jugez-en. Il est des jours où elle vend pour plus de cent écus de tabac.

—La duchesse ignore sans doute qu'elle est la cause de ce grand bonheur?

—Au contraire. C'est la plus belle âme de princesse qui se puisse voir, et ce qu'elle a fait là n'est qu'une ingéniosité de son bon cœur. Cette marchande venait de se marier, la duchesse voulait du bien au jeune ménage, mais elle désirait que sa bonne œuvre n'eût pas l'air d'un bienfait, et n'entraînât pas les gênes de la reconnaissance.

—Elle imagina ce que vous venez de me dire?

—Justement. N'est-ce pas divin?

Casanova applaudit de bon cœur, et je suis sûr que vous ferez comme lui.

La bonne duchesse de Chartres était la charmante et spirituelle Louise de Bourbon-Conti, mariée alors depuis six ans au fils aîné du duc d'Orléans, et non pas, comme plusieurs l'ont pensé et dit, au mépris des dates, cette autre bienfaisante princesse qui porta plus tard dans la maison d'Orléans des vertus encore plus hautes, et les pratiques d'infatigable charité de son père le duc de Penthièvre.

Un pareil trait était dans les habitudes de son cœur, mieux encore que dans celles de la princesse, surtout spirituelle, à qui il est pourtant juste de le rendre. Quand on le prête à la fille du duc de Penthièvre, il n'y a d'invraisemblance que pour l'époque, antérieure de plusieurs années à celle où elle fut à son tour duchesse de Chartres. Afin de prouver qu'une si délicate façon de faire le bien était, comme je l'ai dit, dans ses habitudes de bienfaisance, je vais citer un trait, bien à elle cette fois, qui ne nous éloignera que du temps où nous étions tout à l'heure, mais nous laissera au Palais-Royal.

Quelques années avant la Révolution, la duchesse avait remarqué, parmi les plus jolies enfants qui jouaient dans le jardin du Palais-Royal, une petite fille qu'on appelait Marie.

— Que font tes parents ? lui dit-elle un jour qu'elle était descendue dans le jardin.

— Ils sont cordonniers, madame, et je travaille avec eux ; mais il fait bien noir dans la boutique, et le gros fil poissé écorche les doigts.

—Quel est donc le métier que tu préférerais ?

—Oh! madame, un métier où tout sent bon, où l'on a toujours du grand air et des fleurs: je voudrais être bouquetière.

Le lendemain une des dames de la duchesse emmenait Marie dans la plus coquette boutique de vannier des environs, et lui achetait un éventaire tout pomponné de faveurs roses, puis elle la conduisait au marché où se vendent les fleurs, lui achetait le plus joli assortiment de roses et d'œillets qui se pût voir et sentir; et la quittant sans rien dire, elle lui laissait pour dernière joie après tous ces bonheurs, une belle bourse aux chiffres de la bonne duchesse, et toute remplie de pièces d'or.

C'est sous le plus gros bouquet que Marie trouva cette riche surprise. Elle n'oublia jamais ce jour et tous ses bonheurs ; elle grandit, et sa reconnaissance grandit avec elle. De toutes ses fleurs, c'était la plus vivace ; elle avait pris racine en son cœur, le matin où les larmes de la joie dans les yeux, Marie avait souri à ses premiers bouquets.

On arriva au plus terrible temps de la Révolution. La duchesse d'Orléans, comme on l'appelait chez les respectueux, la citoyenne *Égalité*, comme on l'appelait ailleurs, ne fut pas d'abord inquiétée. Sa réputation de bonté la protégeait. On la laissait vivre partout, auprès de son père, à Vernon, à Châteauneuf, au Palais-Royal même, sous la garde des heureux qu'elle avait faits. Il y avait par malheur, chez le peuple, des gens qui se lassaient vite alors d'être justes et reconnaissants. Sur leur dénonciation, la duchesse, qui se trouvait à Vernon, fut arrêtée le 6 octobre 1793 (24 brumaire an II), amenée à Paris, et enfermée au Luxembourg[1]. Elle y resta onze mois, manquant presque de tout et n'ayant pour compagne qu'une fille de mauvaise vie, nommée Dauphin, qu'on lui avait donnée par moqueuse ironie pour sa vertu, mais dont, à force de bonté souriante et digne, elle parvint à faire la servante la plus respectueuse et la plus dévouée[2].

C'était un enfer dont elle avait dompté le démon. La maison Belhomme, dans la rue de Charonne, où elle obtint d'être transférée

---

1. E. Delille, *Journal de S. A. S. madame la duchesse douairière d'Orléans*, 1822, in-8°, p. 62-64.
2. *Ibid.*, p. 67.

pour des raisons de santé, qui n'étaient pas une vaine excuse [1], fut le purgatoire, presque le paradis, tant le retour des amis qui avaient pu survivre vint le charmer et l'embellir.

Marie la bouquetière ne fut pas la dernière à savoir en quelle détresse était tombée la duchesse, et quel asile on lui avait imposé.

Elle y courut, non des mieux parées, elle n'en avait pas pris le temps, mais ce qu'elle possédait : son argent, ses fleurs, son cœur, elle tendait tout à pleines mains.

—Prenez, madame, dit-elle avec un sanglot, et en laissant échapper une larme qui vint tomber comme une perle sur sa plus belle rose.

C'est celle-là que prit la duchesse.

—Merci, Marie, lui dit-elle, tu es une brave fille, et je ne regrette plus d'être malheureuse, puisque cela me vaut cette preuve de ta reconnaissance.

Elle embrassa l'enfant sur le front; une nouvelle larme roula sur une rose; elle était tombée des yeux de la duchesse. Depuis lors, chaque matin, pendant tout le temps que la bonne princesse resta dans sa prison, il lui

1. E. Delille, *Journal de S. A. S. madame la duchesse douairière d'Orléans*, 1822, in-8°, p. 69-70.

arrivait un joli bouquet formé des fleurs les plus nouvelles et les plus fraîches, mais au milieu duquel s'étalait toujours une rose comme celle qu'elle avait choisie le jour de la visite de Marie.

Cette anecdote ne se trouve pas dans les histoires déclarées authentiques de la bonne duchesse, mais elle n'en est pas moins vraie pour cela. La charité fuit les récits officiels, la reconnaissance fait de même ; et si on les trouve l'une et l'autre dénoncées quelque part, c'est d'ordinaire dans quelque coin de petit journal discret encore à force d'être obscur. Une gazette de ce genre, et à l'humble bruit sans écho, *la Petite Poste* du mois de prairial an V, nous a seule révélé les péripéties de la touchante aventure, son exorde et son dénoûment.

La duchesse, si elle le sut, ne se fâcha pas de l'indiscrétion du journal, il l'avait faite pour si peu de monde ! Delille, son valet de chambre, fut toutefois plus adroit encore. Pour être sûr de ne la pas fâcher, il ne raconta que lorsqu'elle fut morte le bien qu'elle avait fait.

Même malheureuse, prisonnière et pauvre, elle avait trouvé moyen d'être bienfaisante. C'était chez elle une incorrigible vertu.

Un jour, un peu d'aisance était entré dans sa chambrette de la maison Belhomme. Une dame mystérieuse avait fait arrêter sa voiture à la porte, s'était glissée jusqu'auprès d'une des femmes de la princesse, lui avait remis un rouleau d'or et avait disparu. La duchesse n'avait pas repoussé l'argent ainsi venu. Elle connaissait trop les délicatesses des bienfaits adroits, pour ne pas accepter celui-ci qui lui fournissait d'ailleurs les moyens de revenir elle-même à la bienfaisance. Les douceurs qui étaient entrées avec le rouleau d'or chez la prisonnière ne furent pas pour elle, mais pour tout le monde à l'entour, même pour les pauvres visiteuses, auxquelles sa joie était de faire remporter quelque petit présent, ne fût-ce qu'une friandise, en échange des consolations qu'elles avaient apportées.

« Plusieurs des pauvres religieuses de l'abbaye de Montmartre, avec qui la princesse avait été élevée, dit Delille, allaient souvent la voir... Un matin, on avait pu lui procurer quelques légères provisions de petits pains et de biscuits. Une de ces bonnes religieuses arriva. Aussitôt la princesse veut les lui donner; mais celle-ci les refuse avec attendrissement et d'une manière à ne laisser à Son

Altesse aucun espoir de les lui faire accepter. Pendant que la sainte fille parle avec madame la comtesse de la Tour du Pin, la princesse se lève, fait semblant d'avoir quelque chose à écrire, prend les petites provisions, s'approche doucement, met un genou à terre pour avoir plus de facilité, et les fait entrer dans la poche de la religieuse sans qu'elle s'en aperçoive. »

Quel joli tableau! Pourquoi le fils de cette sainte, le roi Louis-Philippe, ne l'avait-il pas fait peindre dans sa galerie du Palais-Royal?

XI

UN SINISTRE A LA CITÉ D'ANTIN

L'ambassade d'Autriche déménagea, vous le savez, il y a deux ans, pour s'en aller loger rue de Grenelle-Saint-Germain, dans l'hôtel que venait de quitter le ministre de l'intérieur.

Il est dans la destinée de cette belle maison de servir de demeure à des étrangers de distinction. Pendant la Régence, lorsqu'elle était encore toute neuve, peu d'années après que L'Assurance, un des bons architectes de ce temps-là, l'eût achevé de bâtir pour le marquis de Rothelin[1], dans un style plus co-

1. G. Brice, *Description de la ville de Paris*, 1752, in-8°, t. III, p. 487.

quet que magnifique, et moins grandiose qu'élégant, dont le caractère ne s'est pas complétement perdu sous une foule de remaniements et de transformations, elle avait été habitée par le baron suisse Hoguer, un des plus riches et des plus influents financiers de son époque[1].

On y fit alors ce qu'on y va faire encore : beaucoup de politique ; car Hoguer était un banquier homme d'État, en relation de diplomatie autant que de finance avec les principales cours du Nord. Il logea même, en 1716, dans cet hôtel, l'ambassadeur extraordinaire de Suède, M. le comte de Spaar[2].

Pendant les entr'actes diplomatiques, il y donna d'admirables fêtes, dont la splendeur va pouvoir renaître aussi, car l'ambassadeur d'Autriche à Paris a dans son passé de belles traditions de magnificence[3].

---

1. Nous avons fait, et nous publierons quelque jour le roman de sa fortune et de sa vie sous ce titre : *une Prédiction*.

2. G. Brice, t. III, p. 488.

3. N'est-ce pas à l'hôtel de la légation autrichienne, du temps que M. d'Appony était ambassadeur, qu'on donnait ces *matinées dansantes* qui firent quelque temps fureur, dans ce monde oisif, qui n'a

Or, nous souhaitons à la politique dont on va s'occuper ici une autre fin que celle qui fut le dénoûment des entreprises d'Hoguer. Il mourut ruiné, proscrit, et M. de Goërtz, qui était de moitié dans ses desseins, fut décapité à Stockholm.

Nous espérons aussi surtout que les fêtes qui seront données dans ce palais de la nouvelle ambassade autrichienne sous le second Empire, ne rappelleront en rien cette fête fameuse que donna, sous le premier, un autre ambassadeur du même pays ; fête admirablement préparée pour être la plus belle de toutes celles qu'on eût encore vues, mais qui, au lieu de jeter son éclat sur l'une des plus joyeuses journées de cette époque rayonnante, n'y jeta que le plus effroyable deuil..

Un livre des plus intéressants, publié dans ces derniers temps[1], a justement consacré

---

pas même besoin du travail du matin. Madame la comtesse de Bradi a fait sur ces bals de midi un très-joli article dans le tome II du *Livre des Cent et un*, et il en est aussi parlé dans une *Chronique* de la *Revue de Paris*, du 7 juin 1840, p. 67.

1. *Les salons de Vienne et de Berlin*, par l'auteur des *Hommes du jour* (cet auteur est M. H. Blaze de Bury). Paris, 1861; in-18.

tout un chapitre de navrante curiosité à cette fête sinistre de l'ambassade d'Autriche, le 1er juillet 1810.

Comme l'installation de l'ambassade dans son nouvel hôtel donne à ce chapitre une sorte d'à-propos, et comme il nous ramène aussi sur la page la plus dramatique de l'histoire d'un quartier, la Chaussée-d'Antin, dont la transformation devient complète, on croira, comme nous, que l'instant est bien pris pour l'analyser ici en quelques mots.

L'homme qui parle dans ce chapitre est le spirituel Allemand, M. de Varnhagen de Ense, l'un des hommes d'outre-Rhin qui toujours ont su le mieux voir, puis après, le mieux dire ce qu'ils avaient vu ; charmant et intarissable conteur, dont M. de Sternberg disait avec raison : « C'est le premier des maîtres dans cet art des *mémoires parlés* qu'on appelle la conversation. »

Sa femme, autre bien vif esprit, a dit de lui : « que son oreille était un crible qui ne laissait rien passer que d'irréprochable[1]. » On

---

[1]. Madame de Varnhagen avait elle-même beaucoup d'esprit, mais ne publia rien de son vivant. Varnhagen, qui lui survécut, n'eut pas la même dis-

pourrait ajouter que son œil était un microscope qui ne savait rien voir que de curieux, mais qui alors, quand la curiosité le fixait, saisissait et voyait tout avec la plus admirable lucidité[1]. Songez en outre que, pour se bien servir de ces deux meilleurs instruments, M. de Varnhagen était doué du plus beau sang-froid du monde, qu'il ne laissait jamais distraire ni fausser son attention par une

crétion à son égard. La publication répétée qu'il fit des différents écrits de sa femme lui valut même des critiques, dont je vais vous dire la plus amère : « Lorsque Varnhagen, lisons-nous dans la *Revue britannique*, publia d'abord la correspondance, puis le journal de sa défunte épouse, la célèbre Rachel Lévin, Clément Brentano, le frère de Bettina d'Arnim, en fut tellement indigné qu'il s'écria : « Varnhagen repê« che aux écrevisses avec le cadavre de sa femme. » Et voici ce qu'il racontait pour expliquer cette boutade funèbre : Se trouvant en Bohême, il avait eu, disait-il, connaissance du fait suivant : la femme d'un fonctionnaire s'était noyée. Son corps revint à la surface : mais, chose singulière ! il était couvert d'écrevisses. Le fonctionnaire veuf, et peu inconsolable, mangea les écrevisses, les trouva excellentes et rejeta à l'eau le corps de sa femme, en disant tranquillement : « Je repêche aux écrevisses ! »

1. On peut lire sur Varnhagen un curieux article de M. H. Seuffret dans le journal *l'Epoque* du 14 février 1846.

émotion trop vive, et vous comprendrez qu'ayant été à même d'être, en qualité d'officier autrichien, l'un des spectateurs de la terrible scène dont il va parler, personne ne mérite mieux d'être sur ce point appelé en témoignage[1].

C'est donc son récit que nous allons suivre, d'après l'analyse qu'en donne l'excellent

---

1. Varnhagen était déjà depuis quelque temps à Paris, où il avait trouvé toute une colonie de gens d'esprit allemands dans le modeste salon de mademoiselle Henriette Mendelssohn, sœur de madame de Schlegel qui dirigeait, dans la rue Richer, un pensionnat de jeunes filles. Il a donné sur ce séjour à Paris, et sur les plaisirs qu'il y trouva, de bien intéressants détails dans ses *Mémoires*, t. III, p. 401. Voici, par exemple, comment il y parlait de Tivoli, qui lui semblait en petit l'image assez fidèle de la vie parisienne : « Depuis l'instant, dit-il, où vous mettez le pied dans ce jardin, jusqu'à celui où vous sortez, c'est une suite non interrompue de divertissements. Pas de si petit coin qui ne vous offre un objet de distraction, pas de minute qui ne veuille être employée : feux d'artifice, danses, jeux d'optique, prestidigitation et le reste ; et toutes ces jongleries, tout ce vacarme pour vous prouver quoi? L'absence du plaisir. Sur tant de figures que vous rencontrez là, partout la lassitude, l'ennui, le dégoût, l'expression de ce besoin qu'on éprouve d'échapper à son néant, peut-être à sa conscience. »

livre cité tout à l'heure et aussi d'après la reproduction bien plus complète que nous en trouvons dans le numéro perdu d'un journal oublié depuis vingt-cinq ans[1].

L'ambassade d'Autriche occupait alors, au numéro 40 de la rue du Mont-Blanc—la rue de la Chaussée-d'Antin aujourd'hui— l'immense hôtel que l'avant-dernier duc d'Orléans avait fait construire pour son épouse anonyme et pédante, madame la marquise de Montesson. Afin que vous jugiez de l'étendue de cette grande demeure, où la marquise était morte quatre ans auparavant, et qui s'étendait entre les rues de la Chaussée-d'Antin, de Provence et Taitbout, sachez que la cité d'Antin, avec toutes ses dépendances, ne couvre qu'une partie de son emplacement[2].

---

1. *La France littéraire*, mars 1838, p. 331-346.
2. Madame de Montesson avait dans son hôtel un fort beau théâtre où elle fit jouer la plupart des pièces qui composent ses *œuvres anonymes*—car pour elle tout fut anonyme—publiées à très-petit nombre de 1782 à 1785, chez P. Didot, et dont on peut voir le détail dans le *Catalogue de la bibliothèque de M. de Soleinne*, t. II, p. 190. C'est sur ce théâtre de l'hôtel de Montesson, où l'on exécutait aussi des opéras, qu'on aurait chanté pour la première fois, suivant Castil Blaze, un *lied* allemand avec refrain et chœur

L'hôtel et ses jardins ne se trouvèrent pourtant pas assez vastes pour la grande fête par laquelle l'ambassadeur d'Autriche, le prince de Schwartzemberg, voulut célébrer le mariage de Napoléon avec la fille de son empereur, l'archiduchesse Marie-Louise.

« On loua l'hôtel voisin, dit Varnhagen, en pratiquant partout les communications nécessaires. Le vaste local fut habilement divisé, et chacune de ses parties assignée à l'une des différentes phases de la fête. Un parterre de fleurs et de gazon touchant aux salles

---

dont l'air serait devenu, dix ans plus tard, celui de la *Marseillaise.* V. Castil Blaze, *Molière musicien*, t. II, p. 353, et l'*Académie impériale de musique*, t. I, p. 352-353. — Madame de Montesson avait réellement épousé le duc d'Orléans, avec l'agrément verbal de Louis XV, et quand elle fut incarcérée en 1793, ce fut sous le nom de *veuve d'Orléans*. L'Empereur lui reconnut ce titre. Il lui restitua son douaire de 160,000 fr., et quand elle mourut en 1806, il la fit exposer pendant huit jours à Saint-Roch dans une chapelle ardente. Au moment où son cercueil descendit de l'église, un autre y entra, celui de mademoiselle Marquise, première maîtresse du duc. Nous devons ces détails à une obligeante communication de madame Georgette Ducret, nièce de madame de Montesson. M. de Lévis lui a aussi consacré un chapitre de ses *Souvenirs*, p. 248-259.

splendides du premier hôtel et conduisant vers un réservoir, avait été utilisé pour y construire en charpente l'immense salle principale. Selon la coutume généralement reçue alors à Paris, le plafond et les parois recouverts au dehors de toile cirée, étaient revêtus, à l'intérieur, de tentures magnifiques et ornés de grandes glaces, de candélabres et de riches décors. »

C'est dans cette grande salle improvisée que la fête devait resplendir dans tout son éclat; et c'est là que le désastre se déploya dans toute sa fureur.

Il était près de minuit. La reine de Naples venait d'ouvrir le bal avec le prince Esterhazy, et le vice-roi d'Italie, Eugène de Beauharnais, avec la princesse de Schwartzemberg, belle-sœur de l'ambassadeur. L'Impératrice Marie-Louise, après une rapide tournée dans les galeries, était venue prendre sa place sur le siége élevé qui lui avait été préparé. L'Empereur, allant de groupe en groupe, se promenait encore, parlant et souriant à tous. La princesse Pauline Schwartzemberg lui présentait ses filles avec l'orgueil d'une mère heureuse, « quand tout à coup, dans la grande galerie qui liait la salle à l'hôtel, la flamme d'une bougie, vivement agitée par un courant d'air, fut poussée vers une gaze légère, qui prit feu et jeta une claire lueur. Ce ne fut rien d'abord, le comte de Benheim, en jetant son chapeau contre le mur, put éteindre une des flammèches qui s'étaient formées, et M. le comte Dumanoir, chambellan de l'Empereur, en grimpant au haut d'un pilier, arracha sans peine la légère trame qui pouvait propager l'incendie, et l'éteignit complétement sous ses pieds. »

On croyait tout fini, quand on s'aperçut que des étincelles avaient communiqué le feu à des tentures placées trop haut pour que les mains pussent les atteindre ; les flammes éclatèrent et bientôt, trop bien alimentées par tout ce qui les entourait, elles franchirent l'espace qui les séparait de la grande salle et s'y croisèrent dans toute la largeur du plafond. La musique cessa ; les musiciens quittèrent leur estrade déjà menacée par le feu. Une des portes qui conduisait à l'escalier extérieur donna accès à un vent d'orage qui souffla fortement dans les flammes et en augmenta la violence. La danse était interrompue, on se foulait dans une mêlée affreuse.

L'Empereur, qui s'était rapproché de l'Impératrice, resta calme. Malgré les prières de l'ambassadeur d'Autriche, qui s'était mis à ses côtés, il ne voulut quitter la salle embrasée que lorsqu'il eût vu que tout moyen de la sauver était impossible! Alors, sans dire un mot, il donna le bras à l'Impératrice et suivit l'ambassadeur d'un pas mesuré vers la porte principale de l'hôtel, ouverte sur la rue du Mont-Blanc, et non, comme on l'a dit, vers celle du jardin qui donnait sur la rue Taitbout[1]. Laissons encore parler ici Varnhagen qui rectifie sur ce point, comme sur tant d'autres, tous les récits, même le plus officiel.

« A peine, dit-il, l'ambassadeur eut-il appris que l'Empereur désirait partir immédiatement, qu'il dépêcha chemin faisant un aide de camp pour faire avancer les voitures, de la cour de l'hôtel où l'on redoutait du désordre, dans une rue adjacente plus tranquille

---

1. C'est dans la partie de l'hôtel qui s'étendait avec les jardins jusqu'à la rue percée en 1775, et dont le parrain avait été le greffier de la ville, M. Taitbout, que se trouvait le théâtre et les plus beaux appartements. C'est là surtout qu'avait éclaté le luxe galant du prince, époux anonyme de madame de Montesson. Aussi donnait-on à cette partie de l'hôtel le nom de *Pavillon d'Orléans*. Elle communiquait avec l'autre par une serre chaude.

qui bornait le jardin [1], et offrait à l'Empereur la facilité de monter en voiture inaperçu, et de déjouer tout attentat. Mais Napoléon s'apercevant bientôt de la direction changée, s'arrêta tout à coup et demanda où on le con-

---

1. La rue Taitbout était en effet fort déserte alors. On n'y voyait guère que des murs de jardins. La rue du *Houssay*, qui la prolongeait et qui était voisine de l'hôtel Montesson, devait son nom à un vieux mot qui signifie maison de campagne, et elle le justifiait encore, ses maisons n'étant presque toutes que des villas bourgeoises, ou de *petites maisons* de fournisseurs. La rue des *Trois Frères*, qui en était la continuation, n'avait pas une physionomie moins champêtre. Elle était encore digne des *trois frères* jardiniers qui étaient venus y bâtir la première maison, vers 1784, et auxquels elle devait son nom. Quand, sous la Restauration, M. de Jouy s'y logea dans un petit hôtel avec jardin, où furent élevés plus tard H. Murger, dans la loge du portier, et madame Pauline Viardot dans l'appartement du premier, il put se croire dans une solitude agreste, et se donner avec raison sur le livre longtemps à la mode qu'il y écrivit, le nom d'*Hermite de la Chaussée-d'Antin*. Ce qui peut donner une idée de l'état de ce quartier en 1810, c'est que derrière l'hôtel du danseur Dauberval remplacé depuis par la *Cité d'Orléans*, rue Saint-Lazare, s'étendait alors une rue qu'on appelait du *Désert*.

duisait. Il n'agréa nullement l'avis de l'ambassadeur et lui dit d'un ton bref et assuré : « Non, c'est à la sortie principale que je veux » aller; » rebroussa chemin, et ordonna aux voitures déjà entrées dans la petite rue, de revenir à la première place. Il en résulta une grande perte de temps que l'ambassadeur, tout en montrant une figure sereine, supporta dans des angoisses terribles; l'Empereur au contraire avec beaucoup de patience. Aurait-il redouté un attentat bien plutôt dans la rue située derrière le jardin qu'ici ? » Ces derniers mots de notre Allemand sont absurdes, et prouvent son ignorance de la fierté de l'Empereur, qui dans tout désirait de l'appareil, même dans un départ périlleux, et qui n'eût pas voulu avoir l'air de fuir le danger par une porte dérobée. Mais laissons-le finir cette partie de son récit. « La narration du *Moniteur,* dit-il, qui laisse monter l'Empereur en voiture à la porte du jardin est inexacte, comme plusieurs autres assertions au sujet de cet événement. »

Tant qu'il était resté, la contenance de la foule avait été silencieuse et sans désordre, mais après son départ, un effroyable tumulte, une indicible confusion éclata.

« Quel spectacle, dit encore Varnhagen ; toute la salle n'était qu'un feu immense... L'eau qu'on versait dans la fournaise s'élevait et se dispersait instantanément en vapeur, et l'incendie ne trouvait aucune résistance... On cherchait, on appelait les siens, on se précipitait avec fureur à travers les rangs... On rencontrait des blessés, des morts... Les degrés du portail s'étaient enfoncés sous le poids de la multitude qui cherchait à se sauver ; beaucoup de personnes tombées furent écrasées par les suivantes, blessées par les tisons ardents ou atteintes par les flammes. La reine de Naples était tombée, le grand-duc de Wurtzbourg fut son sauveur. La reine de Westphalie dut à son époux et au comte de Metternich d'être arrachée au plus grand danger. L'ambassadeur russe, prince de Kourakin, brûlant et évanoui, fut tiré de la foule par le docteur K.....[1] et avec l'aide d'officiers autri-

1. Cette initiale transparente cache le nom d'un docteur allemand longtemps célèbre à Paris, spirituel et ami des plus spirituels, notamment de Nodier, qui lui écrivit, en 1832, une très-curieuse lettre sur le choléra, publiée dans le *Bulletin du Bibliophile* de 1860, p. 1732. M. Philarète Chasle va nous dire son nom et ce qu'il fut : « Qui de vous a connu le singulier Allemand, aimé à la folie de la société fran-

chiens et français ; des mains secourables éteignirent le feu de ses vêtements avec l'eau du ruisseau, pendant que d'autres mains charitables lui coupaient les boutons de diamant de son uniforme.

« Le prince Joseph de Schwartzemberg embrassait avec effusion sa fille sauvée, à la vérité, mais grièvement blessée ; puis il cherchait avec désespoir son épouse. La fille se trouvait à côté de la mère quand une charpente tombant entre elles deux, les avait séparées ; depuis on n'avait plus vu la princesse Pauline. »

çaise entre 1810 et 1840, bien puni ensuite et très-maltraité de 1840 à 1850 ; un docteur qui avait causé avec Tiek, et beaucoup vu M. de Humboldt ; qui, sorti des cavernes métallurgiques de je ne sais quel pays slave, tomba dans les salons de madame Récamier, de madame de Staël et de M. de Talleyrand, où il fit fortune, où il était oracle, où, l'œil étincelant, la bouche expressive, sa large tête renversée sur l'épaule, il prêchait à son aise le magnétisme, les essences inconnues, habituait les esprits au surnaturalisme, dissertait sur Werner, sur Hoffmann, sur Novalis, sur Gentz, sur Maler Müller et tous les héros germaniques alors inconnus. Je veux parler du malheureux et très-spirituel Koreff. Le premier, il mit Hoffmann à la mode. ». (*Journal des Débats*, 15 juillet 1860.)

Ce n'est que le lendemain, au milieu d'un monceau d'épées recourbées, de bracelets et d'autres parures rendues méconnaissables par le feu, qu'on découvrit un débris de son cadavre carbonisé. Auprès se trouvaient les restes d'un collier qui était le touchant témoignage de son amour maternel. Il était formé de médaillons dont chacun portait l'initiale de l'un des huit enfants de la princesse.

Un seul médaillon n'avait pas de chiffre. Il attendait celui de l'enfant qu'elle allait mettre au monde, et qui ne partagea que sa mort.

La belle princesse de Leyen n'avait pas eu un sort moins affreux. Elle avait été brûlée vive dans sa robe de fête ; elle était morte ayant au front le sillon profond que lui avait fait son diadème d'or rougi par le feu de l'incendie.

L'Empereur n'avait fait qu'une fausse sortie dans cet horrible drame. Après avoir reconduit l'Impératrice jusqu'à l'escorte de la voiture, qui l'attendait à l'entrée des Champs-Élysées, pour retourner à Saint-Cloud, il était revenu subitement, en capote grise, accompagné d'un seul aide de camp. Il voulait surveiller lui-même les moyens d'arrêter l'effroyable désastre. Tout fut employé, mais rien ne réussit à faire complétement obstacle au feu.

Il fallut que le ciel intervînt.

« L'orage qui menaçait depuis longtemps éclata enfin, dit Varnhagen. Ce fut un épouvantable intermède. Des éclairs éblouissants embrasaient l'atmosphère, des coups de tonnerre se succédaient presque sans interruption ; les édifices tremblaient, la pluie tombait par torrents, et par elle seulement les derniers tisons de l'incendie furent éteints. »

XII

LE CHATEAU DE BERCY

Vous souvient-il qu'il y aura tantôt trois ans l'on commença de jeter par terre le magnifique château de Bercy; qu'on vendit ses boiseries splendides, ses marbres précieux, ses tableaux de haut prix et sa riche bibliothèque, et que l'immense parc, dessiné par Le Nôtre, fût mis en coupe réglée : le tout : château, meubles et boiseries, parc et futaies, au prix d'ailleurs énorme, et capable pour bien des gens de calmer toutes les douleurs, au prix de 10,500,000 francs[1] !

---

1. M. Péreire et le Crédit mobilier durent acheter d'abord au prix convenu de 9,500,000 francs. Un

Le propriétaire était M. de Nicolaï, comte de Bercy. Il n'y venait guère, mais il y tenait beaucoup, et il fallut, pour le décider à cette vente, que le chemin de fer de Vincennes vînt traverser son parc, et effleurer son château jusqu'au ras du perron.

La bibliothèque, où l'on trouvait entre autres merveilles un admirable manuscrit du *Roman de la Rose*, sur vélin, s'est éparpillée au vent capricieux et désespérant des enchères[1]. Tout y était précieux, contenant et contenu; l'écrin aussi bien que les perles. Le corps de bibliothèque, qui était un bijou

---

simple délai de réflexion fut demandé pour vingt-quatre heures par M. Péreire, et pendant ces vingt-quatre heures tout lui échappa. Une société, dont faisaient partie MM. de Morny et Aucouston, celui-ci menant l'affaire, arriva, et marché fut conclu pour 10,500,000 fr. A peine cette vente était-elle faite que les plus beaux bénéfices se réalisaient par le morcellement des terrains : « Déjà l'on m'assure, écrivait le 15 juillet 1860, un courriériste de *l'Indépendance belge*, que les acquéreurs ont vendu pour plus de 12 millions de terrains et qu'il leur en reste pour plus de quinze. »

1. *V.* sur cette vente un très-vif et très-spirituel article de Jules Janin dans *les Débats* du 11 juillet 1860, et un autre dans les *Beaux-Arts*, revue nouvelle, du 15 août 1860, p. 285.

de bois sculpté, a été vendu, lui tout seul, devinez? 27,000 francs!

Jugez par là du prix des trésors dont il était la cassette, jugez aussi par là de la richesse des boiseries et de l'élégance des meubles avec lesquels il ne faisait que se raccorder harmonieusement. Les chiffres de vente, qui maintes fois prouvent moins la valeur de la chose achetée que la manie de l'acheteur, seront ici, par exception, la preuve du haut prix des objets vendus, et de leur vraie valeur d'art. Une table, style Louis XIV, qui venait certainement de la *manufacture royale des meubles de France*, établie aux Gobelins, a été vendu 6,000 fr., et de l'aveu des plus experts, ce n'était qu'un prix raisonnable. Une simple console du même temps et du même style, où se relevaient en relief sur l'inaltérable dorure des ornements, les *trois merlettes* qui formaient les armes des Malon de Bercy, anciens propriétaires du château, s'est adjugée 5,050 fr., au général Le Pic. C'était pour rien.

Le prix des boiseries a été bien au delà. Un amateur, qui au premier abord semblait fort hasardeux, mais qui, en fin de compte, n'était que bien avisé, avait offert d'acheter le tout 100,000 fr. ; on avait refusé, et la suite prouva que ce refus était un bon calcul. La vente en détail produisit bien plus que la somme offerte pour cet achat en bloc.

La boiserie d'un seul petit salon a été vendue 25,000 fr., pour l'Impératrice. Un Anglais, dont le château s'en fût bien accommodé et qui la convoitait fort, en fut pour son rêve et pour ses enchères; un Russe aussi, qui ne lâcha prise qu'à 20,000 fr. La France gardera cette merveille de l'art français. N'est-ce pas juste? La boiserie du cabinet d'étude, qui n'était pas d'un travail moins admirable, nous reste de même ; c'est l'Empereur qui l'a fait acheter, mais pour un bon prix : 17,000 fr.

Tout cela n'est déjà plus que de la vieille histoire, puisqu'il y a trois ans qu'on en a fini avec ces ventes, avec cet éparpillement de richesses.

Le château de Bercy démeublé, dépouillé, ravagé, rasé, ne continua d'appartenir un peu à la chronique vivante que par la seule chose qui pendant un an survécut à tout le reste.

Ce débris d'abord respecté, je ne sais pourquoi, était le monumental vestibule. Il restait là, seul, isolé, perdu au milieu des décombres, dans la solitude du parc dévasté, comme les colonnes du temple du Soleil sont, depuis vingt siècles, dans l'immense désert de Balbeck.

Il n'y fut pas longtemps. Un peu plus d'un an après, au mois d'octobre 1861, le pic et la pioche l'attaquèrent de tous les côtés pour le démembrer, lui creuser sa tombe, et faire table rase de l'emplacement qu'il encombrait !

Quand il fut par terre, avec ses marbres et ses sculptures, ses devises et ses guirlandes, ses hauts pilastres ioniques et ses grands trophées, rien ne parla plus de cette habitation magnifique, conservée si longtemps comme par magie aux portes mêmes de la grande ville ; au sein d'une banlieue active, qui l'avait comme enveloppée du réseau de son travail, et dont la vie contrastait si étrangement avec sa solitude, le bruit avec son silence.

Ce château n'avait toujours été d'ailleurs qu'un assez calme séjour. Ceux à qui l'on en devait la construction, et qui n'auraient pas de noblesse s'ils ne l'avaient possédé, les Malon, qui pouvaient, à cause de lui, se faire appeler bien haut MM. de Bercy, n'étaient pas des gens de grand tapage.

Ils n'ont fait de bruit ni par l'histoire, ni

par le scandale. Ils se contentèrent d'être tranquillement riches, placidement heureux.

Mais comme la placidité dans la fortune ne va guère sans l'avarice, ils furent avares. Quand on n'a pas la folie de dépenser en prodigue, on a celle de thésauriser, et les Bercy thésaurisèrent. Voilà pourquoi leur château, si hermétiquement clos et muré, avait si mystérieusement un air de cloître austère. C'était moins une demeure très-close, qu'un coffre trop fermé. Le président, qui fut le premier du nom de Bercy, commença, du temps de Louis XIII, la renommée de ladrerie de sa race[1]. On en faisait cent contes, dont le plus célèbre servit à Boisrobert pour la meilleure scène de sa comédie de *la Belle plaideuse*, puis à Molière pour une bien plus excellente encore de son *Avare*[2]. Tallemant va nous le dire dans son *Historiette de Boisrobert*[3], à l'endroit où il parle de la

---

1. Il serait toutefois injuste d'omettre ici les donations considérables que M. de Bercy fit à l'établissement des *Enfants trouvés*. Piganiol de la Force, *Descript. de Paris*, t. V, p. 64.
2. Acte II, scène 2.
3. Tallemant des Réaux, *Historiettes*, édit. P. Paris, t. II, p. 406.

pièce que je viens de nommer : « Il y 'feignoit, dit-il, qu'une femme, qui avoit une belle fille, sous prétexte de plaider, attrapoit la jeunesse. Là entroit la rencontre du président de Bercy chez un notaire avec son fils, qui cherchoit de l'argent à gros intérêt; le père lui cria : « Ah ! débauché, c'est toi ? — Ah ! « vieux usurier, c'est vous, dit le fils, etc. » Boisrobert alla dire partout qui cette scène voulait peindre. Le président, qui était brutal, s'en fâcha au lieu d'en rire, et un peu par peur, un peu par complaisance pour M. de Matignon, beau-frère de Bercy, qui lui fit à ce sujet quelques instances, Boisrobert ne donna pas la pièce aux comédiens pour la jouer. Le roi, qui voulait qu'on la représentât, s'enquit des raisons qui la faisaient différer. Boisrobert les lui expliqua lui-même en disant que M. de Bercy s'en offenserait, et qu'après ses services pour la cause royale pendant la Fronde il était juste de le ménager. Le roi n'insista plus, et le président, qui eut connaissance de cet entretien où Boisrobert « lui avoit si bien fait faire sa cour en son absence, » l'en remercia. *La Belle plaideuse* ne fut qu'imprimée. Elle parut in-4º en 1655.

Molière, qui n'avait pas les mêmes raisons

de ménagement, reprit l'anecdote, et, bien mieux que n'eût fait Boisrobert, il l'immortalisa dans l'admirable scène de son *Avare*.

En 1668, quand on la joua, M. de Bercy était mort et les bruits qui continuaient à courir sur sa ladrerie lui servaient d'épitaphe : « On dit un jour à madame Cornuel, écrit Tallemant[1], que les grands Augustins prêtaient sur gage. — Comment s'en étonner, répondit-elle, n'ont-ils pas chez eux le cœur de M. de Bercy ? »

Il avait laissé une fille, mariée à M. de Novion, et un fils, qui, après avoir partagé avec lui le ridicule odieux de la scène dont je viens de parler, fut sur la fin aussi avare qu'il avait été débauché[2]. La vilenie si bien établie de père en fils dans cette maison ne devait pas s'y perdre. En 1715 le troisième Bercy en continuait la tradition, et méritait par là d'avoir place dans ce couplet d'une chanson qui fut faite alors contre les gens de finance[3] :

Que le Desmaret soit pendu,
Que le Bercy, dans l'or fondu,

---

1. *Historiettes*, t. V, p. 142.
2. *Ibid.*, t. II, p. 406.
3. *Chansonnier Maurepas*, t. XIII, p. 100.

Satisfasse son avarice,
Et que, malgré l'horreur de son supplice,
Il meure après l'avoir rendu.

Comme il tenait l'argent, il passa pour en pouvoir bien raisonner, — ce dont n'aurait pas convenu le Figaro de Baumarchais ; — il fut donc, vers 1740, en passe d'arriver au contrôle général des finances [1]. Il y parvint même, par l'influence du maréchal de Maillebois, son beau-frère, mais n'y resta pas longtemps [2].

Depuis lors, plus un mot de cette famille ! Son histoire reste silencieuse, comme le fut tant d'années la muette solitude du parc de Bercy [3].

M. de Nointel, qui, selon la plupart des historiens de Paris, se suivant, se répétant et s'égarant à la *queue leu leu*, passe pour avoir

---

1. *Mémoires* de d'Argenson, collect. Elzévirienne, t. II, p. 227.
2. *Ibid.*, p. 231, 245.
3. Le petit-fils du président l'avait fait considérablement embellir en 1706. C'est alors que la plupart des allées y avaient été percées dans le fourré du parc, touffu comme celui de la *Belle au bois dormant*, et qu'on y avait fait la belle terrasse qui longeait la rivière. (Piganiol, t. V, p. 99.)

été seigneur de Bercy, eût fait là, certes, un tout autre fracas.

Il avait occupé longtemps la charge d'ambassadeur à Constantinople, et il en portait partout la magnificence. Son luxe était français par le bon goût, oriental par la splendeur. Malheureusement pour le château de Bercy, il n'eut jamais à y étaler ce faste. Il n'en fut pas propriétaire, je le répète.

S'il s'y prélassa un peu dans toute la pompe de sa fastueuse personnalité, ce fut seulement sur deux des tableaux qui décoraient le vestibule et qui avaient été peints l'un et l'autre par Carrey, son peintre ordinaire. Le premier le représentait faisant son entrée à Jérusalem, et l'autre donnant audience au vizir et à sa suite.

M. de Nointel ne trôna dans Bercy qu'en peinture.

Quand on a dit que Pâris de Montmartel avait aussi été seigneur de l'immense château, on ne s'est pas moins trompé. Il posséda seulement une assez vaste portion de terrain que M. de Bercy, son collègue aux finances, avait détachée de son parc à sa prière, et sur laquelle Pâris fit bâtir le gros pavillon à pans coupés debout encore sur la marge du quai, et si connu dans le quartier sous le nom de *Pâté-Pâris*.

Ce pavillon, avec le petit parc, fragment du plus grand, qui lui servait de dépendance, formait ce qu'on appelait le *Petit-Bercy*.

Dans les années qui précédèrent la Révolution, un financier philosophe, M. de Boismorel, en était propriétaire. Il s'y était disposé un jardin qui luttait pour l'élégance avec celui de son fastueux voisin, et une bibliothèque assez riche pour n'avoir rien à envier à celle du Grand-Bercy [1].

Madame Roland, qui n'était encore que

---

1. Le château de Bercy souffrit beaucoup de la Révolution. Il ne fut pas morcelé, mais ce fut à peu près tout ce qu'on lui épargna. « Pendant quelques années, écrivait P. Villiers, en 1804, le château de Bercy a été fermé. Ses dépendances ont été louées à différentes personnes. Les uns ont exploité les arbres, qu'ils ont fait abattre ; d'autres ont labouré les allées pour y semer du blé. Presque tout a souffert de l'esprit de destruction qui régnait en France. L'intérieur du château n'a pas été trop dégradé. Les tableaux du vestibule ont été conservés. Le retour des propriétaires a rendu au château de Bercy, sinon son ancienne splendeur, du moins sa grâce première ; et tout commence à sortir du chaos. » (*Manuel du voyageur aux environs de Paris*, 1804, in-12, t. II, p. 100-101.)

Manon Phlipon, la fille du graveur, fut souvent invitée par M. de Boismorel à visiter cette belle demeure, et plus d'une fois elle se rendit à son invitation. Il lui faisait complaisamment admirer : son joli parc, dont un superbe cèdre, sans doute abattu depuis, était l'ample et vigoureuse parure ; ses salons, ses tableaux, et Manon regardait tout cela d'un air distrait ; mais arrivait-on à la bibliothèque, tout semblait se réveiller, se ranimer en elle[1].

Elle retrouvait là sa vie, et elle y restait.

Qui occupe aujourd'hui le Pavillon-Pâris ?

Un marchand de vins. Ne vous en étonnez pas trop.

Cette destination n'est pas en désaccord avec l'origine du premier propriétaire. Les quatre Pâris, en effet, étaient fils d'un cabaretier de Moras en Dauphiné[2]. L'un d'eux, disait-on, s'appelait La Montagne, à cause de l'enseigne du cabaret paternel; et si un autre s'était fait surnommer Pâris-Duvernet, c'était, dit-on encore, parce qu'il avait excellé jadis dans l'art de rincer les verres !

[1]. *Mémoires* de madame Roland, 1855, in-18, p. 161, 163.

[2]. *Journal de Barbier*, 2ᵉ édit., t. I, p. 219.

Un marchand de vin a donc, comme vous voyez, toutes sortes de droits à se prélasser dans l'ancien manoir de cette dynastie tavernière.

XIII

LE CHATEAU DE MADRID
ET LA FOLIE SAINT-JAMES

Parmi les personnes qui fréquentent le bois de Boulogne, beaucoup se demandent pourquoi dans ce parc si bien français, ou dans son voisinage, se trouvent trois endroits qui portent des noms étrangers : *Madrid*, le *Ranelagh* et *Saint-James*. Je vais, s'il vous plaît, leur répondre, et cela sans beaucoup de peine.

Peut-être serait-il plus difficile d'expliquer le nom moins exotique de la porte Maillot. Sur ce point là, j'avouerai franchement ma complète ignorance. Tout ce que je pourrais dire, c'est que sous Louis XIV, on écrivait *porte Mahiot*. Du moins est-ce l'orthographe employée sur l'une des admirables cartes manuscrites et à vignettes, faites en 1668 par Compardelle et Damoiselet, sous ce titre : *Plans des forêts, bois et buissons du département de la grande maîtrise des eaux et des forêts, de l'Ile de France, Brie, Perche, Picardie et pays reconquis*[1].

Le *Ranelagh*, auquel j'ai déjà consacré quel-

---

1. « Le 12e plan, dit M. P. Lacroix dans un excellent article de la *Revue des sociétés savantes* (2e série, t. I, p. 738-739), est consacré au bois de Boulogne près de Paris. Il nous le montre tel qu'il a été en 1668, sur un espace de 1,753 arpents, avec différentes vues, encadrées dans le cartouche, et représentant successivement le château de Madrid, celui de la Meute (la *Muette*), l'abbaye de Longchamp, le pavillon de M. d'Aligre, les villages de Boulogne et d'Auteuil, les croix de Chalemberg et de Marcilly, la porte Mahiot, celle de Barbany, etc. » — Le vrai nom de cette dernière croix est *Balbani*, elle le devait l'ingénieur italien Balbani qui, sous Henri IV, avait fait au château de Madrid des travaux hydrauliques dans le genre de ceux que Zamet lui avait commandés pour son hôtel de la rue de la Cérisaie. V. *Théâtre d'agriculture* d'Olivier de Serres, édit. in-4°, t. II, p. 555-557, et nos *Variétés historiques et littéraires*, t. I, p. 211 et t. VII, p. 310.

que part un chapitre[1] qui me dispensera d'en dire ici bien long à son sujet, ne figure pas, bien entendu, sur la carte de Compardelle. En 1668, il s'en fallait de plus d'un siècle qu'il existât encore, puisqu'il est vrai que c'est seulement en 1774 qu'un des gardes du bois, nommé Morisan, fonda le salon de musique appelé tout d'abord le *Petit-Ragenagh*. L'établissement et son nom étaient un hommage à l'anglomanie du temps. L'Angleterre, en effet, possédait alors, depuis environ quinze ans, son *Ranelagh* — le premier de tous, — à quelques pas de Chelsea, près de Londres. On le devait à un noble d'Irlande, lord Ranelagh, qui lui avait donné son nom[2]. Goldsmith, qui sans doute y allait souvent, en parle dans le *Vicaire de Wakefield*, et le premier traducteur français de ce joli roman, craignant que le mot ne fût pas compris, mit au-dessous une note qui nous dispensera d'une plus longue description : « Le *Ranelagh*, dit-il, est un salon magnifique près de Lon-

---

1. *Enigmes des rues de Paris*, E. Dentu, 1860, in-12, p. 327-340.

2. Il était petit-fils de ce comte de Ranelagh, dont Saint-Evremond a souvent parlé. *V.* ses *Œuvres*, t. V, p. 157.

dres, où l'on va dans la belle saison prendre le thé, et où l'on est amusé par des chants et des symphonies, moyennant un écu par personne. » Chez Morisan, au bois de Boulogne, on ne payait que vingt-quatre sous, mais ce n'était, il est vrai, que le *Petit-Ranelagh*.

Madrid, dont l'histoire remonte plus haut, doit aussi son nom à une imitation étrangère. François Ier, pendant sa captivité en Espagne, avait remarqué l'ornementation des châteaux et palais de ce pays, où l'on employait alors force *émaillures* de diverses couleurs, sur toute l'étendue des façades. Quand il fut de retour en France, il voulut se bâtir une résidence dans ce genre d'architecture polychrome, et c'est au bois de Boulogne qu'on la lui construisit, en 1528[1].

---

1. « En l'an 1528, incontinent après Pasques, le roy commença à faire bastir et esdifier un chasteau et lieu de plaisance, auprès du bois de Boullogne et du couvent des religieuses de Longchamp, qui est quasi sur la rivière de Seyne, entre ladite religion de Longchamp et le pont de Nully, et le nomma le roy Madril... » (*Journal d'un bourgeois de Paris*, publié pour la Soc. de l'hist. de France par L. Lalanne p. 329-330.)

Le nouveau château, toutefois, n'eut avec ceux d'Espagne, notamment avec celui dont on avait fait, à Madrid, la prison du royal prisonnier, qu'un simple rapport d'ornementation par l'émaillure. Pour le reste, il ne leur ressembla en rien. Le palais de Madrid, dont François Ier, on le conçoit, ne devait pas trop aimer le souvenir, puisqu'après tout ce n'avait été pour lui qu'une fort dure prison, était une vieille construction féodale, lourde et massive comme toutes celles du même temps; le château du bois de Boulogne, au contraire, eut toutes les grâces, toute la légèreté coquette des constructions de la Renaissance [1].

Il suffit cependant du simple point de ressemblance dont j'ai parlé, pour qu'on répétât partout, même avant l'achèvement du nouveau château, qu'il était tout à fait semblable à celui que le roi avait eu pour prison à Madrid. De là, vint que le nom de cette ville lui fut donné, du moins chez le peuple, car

---

1. On peut voir des dessins fort détaillés de ce château, qui formait un rectangle de 138 pieds de long, sur 48 de large, dans le tome I des *Excellents bastiments de France*, par Du Cerceau, 1567, in-4°.

officiellement il ne s'appela jamais que le *Château du Bois de Boulogne*. C'est ainsi qu'un fidèle historien, M. le comte Léon de Laborde, le nomme toujours dans l'excellente étude qu'il lui a consacrée[1].

Le peuple le désignait encore par un autre nom que celui de *Madrid*. Frappé de l'aspect, étrange pour lui, que donnaient à sa façade les grands bassins émaillés (*azulejos*) que l'Italien Jérôme della Robbia y avait incrustés, il l'appelait le *Château de Faïence*.

Il n'en reste plus rien que quelques-uns de ces *azulejos*, conservés comme reliques au-dessus de la porte du restaurant qu'on a bâti sur une partie de l'emplacement du charmant palais. Lui-même a disparu sous la pioche de la bande noire. Il fut vendu, comme bien national, le 27 mars 1793, pour 648,204 livres, qui, payées en assignats, ne font pas plus de 200,000 fr. de bon argent. Or, rien que de la vente du plomb, métal fort recherché alors, car il en fallait pour la guerre, on retira 150,000 fr.[2].

1. *Le Château du bois de Boulogne, dit le château de Madrid, étude sur les Arts du* xvie *siècle*, 1855, gr. in-8°.

2. Il paraît que le plomb trouvé à Madrid renfermait beaucoup plus d'argent que d'autre. V. le

Le parc de Madrid n'existait plus alors, depuis longtemps déjà. Moins heureux que le château, qui n'avait encore souffert que des atteintes du temps[1], et dont le seul outrage avait été d'être mis en location viagère comme un vulgaire domaine[2], il avait dû se

---

Rapport sur la vente et aliénation des domaines de la couronne, fait au Comité des domaines dans la séance du samedi, 10 *avril* 1790, *par Barrère de Vieuzac.*

1. En 1657, il était déjà en fort mauvais état. « Il est tout à fait abandonné, lit-on dans le *Journal d'un voyage à Paris* à cette époque, publié par M. P. Faugère (p. 103), et c'est grand dommage, car c'estoit un fort bel ouvrage. Il semble estre faict de marqueterie y ayant en plusieurs endroits des quarreaux et du plâtre vernissé et relevé en bosse; mais estant exposé à l'injure du temps, le vent et la pluye gastent tout et font tout tomber. » En 1666, la manufacture de bas de soie qu'y établirent Hindret et ses associés rendit la vie à cette grande ruine, mais ce fut pour trop peu de temps. (*Correspondance administr. de Louis XIV*, t. III, p. 788.)

2. Le maréchal d'Estrées, puis M. d'Armenonville, à qui l'un des pavillons du bois doit son nom, et enfin le président de Rosambo l'eurent ainsi à loyer pendant le XVIII siècle. (*Journal* de Barbier, 2 éd. t. III, p. 471.) — On avait bâti, dans l'immense cour, des bâtiments, dont une partie fut cédée, en 1735, par M. de Pezé, capitaine du bois et gouverneur de Madrid, à mademoiselle de Charolois. L'avocat Bar-

laisser morceler et devenir la proie d'un financier du voisinage qui l'avait presque tout entier englobé dans sa propriété. Ce financier, dont il est temps que je vous parle, s'appelait Beaudard. Il trouva ce nom trop vulgaire, trop roturier, et il l'échangea contre celui beaucoup plus brillant de *Saint-James*, que son apparence légèrement anglaise devait mettre facilement à la mode, en ce temps d'anglomanie.

La terre à laquelle il l'empruntait n'avait pourtant que cela d'anglais, et était parfaitement française. C'était un domaine de l'Anjou, entre Angers et Saumur[1].

Beaudard, — que nous voudrons bien nous-même appeler *Saint-James* pour ne pas lui refuser le nom qu'il s'était donné, et surtout parce que ce nom, conservé par les débris morcelés de sa propriété, est le seul qui con-

bier qui, par brevet royal dûment payé, avait jouissance de quelques-uns de ces bâtiments, se trouva dès lors sous la dépendance de cette princesse qui aimait trop les plaisirs en cachette pour agréer aucun voisinage curieux. *V.* le *Journal* de Barbier, t. III, p. 18.

1. *Mémoires* de Marmontel, édit. Fr. Barrière, 1857, in-18, p. 326.

vienne ici, — Beaudard avait fait sa fortune dans la marine, dont il était trésorier général et qu'il administrait en corsaire.

Son père, qui était trésorier des Colonies [1], n'avait pas donné dans ces excès de dilapidation et de luxe. Comme son fils, il avait rougi de son nom, trop roturier, et se parant, lui aussi, de celui d'une terre, il s'était fait appeler M. de Vaudésir, mais je ne lui connais pas d'autre tort, et celui-là, comme on sait, était du temps. Il fallait se donner un air de noble, pour n'être pas trop écrasé par la noblesse. Il relevait ce travers indispensable par des qualités que d'autres ne croyaient pas nécessaires. Marmontel, qui fut son hôte, en faisait un grand cas : « Homme d'esprit et homme sage, dit-il de lui [2], qui sous une épaisse enveloppe ne laissait pas de réunir une littérature exquise, beaucoup de politesse et d'amabilité. »

Le fils de ce sage homme d'esprit se contenta longtemps de l'argent, qui n'est ni l'esprit, ni la sagesse.

---

1. M. Fossé d'Arcosse possédait une lettre de lui à Fréron. *V.* les *Mélanges* sur sa collect., p. 192.
2. *Mémoires* de Marmontel, p. 249.

Rien n'égalait sa magnificence, même chez ses pareils de la finance, qui pourtant alors ne se faisaient pas faute de luxe insolent. A Paris, son hôtel était vanté comme le plus splendidement orné, comme le plus richement meublé. C'est aujourd'hui l'*hôtel du Rhin*, place Vendôme. « Son salon seul coûte 100,000 écus, lit-on dans la *Correspondance secrète*[1]; le reste à l'avenant; et le boudoir de madame sa femme, peint sur place, coûte plus à lui seul que la salle à manger, qu'on évalue à 5,000 louis. »

M. de Saint-James ne s'en tenait pas à cette seule maison. Il en avait une autre, où sa main gauche était encore plus prodigue que sa main droite à l'hôtel de la place Vendôme. Une des célèbres beautés de ce temps-là, déniaisée comme tant d'autres par le grand *roué* Du Barry[2], et qui se faisait appeler mademoiselle Villemont de Beauvoisin, étalait, aux

---

1. T. VIII, p. 219.
2. *Journal des inspecteurs de M. de Sartines*, Bruxelles, 1863, in-18, p. 34, 85.—Cette Beauvoisin avait commencé par être servante, en 1759, chez le chirurgien Cadet, rue Montmartre (*Ibid.*, p. 115); elle avait ensuite vécu avec le duc de Grammont, le financier Donay de la Boulaye, et le marquis de

frais du financier, dans cette autre maison, un faste des plus énormes.

Quand elle mourut, au mois de novembre 1784, sa vente fit scandale de magnificence[1]. On estima qu'en outre d'une pension annuelle de 20,000 écus, mademoiselle Beauvoisin avait reçu de Saint-James pour plus de 15 à 1,800,000 fr. d'effets et de bijoux. « On compte dans cette vente, disent les *Mémoires secrets*[2], deux cents bagues plus superbes l'une que l'autre. On y voit des diamants sur papier, comme chez les lapidaires, c'est-à-dire non montés. Les belles robes se montent à quatre-vingts. On parle de draps de trente-deux aunes, tels que la reine n'en a pas; enfin, depuis la vente de la fameuse Deschamps, on n'en connaît point en ce genre qui ait fait autant de bruit[3]. »

Duras, qu'elle avait longtemps dédaigné, (*Ibid.*, p. 156, 160, 165, 251, 276.)

1. On peut en voir l'annonce dans les *Petites-Affiches* du 13 novembre 1784.

2. T. XXVII, p. 27-28 (à la date du 22 nov. 1784).

3. Cette Deschamps, danseuse de l'Opéra, avait le plus splendide hôtel, rue Saint-Nicaise, dans le voisinage prémédité du Palais-Royal dont le seigneur et maître, M. le duc d'Orléans, avait pour elle des bontés lucratives. Elle était aussi on ne peut mieux

Saint-James faisait à la campagne des dépenses à l'avenant de celles dont il scandalisait la ville. Il avait acheté tout près du bois de Boulogne l'ancien domaine de *la Chambre* qui avait appartenu au cardinal de Retz, puis au fermier général Le Normand, et qui bientôt, quoiqu'un prélat et un très-riche finan-

avec M. Séguier et avec le fermier général Brissart, dont elle ne reçut pas moins de 500,000 livres. Malgré ces protections libérales, elle se trouva fort gênée dans ses affaires pendant l'hiver de 1760, « tant à cause de la misère du temps dont tout le monde s'est ressenti, dit Barbier, que par le défaut d'étrangers à Paris, à cause de la guerre. » (*Journal*, 2ᵉ édit., t. VII, p. 244.) Il fallut tout vendre chez elle, ce qui eut lieu, le mardi 15 avril, avec distribution de billets aux gens de distinction, et grande affluence de carrosses. « Il y avoit plus de soixante femmes, tant de la première qualité que de robe ou de finance, lesquelles, dans un autre temps, n'auroient osé entrer dans cette maison. » Le scandale des ventes Schneider et Anna Deslions, qui firent tant de bruit ces derniers hivers, n'est donc pas nouveau. Après la vente, il y eut procès avec l'architecte Blanchard qui voulut être payé pour le coquet et magnifique arrangement de cette maison qu'on démeublait si bien. L'affaire fut arrangée, mais les détails en restèrent comme utile et curieux enseignement dans le recueil des *Causes amusantes*, 1769, in-12, t. II, p. 114-132.

cier l'eussent trouvé suffisant, lui sembla beaucoup trop petit à lui-même. Il l'agrandit d'un seul coup de la plus grande partie de l'enclos de Madrid.

Quand il eut ainsi un espace enfin convenable, il y mit à l'œuvre l'architecte Bellanger, en lui recommandant d'y faire comme ornements paysagers tout ce qu'il voudrait, pourvu que ce fût cher[1].

Le comte d'Artois, pour qui Bellanger avait arrangé tout près de là, de l'autre côté de la route, la jolie maison de Bagatelle[2], n'avait

---

1. Bellanger était l'architecte à la mode. C'est lui qui avait bâti la plupart des hôtels galants de la Chaussée-d'Antin, notamment celui de mademoiselle Dervieux, rue Chantereine. Il ne fut pas payé mieux que Blanchard chez mademoiselle Deschamps; mais, au lieu de plaider, il épousa. Mademoiselle Dervieux, quand elle mourut, était madame Bellanger.

2. C'est la maréchale d'Estrées qui, vers 1720, avait fait bâtir ce petit château « sur le bord du bois de Boulogne, vis-à-vis l'eau... Cette maison, quoique *bagatelle*, dit Barbier, lui a coûté cent mille livres au moins. » (*Journal*, t. I, p. 151.) Le Régent y faisait souvent des parties avec ses maîtresses.— Sous le Directoire, le soi-disant marquis de Beauregard l'acheta. *V.* plus haut, p. 136.

pas osé lui donner des ordres aussi larges. Il n'était que prince du sang, frère du roi, et il devait être plus économe qu'un financier! Quelquefois il disait : « Je voudrais bien faire passer chez moi un petit bras du ruisseau d'or qui sort du rocher de mon voisin[1]. »

Le rocher auquel le prince faisait allusion ainsi était, par l'argent qu'il avait coûté, un des scandales de la maison de Saint-James. Quoiqu'il fût énorme, on peut dire qu'il valait son pesant d'or.

La dépense pour l'extraction et pour le transport s'était montée à 1,600,000 livres. On l'avait amené de très-loin sur un chariot que traînaient quarante chevaux. Louis XVI, en revenant de la chasse, rencontra certain soir cet étrange convoi sur le chemin de Versailles. Il demanda où allait ainsi cette énorme pierre si majestueusement traînée. On lui dit qu'elle s'en allait prendre place

---

1. *Mémoires* de la baronne d'Oberkirck, t. II, p. 396. —Bagatelle et son jardin anglais avaient été achevés en six semaines, pour une fête qui fut donnée par le comte d'Artois à la dauphine Marie-Antoinette, lors de son mariage, en 1770. Toute la fin du 3ᵉ chant du poëme *les Modes ou la Soirée d'Été*, 1797, in-12, p. 28-48, est consacrée à cet épisode.

dans le jardin anglais que M. de Saint-James faisait arranger à Neuilly[1]. Le roi ne dit mot, mais garda bonne note de ce qu'il avait vu. Il avait, en 1773, fermé les yeux sur le luxe inouï d'ameublement déployé dans l'hôtel de la place Vendôme ; il n'avait rien dit, quand le bruit public lui avait crié que Saint-James se faisait 500,000 livres au moins sur les quatorze millions par mois que la marine, dont il était le seul trésorier maintenu, coûtait à l'État[2] ; il avait laissé passer, sans se plaindre, le scandale de la vente de mademoiselle Beauvoisin en 1784 : mais pour le rocher, qu'il avait vu lui-même, il fut moins patient. Le poids lui en resta sur le cœur.

Peu de temps après, au mois de mars 1787, Saint-James, dont les comptes avaient été épluchés de très-près, était obligé de faire banqueroute, et quoiqu'il fît dire partout que son actif excédait de cinq millions son passif, on vendait tout chez lui, et on le mettait à la Bastille[3].

Ce qui donnerait à croire que le souvenir

---

1. *Mém. secrets*, t. XXXIV, p. 149 (14 février 1787).
2. *Correspondance secrète*, t. VIII, p. 219.
3. *Mémoires secrets*, t. XXXIV, p. 104, 337.

de la rencontre faite par Louis XVI sur la route de Versailles était pour quelque chose dans ce sinistre du financier, et surtout dans les mesures de défiance qui l'avaient provoqué, c'est que lorsque M. de Castries vint apprendre à Louis XVI la banqueroute de Saint-James, le roi ne dit que ces simples mots : « Ah! oui, l'homme au rocher! »

Maudit rocher! il subsiste encore, et vous pouvez l'aller voir dans la maison de santé établie sur une portion de cette *folie Saint-James*. Le financier en avait été écrasé, comme l'antique Sisyphe, mais comme Sisyphe, il ne se releva point.

Saint-James, quand il sortit de la Bastille, était ruiné, complétement ruiné, ainsi que le lui avait un jour prédit une somnambule de son gendre Puységur[1]. Il survécut toutefois à cette ruine, et même assez longtemps, quoique Marmontel ait dit qu'il en mourut à la Bastille[2]. Celle-ci était par terre, depuis longues années, qu'il était encore, lui, gaillardement debout, se mêlant d'intrigues et d'affaires, et surtout fort avant dans les bonnes

---

1. *Mém.* de la baronne d'Oberkick, t. II, p. 376.
2. *Mémoires*, p. 249.

grâces et le secret de M. de Talleyrand, dont, s'il fallait en croire M. Briffault, il aurait, par un tour de forcé d'adresse, arrangé le mariage avec madame Grant[1].

La fortune en disparaissant avait éveillé chez lui un esprit dont jusqu'alors il n'avait pas remarqué l'absence, et depuis lors, il avait vécu sur ce nouveau fonds, qui en vaut bien d'autres[2].

1. *Œuvres en prose*, t. I, p. 483-484.
2. On bâtit en 1834, près de Madrid, pour M. de Beauchêne, un pavillon de style moyen âge, qui prit le nom de *Pavillon Saint-James*, et fut vendu en 1841. V. Suppl. au *Constitutionnel* du 7ᵉ mars 1841.

XIV

LE CAFÉ DE LA RÉGENCE

L'histoire de la maison de la *Civette* nous a tout à l'heure retenus dans les environs du Palais-Royal ; j'y vais revenir pour vous parler d'un établissement qui fut plus d'un siècle son pendant, ou plutôt son vis-à-vis, son concurrent de renommée, et qui, lui aussi, compta par ici parmi les premières victimes de la démolition : c'est le *Café de la Régence.*

Son nom vaut une date. Il nous apprend, sans qu'il soit besoin d'une dissertation, que la grande vogue, sinon la fondation de ce lieu célèbre entre tous ceux du même genre, remonte à l'époque de ce bon Régent « qui, suivant Voltaire, gâta tout en France, » et qu'elle est ainsi contemporaine, ou peu s'en faut, de la première vogue du café, importé chez nous, comme on sait, par l'ambassadeur turc, dont la cérémonie du *Bourgeois gentilhomme* turlupina si bien les *mamamouchis* [1].

On ne fera jamais une histoire vraiment complète de la littérature au xviiie siècle, si l'on ne fait en même temps la chronique détaillée des *caffés*, — le mot s'écrivait alors ainsi, — où les gens de tout esprit tenaient en ce temps-là le dé de la discussion littéraire dramatique ou philosophique. Chez Procope, l'Italien, à qui l'on doit les premières glaces et les premiers sirops, s'assemblaient les auteurs de comédies ou de tragédies. C'était l'antichambre du Théâtre-Français, qui alors se trouvait en face. On y attendait et l'on y savourait ses succès, ou l'on s'y remettait de ses chutes. Chez la veuve Laurent, qui trônait un peu plus loin vers le Pont-Neuf, au coin des rues Christine et Dauphine, se tenait un autre club, moitié théâtral et moitié chan-

---

1. *V.* à ce sujet nos articles : *Les cafés sous Louis XIV*, dans *le Siècle* du 30 nov. 1854 et du 8 mars 1855.

sonnier, où venaient entre autres La Mothe-Houdard, Crébillon, Saurin et J.-B. Rousseau, qui n'en sortit que pour aller en exil. C'est en effet là, dans « l'antre de cette sibylle Laurentine, » comme l'appelle un rimeur du temps[1], qu'éclata la bombe de ces fameux couplets dont furent blessés au vif tous ceux contre qui ils étaient faits, mais qui tuèrent net, en revanche, celui qui les avait lancés.

Dans le carrefour de l'Opéra, chez la veuve Marion, La Mothe venait aussi parfois avec son monde, pour y pérorer sur tout et bien d'autres choses encore. C'était une sorte de succursale de l'Académie où l'on traitait à fond les questions de langage. L'auteur du *Dictionnaire néologique* fit graver au frontispice de sa troisième édition une estampe où l'on voyait d'un côté La Mothe et ses partisans, de l'autre la veuve Marion à son comptoir. Au-dessus, on lisait ce vers latin :

Inficiunt pariter linguas isti, ista liquores,

---

1. Limojon de Saint-Didier, *le Voyage du Parnasse*, 1716, in-12, p. 103.

dont le quatrain suivant donnait la traduction paraphrasée :

> Cette vieille affamée et ces fades rimeurs,
> Sous un semblable maître ont fait apprentissage ;
> Tandis que celle-ci frelate ses liqueurs,
> Ses chalands à l'envi corrompent le langage.

L'Académie fit défendre que cette édition pénétrât en France [1].

Au quai de l'École, chez Gradot, dont le café, si je ne me trompe, devint plus tard celui du sieur Manoury, grand maître en l'art du jeu de dominos, se rassemblaient mêlés les gens d'épée et de plume [2]; enfin à *la Régence* venaient aussi pêle-mêle joueurs d'échecs et hommes de lettres, car jamais ceux-ci n'ont manqué d'être partout où l'on peut s'allumer l'esprit par le café ou la conversation.

Ce furent toutefois les échecs qui, dès les premiers temps, lorsqu'il ne s'appelait encore que *café de la Place du Palais-Royal,* eurent le

---

1. Note manuscrite de l'abbé Goujet, citée dans le *Magasin Encyclopédique*, 1803, t. V, p. 197-198.

2. Sur le même quai, se trouvait le café de Poincelet, à l'enseigne du *Parnasse*, où les poëtes commencèrent à se réunir en 1714. *V.* l'*Histoire du Pont-Neuf*, Paris, E. Dentu, 1862, in-12, t. I, p. 269.

pas, même sur la politique et la conversation au café de la Régence. L'auteur de *Gil-Blas* qui, pour nous servir d'une expression de J.-B. Rousseau pour lui-même, « s'acquoquinait volontiers aux hantises » de ces sortes de lieux, et qui nous a laissé la description des deux plus célèbres à la fin de sa vie, *Procope* et *la Régence*, ne nous représente celui-ci que comme le silencieux refuge des *pousseurs de bois* : « Vous voyez, dit-il[1], dans une vaste salle, ornée de lustres et de glaces, une vingtaine de graves personnages qui jouent aux dames ou aux échecs sur des tables de marbre, et qui sont entourés de personnages attentifs à les voir jouer. Les uns et les autres gardent un si profond silence, qu'on n'entend dans la salle aucun bruit que celui que font les joueurs en remuant leurs pièces. Il me semble qu'on pourroit justement appeler un pareil café, le café d'Harpocrate. C'est un endroit où l'on peut dire qu'on est comme dans une solitude, quoique l'on soit avec soixante personnes. »

A soixante ans de là, un autre romancier, l'auteur de *Faublas*, grand visiteur des cafés,

---

1. Le Sage, *la Valise trouvée*, 1779, in-8°, p. 46.

comme Le Sage, et qui plus est habile joueur d'échecs, ayant à parler des habitués de *la Régence*, ne put, lui aussi, que s'amuser de leur mutisme réfléchi et facilement impatienté et de leur fureur au moindre mot, même au moindre soupir. Il met aux prises un spectateur amoureux et un vieux joueur qui, distrait par les exclamations et les soupirs de l'autre, s'écrie enfin avec colère : — « Peste soit des amoureux ! — Comment, monsieur, je ne comprends pas. — Vous ne comprenez pas? Eh bien! regardez : un échec à la découverte ! — Qu'a de commun cet échec?.. — Comment? ce qu'il a de commun ! Il y a une heure que vous tournez autour de moi. Et ma chère Sophie par ci et ma cousine par là ! moi j'entends vos fadaises et je fais des fautes d'écolier. Monsieur, quand on est amoureux on ne vient pas au café de la Régence. »

On y venait cependant pour faire l'amour. Les maîtresses du lieu n'avaient jamais été bien cruelles. La première de toutes, la femme de Lefèvre, ce grand artiste dans l'art de la limonade et des glaces où Procope seul le surpassait, laissait volontiers son mari dans la glacière, pendant qu'elle allumait ailleurs des feux pour son compte et celui des autres.

Dans la petite comédie de J.-B. Rousseau, *le Caffé*, jouée en 1695, la limonadière, madame Jérôme, prévient ses pratiques à minuit sonnant qu'il faut partir, parce que, dit-elle[1], « voici l'heure des femmes, et pour qu'elles ne viennent pas vous incommoder le jour, il est bien juste que vous leur laissiez la nuit. » Puis, continuant de parler de ces « récréations nocturnes, » elle ajoute : « Si l'on n'avoit d'autre rente que la dépense qui se fait ici de jour, et sans le casuel de la nuit, on courroit risque d'avoir les dents bien longues. »

La Lefèvre aurait pu en dire autant. Elle faisait mieux; les femmes venaient même le jour dans son café, mais alors c'étaient de grandes dames, comme la marquise de Feuquière, qui eut là, un matin, pendant qu'elle prenait son chocolat à la porte, une assez curieuse aventure avec M. d'Effiat[2]. Une marquise pouvait se permettre ce scandale ; une bourgeoise se le fût interdit avec horreur, tant les hantises

---

1. Scène XIV.
2. Nous avons raconté cette aventure dans notre feuilleton du *Siècle* du 3 mars 1855, d'après les *Mémoires* de M. de Boisjourdain, t, III, p. 86-87.

des cafés effarouchaient la pruderie des femmes qui n'étaient ni de la noblesse, ni du bel esprit, ni « filles libres, » comme La Bruyère appelle celles que je n'ai pas besoin de désigner autrement. « On me dira, écrivit le chevalier de Mailly dans son curieux livre *les Entretiens des caffés de Paris*, publié en 1702[1], que c'est contre la bienséance d'introduire une femme dans un café. Cependant j'en ai vu quelquefois de fort jolies et de fort spirituelles. » Les spirituelles venaient pour les discussions, les jolies pour le scandale. En ce dernier point, les limonadières auraient pu suffire. Toutes étaient galantes et filaient bien l'amourette jusqu'au roman, parfois jusqu'au drame. J'en trouverais mille preuves, rien qu'en ce temps. Une seule suffira, qui m'est fournie par ces quelques lignes de *la Bastille dévoilée*[2], à propos d'un prisonnier embastillé en 1734 : « Le sieur Robert de la Motte, gentilhomme servant S. A. R. monseigneur le duc d'Orléans. — Pour avoir assassiné Bruni, limonadier, pour jouir de sa

---

1. *Les Entretiens des caffés de Paris et les différends qui y surviennent*, 1702, in-12, p. 367.
2. 1789, in-8°, p. 86.

femme. — Ce prisonnier n'est resté que six mois à la Bastille. »

Leclerc, qui avait succédé à Lefèvre [1] au café de la *Place du Palais-Royal,* s'épargna le sort de Bruni. Sa femme fut galante tout à son aise, sans danger de mort pour lui. La jalousie attirant la foudre sur la tête du mari, il s'en dispensa, se contentant du reste. En 1718, sa femme recevait ses grandes lettres de naturalité dans le pays du scandale galant. Un rimeur du café les lui décernait dans une pièce de vers qui courut manuscrite et dont voici le titre : *Brevet de Vénus pour madame Leclerc, maîtresse du café de la Régence* [2]. C'est tout ce que je sais sur la dame. En faut-il plus ? Quant à ses pareilles, si l'on veut absolument les connaître mieux, Chevrier va, dans ses *Ridicules du siècle*[3], nous en faire, en deux mots, un portrait d'ensemble, dont la ressemblance fut longtemps incontestée. Après nous avoir parlé du nouvelliste de la maison qui, n'ayant d'a-

1. En 1691, Lefèvre tenait déjà ce café, et sa femme était déjà célèbre. *V.* la pièce d'*Ulysse et Circé*, dans le théâtre italien de Ghérardi, t. III, p. 479.
2. M. Lenoir possédait cette pièce. *V.* le *Catalogue* de sa bibliothèque, 1856, in-8°, p. 166.
3. 1774, in-12, t. III, p. 52.

sile que le café, y vient comme chez lui, il ajoute à propos de ses autres adorateurs : « Près du comptoir, on voit un cadet de famille qui s'efforce de réparer, par les fleurettes, l'injustice du sort; sourde à ses vœux, la beauté qu'il encense ne reçoit ni ne rejette son hommage : idole née de tous les conteurs, la maîtresse d'un café voit en public tous les hommes avec indifférence, et sa sensibilité n'éclate que dans le tête-à-tête. »

Qu'aurait-on fait au café de la Régence, si lorsque les vieux jouaient aux échecs, les plus jeunes n'avaient pas fait babiller l'amour ? La politique y était interdite, comme dans tous les autres, et c'est à peine si on y pouvait parler de philosophie. Il se trouvait toujours dans quelque coin un espion aux aguets qui, tout en savourant sournoisement sa tasse de café, dégustait le mal, se délectait de l'allusion que pouvaient cacher vos paroles, ou qui, tout en poussant le bois sur le damier, attentif seulement à ce que vous pouviez dire, n'attendait que l'instant de faire échec à votre franchise. Le fils du comédien la Thorillière, mauvais tragédien lui-même, mais assez bon espion, était à l'époque de Law un de ces guetteurs de mécontentements. L'abbé de

Coiffy l'y surprit et lui dit si bien son fait que l'autre n'osa de longtemps reparaître dans les cafés. C'était brave, mais imprudent, aussi l'abbé reçut-il du général de la *calotte* un brevet de folie pour cause d'imprudence. On l'y félicitait de son courage, en le blâmant d'avoir ainsi couru le risque de se faire emprisonner. Le moindre propos ne vous exposait pas à moins « dans ces boutiques, » où, dit le *Brevet* [1] :

> L'on en voit qui prêtent l'oreille,
> Pour aller, comme une merveille,
> Raconter au gouvernement
> Des discours qu'on paye comptant,
> Et qui très-souvent pour vétille
> Vous font placer à la Bastille.

N'eût-on dit qu'un mot, rien ne vous sauvait.

Barbier raconte, sous la date du 22 avril 1722, qu'une personne de son quartier, M. Denoux, fut ainsi mis à la Bastille pour quelques propos dans un café du *Quai-Neuf* (Lepelletier), bien qu'il fût procureur de la cour, faisant les affaires du lieutenant de police lui-

---

1. *Mémoires pour servir à l'histoire de la Calotte*, 1752, in-12, 1ʳᵉ part., p. 148.

même et quoiqu'il n'eût que fort peu parlé [1].

Le gouvernement craignait qu'il n'en fût à Paris comme à Londres, où le franc-parler des cafés avait pris une telle importance, qu'il faisait loi dans l'État comme un quatrième pouvoir, et qu'une révolution faillit avoir lieu à la tentative que fit le ministère Danby pour réprimer cette indépendance de parole. Il voulut fermer les cafés; mais, à la nouvelle que cette mesure devait être prise, il y eut un tel soulèvement d'opinion qu'on abandonna le projet [2]. Dans ces cafés de Londres, notamment dans celui de While, qui fut si longtemps célèbre, près de Covent-Garden [3], on pouvait tout dire et tout lire. Dans ceux de Paris, lectures et paroles étaient interdites. On n'y trouvait pas un journal, ce qui surprit beaucoup le réfugié François Lesage, lors du voyage qu'il fit de Londres à Paris, après une absence de dix années. Il croyait trouver dans nos cafés ce qu'avaient offert ceux de Londres à sa libre et curieuse pensée, et tout lui-

---

1. *Journal* de Barbier, 2ᵉ édit., t. I, p. 214.
2. Macaulay, *Histoire d'Angleterre*, traduct. de M. Émile Montégut, t. I, p. 402.
3. *V.* Clément, *Nouv. littér.*, 1ᵉʳ janvier 1752. *Esprit des journaux*, mars 1781, p. 11.

manqua : « Il sont bien fournis, écrivit-il à son ami Des Maiseaux[1], de tables de marbre, de lustres de cristal et de glaces de miroir[2], mais on n'y voit pas de gazettes. Je crois que j'oublierai le peu que je sais : l'on ne parle que de bagatelles. »

Il fallait toujours prendre un faux-fuyant de frivolité pour arriver au sérieux et le sauver de son péril.

Un jour, raconte Chamfort[3], Marmontel, alors tout jeune, et le vieux Boindin convinrent de se rencontrer chez Procope, et d'y causer philosophie. Pour le faire sans danger, ils concertèrent d'avance l'espèce d'argot qui servirait de déguisement à leur discussion. L'âme devait s'appeler *Margot*, la religion *Javotte*, la liberté *Jeanneton*, et Dieu *Monsieur de l'Être*. Tout allait bien, ils s'entendaient à merveille quand un homme noir à mine oblique se faufila dans la conversation pour lui arracher son masque : — « Oserai-je, monsieur, dit-il à Boindin, vous demander ce

---

1. Cité par M. A. Sayous dans la *Revue contemporaine*, 15 janvier 1857, p. 443.

2. On y voyait aussi aux vitres des bouteilles de liqueurs avec étiquettes. (*Carpenteriana*, p. 199.)

3. *Œuvres*, édit. Arsène Houssaye, in-18, p. 73-74.

qu'était ce M. de l'Être, qui s'est si souvent mal conduit et dont vous êtes si mécontent? —Monsieur, répondit Boindin, c'était un espion de police [1]. »

Pour ne pas courir le risque et l'ennui de ces discussions gênées, et périlleuses malgré leur gêne, Diderot allait peu chez Procope. Il préférait le café de la Régence, où le silence environnant le provoquait à méditer bien plus qu'à disserter..

« Qu'il fasse beau ou qu'il fasse laid, dit-il[2], c'est mon habitude d'aller, sur les cinq heures du soir, me promener au Palais-Royal. C'est moi qu'on voit toujours seul, rêvant sur le banc d'Argenson. Je m'entretiens avec moi-même de politique, d'amour, de goût ou de philosophie... Si le temps est trop froid ou trop pluvieux, je me réfugie au café de la Régence. Là, je m'amuse à voir jouer aux échecs. Paris est l'endroit du monde, et le café de la Régence l'endroit de Paris où l'on

---

1. Cet espionnage dura jusqu'à la Révolution (Mercier, *Tableau de Paris*, 1783, in-8°, t. V, p. 179) et la Terreur le recueillit pour le perfectionner. (Beffroi de Reigny, *Dict. néolog.*, t. II, p. 390.)

2. *Le Neveu de Rameau*, édit. Ch. Asselineau, 1862, in-12, p. 1-3.

joue le mieux à ce jeu ; c'est là que font assaut Légal le profond, Philidor le subtil, le solide Mayot ; qu'on voit les coups les plus surprenants, et qu'on entend les plus mauvais propos ; car si l'on peut être homme d'esprit et grand joueur d'échecs, comme Légal, on peut être un grand joueur d'échecs et un sot, comme Foubert et Mayot. Une après-dînée, j'étais là, regardant beaucoup, parlant peu et écoutant le moins que je pouvais, lorsque je fus abordé par un des plus bizarres personnages de ce pays, où Dieu n'en a pas laissé manquer. » Quel était ce personnage ? *Le neveu de Rameau.* Pour savoir le reste, lisez l'œuvre étonnante dont ces trois mots sont le titre.

Jean-Jacques Rousseau venait aussi à la Régence, mais moins pour y regarder que pour s'y faire voir. Quand il voulait produire un de ces grands effets de montre dont était si friande sa vanité bourrue, c'est là qu'on le voyait paraître. La foule le suivait, et alors, par une autre évolution d'amour-propre, il faisait l'effarouché et feignait de se dérober à la foule. L'ours genevois, bien qu'il n'eût rien d'une nymphe, imitait celle des églogues : il fuyait en ayant soin de regarder si on le voyait fuir, *et se cupit ante videri.* A l'époque où il eut l'étrange manie de s'habiller en Arménien, c'est-à-dire où, sous le prétexte de se mieux cacher, il se donna un déguisement qui le faisait mieux voir, sa présence au café de la Régence fit véritablement émeute. Il y vint tant de monde pour l'examiner sous son bonnet de fourrure et sa robe orientale, que M. de Sartine fut un jour obligé de faire mettre une sentinelle à la porte [1]. Le lendemain, Jean-Jacques ne revint plus, son amour-propre était content. Les rédacteurs des *Mémoires secrets* ne furent pas dupes des manœuvres de cette vanité doublée de fausse modestie ; ils mirent dans leurs *Nouvelles* une petite note poliment perfide, où toute leur pensée se faisait sentir :

« Le sieur J.-J. Rousseau, disaient-ils [2], après s'être montré quelquefois au café de la Régence où son amour-propre a été flatté d'éprouver qu'il faisoit la même sensation qu'autrefois, et que sa renommée attiroit encore la foule sur ses pas, s'est enveloppé dans

---

1. Du Coudray, *Nouv. Essais histor. sur Paris*, 1781, in-12, t. II, p. 103.
2. T. V, p. 164 (7 juillet 1770).

sa modestie. Il est rentré dans son obscurité, satisfait de cet éclat momentané, jusqu'à ce qu'une autre circonstance lui donne une célébrité plus longue. »

Il revint pourtant à *la Régence,* mais ce fut alors moins par désir de montrer que par pure distraction. Il y vint pour jouer aux échecs qu'il aimait beaucoup et pour voir jouer. Certain jour qu'il y était, un des Saint-Aubin s'y trouva. L'occasion était bonne pour croquer au vol cet original si difficile à prendre ; il la saisit. Ayant attendu l'instant où Jean-Jacques, complétement absorbé dans sa partie d'échecs, ne pourrait le voir et lui échapper, car l'action seule de faire son portrait lui eût semblé un espionnage, Saint-Aubin prit son crayon et sur la garde d'un volume, *le Catalogue des tableaux du cabinet de M. Crozat*[1]*,* qu'il avait dans sa poche, il esquissa en quelques traits la physionomie, la pose, la tournure de notre homme. Jean-Jacques était placé près de l'un de ces piliers, plus tard transformés en colonnes, que vous

---

1. Cet exemplaire a été vendu avec les livres d'Emeric David. *V.* son *Catalogue,* 1862, in-8°, p. 156, n° 1240.

vous rappelez avoir vus dans la longue et tortueuse salle du café. Saint-Aubin plaça le pilier dans son dessin, mit dessus : *M. Rousseau, de Genève, dessiné au café de la Régence*, 1771, et partit sans que le philosophe se doutât qu'on venait de le crayonner au vif. Qu'eût-il dit, s'il s'en fût aperçu? Il eût été flatté, mais il se fût donné le plaisir de paraître furieux [1].

Les princes ne sont pas si vains que les philosophes. Quelques années après que J.-J. Rousseau eût donné cette mascarade et

---

1. Rousseau ne fut pas oublié au café de la Régence. Parlant de lui et de Voltaire, un chroniqueur de ce noble club des échecs a dit : « Leur souvenir fut longtemps cher au café de la Régence, et il y a peu d'années encore les maîtres de ce café disaient avec orgueil à leurs garçons : « Servez à *Jean-« Jacques*, servez à *Voltaire*, » désignant ainsi les tables où ces illustres habitués se plaçaient ordinairement. » (*Le Palamède, Journal des échecs*, 1836, t. I, p. 391.)—Nous avons des preuves de la fréquentation de Rousseau à *la Régence*. Pour celle de Voltaire, j'en doute fort et pour cause. Lui-même, en effet, a dit formellement : « Je n'ai jamais fréquenté aucun café, » dans une lettre à Dorat du 6 août 1770. Si on le vit à *la Régence*, ce ne dut être qu'à son dernier voyage à Paris, et je ne crois pas que sa longue apothéose lui laissât alors le temps de descendre jusqu'au café.

fût venu chercher la foule au café de la Régence, un empereur y vint aussi, mais pour fuir sincèrement ce qu'aimait tant, sans l'avouer, l'auteur du *Contrat social*.

Cet empereur est Joseph II, frère de Marie-Antoinette. Il était à Paris *incognito*, sous le nom de comte de Falkenstein. Voir, étudier, apprendre, voilà tout ce qu'il voulait. Aussi avait-il fui la gêne des palais où le temps se consume en adulations et en cérémonies. Il s'était logé à l'auberge, comme un simple gentilhomme, et l'on prétend qu'il y faisait sa cuisine lui-même.

Lorsqu'il courait Paris, rien ne le gênait plus que de voir le peuple s'ameuter autour de lui, et donner ainsi un immense cortége de curieux à sa curiosité. Autant qu'il le pouvait, il échappait à cette nouvelle gêne.

Un matin, le bruit court qu'il doit venir au Palais-Royal ; tout le monde s'y rend, excepté lui. Il part à pied de l'hôtel garni de la rue de Tournon, qui, par parenthèse, a gardé son nom pour enseigne [1] ; il arrive à la place

1. Cet hôtel s'appelait auparavant *Hôtel de Troisville;* quand Joseph II y logea en 1777, celui qui le tenait s'appelait Mercier. C'était le frère de l'auteur des *Tableaux de Paris*. *V.* du Coudray, *Nouv. Essais*

où s'est entassée pour l'attendre une foule compacte, qu'il a grand'peine à traverser, et, au lieu de monter au Palais, il entre au café de la Régence.

Il était vide; pas un buveur de café, pas un joueur d'échecs. Dans la longue salle biscornue, il n'y a que lui et la limonadière.

« Ah! monsieur, lui dit-elle [1], soyez le bienvenu; si vous n'étiez arrivé, l'on n'étrennait pas de toute la matinée. Ce maudit empereur en est cause, il nous vole toutes nos pratiques. Si du moins il était exact aux endroits où on l'attend, ce serait demi-mal, on le verrait, on s'égosillerait sur son passage, puis on viendrait se remettre le gosier avec une bonne tasse de café; mais non, il aime à se faire attendre. Il vient toujours

---

histor. sur Paris, 1781, in-8°, t. II, p. 203, et Dulaure *Nouvelle description des curiosités de Paris*, 1785, in-12, t. I, 2ᵉ partie, p. 327. — Cet hôtel de *Troisville* ou *Tréville* était celui où l'on payait le plus cher. Le prix de quelques appartements avec écurie et remise allait jusqu'à 1,200 livres par mois. (*État ou tableau de la ville de Paris*, 1757, in-8°, 1ʳᵉ partie, p. 66.)

1. Nous empruntons tout ce récit aux *Anecdotes de l'illustre voyageur*, par le chevalier du Coudray, 2ᵉ partie, p. 21-22.

tard, quand il vient. Vous voyez ce monde, qui le guette à la porte du Palais-Royal, eh bien ! il en a pour toute la journée, et nous n'aurons pas de pratiques avant la nuit.

« — Et vous, avez-vous vu cet empereur?

« — Ma foi non, et franchement je voudrais bien le voir; mais, je vous l'ai dit, il se fait trop attendre, et je n'ai pas de temps à perdre. »

Tout en causant ainsi, l'inconnu avait achevé de prendre une tasse de café; quand il en eut savouré la dernière goutte, car en ce temps-là le café était bon dans les cafés [1], il se leva et jeta un double louis tout neuf sur le comptoir.

« Ah ! la belle pièce, dit la limonadière, c'est la figure de notre bon roi Louis XVI.

« — Oui, madame, et quant à celle de l'Empereur, la voici. »

Il se découvrit en souriant, et salua sans attendre sa monnaie.

Quelques années après, un autre empereur,

---

1. Surtout à *la Régence*. Ailleurs on le prenait mauvais, comme l'a dit Mercier (*Tableau de Paris*, 1783, in-8º, t. I, p. 214), mais là il était parfait. (*Paris et ses modes*, 1803, in-12, p. 178.)

dont le voyage en France fut une imitation de celui de son confrère d'Allemagne [1], y compris l'*incognito* qu'il garda sous le nom de comte du Nord, Paul de Russie ne manqua pas de venir, lui aussi, au café de la Régence. C'est presque par hasard que le premier y était entré, l'autre y vint exprès. Lorsqu'on imite, on ne fait pas autrement. C'était à l'heure des grandes batailles de l'échiquier, c'est-à-dire vers quatre heures. Paul s'approcha d'une partie bien engagée, et paria sur un coup difficile. Son enjeu était d'un louis, il gagna, prit l'argent et partit. Rien jusque-là ne l'avait fait reconnaître, mais il n'était pas dehors que les exclamations du garçon le trahissaient. En passant, il lui avait donné, pour boire, tout ce qu'il avait gagné [2].

Une description du café de *la Régence* ferait

---

1. Il se dispensa toutefois de loger à l'auberge, comme avait fait Joseph. C'est à l'hôtel de l'ambassade de Russie qu'il demeura. Cet hôtel subsiste encore au coin de la rue de Grammont et du boulevard. La *Librairie nouvelle* en occupe le rez-de-chaussée. V. sur le voyage de Paul Ier un feuilleton d'A. Delrieu, dans *le Siècle*, du 24 janv. 1838.

2. Prud'homme, *Miroir historique de Paris*, 1807, in-12, t. II, p. 225.

fort bien à présent. Je ne pourrais malheureusement que l'inventer, et je m'en garde. Pour vous la donner exacte, les détails me manquent. La salle était sans doute plus ornée que dans les premiers temps et moins que dans les derniers, quand nous l'avons tous connue[1]. Elle n'eut jamais l'éclat de décoration de beaucoup d'autres cafés[2]. Mais elle ne s'était pas cependant soustraite à cette mode du *comfort* si luxueux qui avait gagné

---

1. Nous avons dit qu'elle avait déjà la forme que nous lui avons connue et dont il sera encore parlé plus loin. Quant à l'*estaminet* sur la place du Palais-Royal, il n'existait pas encore. Il n'y avait que les cafés de bas étage, tels que ceux de la rue de la Huchette, où se rendait Will à son arrivée à Paris, qui eussent emprunté l'*estaminette*, ainsi qu'on disait alors, aux tabagies flamandes. *V.* le *Journal* de Will, publié par M. G. Duplessis, t. I, p. 77, et nos *Variétés histor. et littér.*, t. III, p. 302.

2. Parmi les cafés les plus remarquables par leur décoration, il faut citer le café Turc, dont Visconti dessina les ornements, et celui de la Rotonde, orné de paysages peints par Robert. *V. l'Artiste* du mois de février 1836, p. 101-102. — L'architecte de Wailly, en mourant, avait eu raison de dire : « Bientôt l'architecture sera dirigée en France d'après le goût des limonadiers et des marchandes de modes. » (Goncourt, *le Directoire*, p. 52.)

ses pareilles. C'est vers 1760 que ces fantaisies d'élégance dans l'ornementation des cafés avait commencé. Un certain Frary se les était le premier permises pour celui qu'il tenait dans la rue Montmartre, vis-à-vis la rue des Vieux-Augustins, à deux pas de la ruelle qui est devenue le passage du Saumon. On en parla beaucoup, même dans les journaux, qui d'ordinaire s'interdisaient alors ces détails un peu vulgaires. L'Avant-Coureur[1] entre autres, fit à ce sujet quelques lignes qu'on sera curieux de lire ici : « Le luxe ingénieux à se reproduire sous les formes les plus agréables s'étoit jusqu'à présent borné à embellir les cafés de glaces et de tableaux disposés selon les lois d'une froide symétrie, et d'une insipide uniformité, car les cafés se ressemblent tous à peu près. Le sieur Frary... vient de faire orner le sien de glaces entremêlées de panneaux peints en fleurs dessinées d'après nature et distribuées élégamment. C'est le sieur Clermont, élève du célèbre Baptiste, qui a exécuté ces ornements qui font un très-bon effet. Cet exemple, qui vraisemblablement sera imité, mettra, dans peu,

---

1. 2 nov. 1761. p. 700.

nos cafés sur le ton de ceux d'Angleterre, dans lesquels on remarque une variété singulière de décoration. » L'exemple eut de prompts et nombreux imitateurs. Le maître de *la Régence* ne fut pas le dernier.

Son café était trop célèbre pour qu'il ne se mît pas vite à l'unisson de cette élégance que de moins connus s'étaient permise. Il fallait d'ailleurs que ses hôtes ordinaires, tous gens de nom ou d'importance, tous célèbres ou titrés, pussent se croire dans un salon et non dans une boutique. Lui-même se croyait moins un maître de café qu'un maître de maison. Suivant un droit admis d'ailleurs pour tous ses pareils [1], il n'ouvrait sa porte qu'aux gens dont l'air lui plaisait. En 1789, quand presque tous les cafés, qui depuis quelques années s'étaient émancipés [2], devinrent de véritables clubs, celui de la Régence tint bon dans sa gravité silencieuse et

---

[1] « On ne souffre dans les cafés personne de suspect, de mauvaises mœurs; nuls tapageurs, ni soldats, ni domestiques, ni qui que ce soit, qui pourrait troubler la tranquillité de la société. » (Thierry, *Alman. du Voyageur à Paris*, 1783, in-12, p. 127.)

[2] *Ibid.* Les espions y venaient pourtant toujours.

aristocratique. Les combats aux échecs furent, comme par le passé, ses seules batailles. MM. de Goncourt[1] ayant à parler de lui le qualifient ainsi, d'après des renseignements qui doivent être sûrs : « Le café de la Régence, qui croit aux échecs et à M. de La Fayette, et dont le maître, qui pratique une égalité de casuiste, chasse les gens mal vêtus, tout en se disant l'égal des princes. »

Il différait singulièrement de son confrère Chrétien, qui tenait le café de la Comédie-Italienne, et qui fut un des terroristes les plus forcenés[2].

La Révolution ne pénétra dans le café de la Régence que par ses insignes obligés : drapeaux tricolores, couronnes civiques et ces bustes de Marat et de Le Peletier, que Beffroi de Reigny appelle des *épouvantails patriotiques*. Il dut aussi se soumettre à une apparence plus simple[3]; mais, quoique moins brillant, il resta un noble café[4].

1. *Hist. de la Société franç. pendant la Révolution.* Paris, E. Dentu, 1854, gr. in-8°, p. 207.
2. Beffroi de Reigny, *Diction. néologique*, t. II, p. 389, et III, p. 278.
3. *Ibid.*, t. II, p. 390.
4. Tous les cafés avaient alors abdiqué leur luxe

C'est parce qu'il n'y venait que des aristocrates qu'on y voyait souvent Robespierre, qui, sous son masque de démocratie, l'était comme on sait plus que personne.

Avant de vous parler de ses stations à la Régence, je dois vous dire comment j'ai pu les connaître et à qui je dois ce que j'en sais.

Pour ne pas m'égarer dans la fin de cette histoire que personne n'a faite, parce qu'elle n'était peut-être pas à faire, il me fallait un guide, je le cherchai et le trouvai. Ce ne fut pas, bien entendu, un Parisien. Les gens de Paris font en effet profession d'ignorance complète pour tout ce qui concerne leur ville et ne se permettent d'être curieux que lorsqu'ils en sont loin. Un étranger venu pour voir et pour savoir, que l'habitude des rues n'a pas blasé sur tout ce qui s'y trouve, et qui sait encore regarder, parce qu'il n'a pas toujours eu sous les yeux ce qu'il voit, est bien mieux l'affaire du *chroniqueur* en quête de renseignements. Ma recherche fut donc poussée de ce côté, et avec succès, comme

---

de marbres, de glaces et de cristaux : « Du papier, et toujours du papier, dit Beffroi de Reigny (*ibid*), en fait le principal ameublement. »

vous allez voir. Pour m'aider à finir ma tâche, j'ai le carnet d'un touriste anglais qui a su regarder, interroger et ne rien oublier. Je l'ouvre aux pages qui contiennent les notes prises au café de la Régence, en écoutant les joueurs d'échecs, en questionnant les garçons, en faisant causer la dame de comptoir.

Ces notes, disons-le vite, ne sont pas inédites ; une revue anglaise, le *Fraser's Magazine* les a publiées, il y a quelques années, et la *Revue britannique*[1] lui en a repris une partie.

Ce n'est pas à la nouvelle salle du célèbre café, mais, bien entendu, à l'ancienne que nous conduit le touriste curieux. Tout d'abord il s'étonne de sa forme, et la décrit par une de ces phrases pittoresques qu'improvise toujours si facilement le crayon qui dessine sur place : « Ce café, dit-il, est long, étroit, bas, et pour la forme il est semblable à un parallélogramme de tartine au fromage

---

1. *Cinquième série*, t. II (mars 1841), p. 109-130. Cet article a été reproduit dans *le Palamède* du mois de juillet 1843, p. 298, avec le véritable nom de l'auteur, qui n'est autre que N. G. Walker, l'un des bons joueurs d'échecs de l'Angleterre.

(*parallelogramm of toasted cheese*). » Suivant d'autres, ce n'était pas une tartine, mais un *piano à queue*, et ils prétendaient que c'était pour cela que Philidor, grand musicien et grand joueur d'échecs, s'y plaisait tant [1].

Il était le dieu de l'endroit. Son image, pieusement conservée, fut une des premières choses dont notre Anglais fut frappé : « Un vieux portrait de Philidor y est encore, dit-il. Pour un *antiquaire d'échecs*, qu'on me per-

1. Suivant l'*Hermite de la Chaussée d'Antin* (1ʳᵉ édit., t. III, p. 231), c'est à *la Régence* que se seraient tenues les assises des musiciens en dispute d'école ; je crois qu'il se trompe. L'Opéra sans doute avait longtemps été près de là, mais d'autres cafés étaient plus voisins encore. Selon moi, c'est celui de Marion, situé dans le cul-de-sac même de l'Opéra, aujourd'hui la rue de Valois, qui devait servir de champ clos à ces amateurs de musique en désaccord. Ils y pouvaient crier à l'aise, ce que n'eût pas permis, à *la Régence*, le silence exigé pour les échecs. Ce café Marion fut un des premiers de Paris. C'est là qu'en 1691 La Fontaine alla oublier qu'il était auteur de l'opéra d'*Astrée* et en dire plus de mal que personne (Le Sage, *Mélange amusant*, p. 159).—On lisait au-dessus de la porte : *Marion, marchand de glaces*. En 1714, quand l'opéra d'*Arion* fut sifflé comme trop froid, on effaça la première lettre du nom du glacier, ce qui fit : *Arion, marchand de glaces*.—*V.*, sur ce café, le commencement du chapitre.

mêtté cette expression, une pareille relique vaut son pesant d'or. »

C'est un dimanche d'hiver, de trois à quatre heures, que notre touriste est venu à la Régence. La foule qui s'y presse alors commence son étonnement. Il la compare, cette foule qui déroule ses flots sur le seuil ensablé de la porte, aux vagues de l'Océan sur la baie de Brighton. Elle entre, et bientôt toutes les places sont prises : « Pas une table ne reste vide. Que dis-je ! on place un échiquier sur ses genoux. Acteurs et spectateurs, tous les assistants gardent leur chapeau sur la tête pour gagner un peu de place, et un tabouret vaut au moins le prix de la rançon d'un monarque[1]. »

Notre homme finit pourtant par trouver un coin, se fait servir une tasse de café, paye d'avance en ajoutant au prix un gros pourboire, et malgré le bruit, il commence à questionner le garçon, que sa libéralité a mis en humeur de répondre avec abondance et politesse. Alors les anecdotes pleuvent, il

---

1. L'échiquier s'y loue à l'heure. Le soir, à cause des deux chandelles qu'on mettait de chaque côté, avant l'éclairage au gaz, le prix augmentait.

n'a qu'à choisir pour grossir son carnet, mais il est si heureux qu'il ne choisit pas. Il en a de toutes sortes, d'historiques et d'intimes ; de toutes les époques aussi, avant, pendant et après la Révolution.

« Dans les derniers temps de l'ancien régime, lui dit le garçon, messieurs nos habitués remarquaient tous les soirs, depuis une dizaine d'années, un monsieur d'un certain âge qui passait régulièrement tout son temps autour des tables depuis sept heures jusqu'à onze.

« — Jouait-il ?

« — Jamais, à peine même s'il disait un mot, il se contentait d'étudier les parties. Or, comme il y avait longtemps que cette étude était commencée, et comme elle se continuait tous les jours sans interruption, l'on pouvait penser que ce monsieur était de première force. Un soir, il s'éleva pour un coup embarrassant une discussion on ne peut plus vive. Il y avait en ce moment peu de monde autour des tables, mais le monsieur n'y manquait pas. On le prit pour juge ; c'était bien naturel. Savez-vous ce qu'il dit ? — « Messieurs, vous choisissez bien mal votre arbitre, je ne connais pas même la marche des pièces. »

« —Mais pourquoi, lui cria-t-on, êtes-vous là, depuis dix ans, à dépenser toutes vos soirées derrière les joueurs, les yeux sur les échiquiers?

« —Pourquoi? c'est bien simple, messieurs, je suis marié, ma femme m'ennuie terriblement, et ce que je regarde ici, sans voir, ce que j'entends sans comprendre, m'amuse, en comparaison de ce que je vois et de ce que j'entends chez nous. »

L'histoire se mêlait aux anecdotes du garçon, et les noms fameux se pressaient sans façon dans sa bouche.

Ce n'étaient pour lui que des noms d'anciens habitués. M. Robespierre, — je vous l'avais bien dit que nous le retrouverions, — et M. Bonaparte n'étaient que des joueurs d'échecs, dont on parlait peut-être plus souvent que de quelques autres, sur lesquels on savait un peu plus d'histoires ; voilà tout.

A propos de Robespierre, il se rappelait une aventure qui, dans le temps, avait fait grand bruit.

« Je n'étais pas encore au monde, dit le garçon, mais les anciens du café m'ont raconté la chose. C'était au plus fort du temps de la guillotine.

« Il ne venait presque plus personne ici, vu qu'on n'avait pas le cœur à jouer, et que d'ailleurs ce n'était pas gai de voir passer à travers les vitres des charrettes de condamnés dont la rue Saint-Honoré était le chemin. M. Robespierre, que ce spectacle-là n'affligeait pas, à ce qu'il paraît, était un des seuls qui vinssent encore faire quelquefois leur partie. Il n'était pas très-fort, mais il faisait si grande peur, que même les plus habiles, quand ils jouaient avec lui, perdaient toujours. Un soir qu'il attendait un partenaire, suivant son habitude, car on ne se pressait jamais de se mettre face à face avec lui, un tout petit jeune homme, joli comme l'amour, entra dans le café et vint crânement prendre place à sa table. Sans dire un mot, il poussa une première pièce, M. Robespierre en fit autant, et la partie fut engagée. Le petit jeune homme gagna. Revanche demandée et accordée, on joua une seconde partie, et le petit jeune homme gagna encore.

« — Très-bien ! dit le perdant en se mordant les doigts ; mais quel était l'enjeu ?

« — La tête d'un homme ; je l'ai gagnée, donne-la moi, et bien vite, le bourreau la prendrait demain. »

« Il tira de sa poche une feuille de papier sur laquelle était tout rédigé l'ordre de mettre en liberté le jeune comte de R..., enfermé à la Conciergerie. Il ne manquait que la signature. Robespierre, qui avait du sang aux ongles à force de se les mordre, signa et rendit le papier.

« —Mais toi, qui donc es-tu, citoyen ?

« —Dis donc citoyenne ; car, ne l'as-tu pas vu, je suis une femme, la fiancée du jeune comte ? Merci et adieu. »

Napoléon avait aussi laissé, comme joueur d'échecs, de curieux souvenirs au café de la Régence[1]. Le garçon les connaissait, et notre touriste le pressa de les lui faire connaître. Il y tenait d'autant plus, que ces détails viendraient agréablement compléter ceux qu'il savait sur les parties d'échecs que le prisonnier de Sainte-Hélène donnait chaque jour pour distraction aux tristesses de son exil. Il avait vu l'échiquier qu'une noble famille

---

1. Il ne pouvait qu'aimer ce jeu tout de stratégie, il y jouait souvent chez Joséphine. M. Thiers a rappelé, dans l'*Histoire du Consulat et de l'Empire* (t. IV, p. 603-604), d'après les Mémoires inédits de madame de Rémusat, la partie qu'il fit à la Malmaison pendant qu'on jugeait le duc d'Enghien à Vincennes.

d'Angleterre lui avait envoyé, mais qui n'était pas parvenu jusqu'au captif, parce qu'Hudson-Lowe avait remarqué que les pièces étaient décorées des armes impériales de France; enfin, il avait pieusement touché l'échiquier plus modeste qui servait chaque jour à l'illustre prisonnier, et qui était passé après sa mort entre les mains d'un officier de la garnison anglaise. Notre touriste n'aurait pas été fâché de toucher aussi celui sur lequel Napoléon, simple lieutenant, puis général, avait joué tant de parties au café de la Régence. Puisqu'on y conservait la table de Jean-Jacques, la table de Voltaire, le portrait de Philidor, pourquoi n'y aurait-on pas aussi gardé l'échiquier de Napoléon ?

« C'est très-juste, dit le garçon, mais comme on était loin de s'attendre que ce petit officier, qui d'ailleurs ne jouait pas très-bien, à ce qu'il paraît, deviendrait un jour empereur, on n'a pas pris la peine de mettre son échiquier de côté. Ah ! si l'on avait su !

« —Vous dites qu'il jouait mal ?

« —Les anciens me l'ont assuré. D'abord il engageait toujours gauchement ses parties, et puis il n'était pas ce qu'on appelle un beau joueur. Si son adversaire calculait trop longtemps, il se pinçait les lèvres, frappait du pied, et battait du tambour avec impatience sur le bord de l'échiquier, ce qui ne laissait pas de faire danser les pièces et de troubler le jeu. S'il perdait, c'était bien pis encore, il donnait quelquefois de grands coups de poing sur la table, et faisait tout sauter. Cependant, lorsque l'action était une fois bien engagée, quand la mêlée devenait vive, il avait souvent des coups très-brillants.

« —Gagnait-il ?

« —Presque jamais ici ; mais on assure que plus tard, aux Tuileries, bien qu'il ne fût pas devenu plus fort, et qu'il eût affaire, parmi ses courtisans, à de très-habiles adversaires, il ne perdit plus une seule partie. »

A ces impressions du garçon, notre Anglais mêle les siennes, qui sont en général tout à la gloire de l'illustre arène échiquière, qu'il a devant lui, et des joueurs dont c'est la lice, le champ d'honneur. Nulle part il n'a vu si noble champ clos, et il le dit : « C'est la Régence qui donne aux joueurs français une si belle et si haute position, en leur fournissant les moyens de jouer tour à tour avec les plus grands artistes de l'univers, et de profiter ainsi de tous les progrès qu'ils ont fait faire à l'art. Un amateur d'échecs qui, quelles que soient sa patrie et sa résidence, n'aurait pas visité ce célèbre café serait une merveille aussi extraordinaire qu'un badaud anglais qui, transporté à Rome, ne graverait pas son nom sur les ruines du Colisée ou les colonnes de Saint-Pierre. » Le touriste nomme ensuite les combattants dont on lui a dit les noms et l'histoire. C'est un défilé de héros sur un échiquier. Nous allons le lui reprendre ici, en ajoutant à ce que sait notre Anglais, ce que nous avons pu apprendre nous-même.

Voici d'abord, au premier rang, celui qui est le chef, le maître à tous, La Bourdonnais, qui sut donner à la France sa revanche de l'échec immense de Waterloo[1], le jour qu'il acheva par un triomphe la lutte de cent parties, engagée avec l'Anglais Mac-Donnel. « Dans ses mains, disait le vieux Deschapelles, qui mourut content de lui laisser le sceptre des échecs, comme au plus digne, dans ses mains la réputation de la France ne court aucun risque. » La Bourdonnais,

---

1. Méry a fait là-dessus un poëme publié dans le premier numéro du *Palamède*.

en effet, ne fit que l'accroître. Il alla vaincre l'Angleterre jusque chez elle, mais c'était un trop vaillant effort. Il n'y survécut pas. Il mourut à Londres en 1840.

Après lui vint Saint-Amand qui, bien que tout jeune encore, lorsque l'Anglais put le voir, était déjà aux échecs « un vieillard plein de sagesse et d'expérience. » Il n'y avait pas de jeu plus agréable et plus élégant que le sien. « Saint-Amand était le favori de *la Régence*. » Hormis La Bourdonnais, tout le monde, le fameux et classique Boncourt même, son habituel partenaire[1], lui cédait le pas sur l'échiquier. Son seul malheur était de s'y trop passionner dans les calculs. La fatigue le prit par cet excès de passion, et pour ne pas courir le danger que craignait tant Philidor, il dut pendant cinq ou six ans s'interdire la pratique de l'échiquier[2].

1. *Revue Brit.*, mars 1841, p. 118.
2. Quand Philidor faisait de ces terribles parties, aujourd'hui plus communes, où l'on joue sans voir l'échiquier, il craignait toujours de devenir fou. En 1782, il fit coup sur coup trois de ces dangereuses parties à Londres, où, devancier de La Bourdonnais, il était allé, lui aussi, battre les Anglais sur leur terrain. Diderot eut connaissance de cette témérité inutile, où le joueur pouvait perdre la tête

Il se consola en se vouant à sa gloire. Il créa *le Palamède,* revue échiquière, épopée

après avoir gagné la partie, et voici ce qu'il en écrivit à Philidor :

« Je ne suis pas surpris, monsieur, qu'en Angleterre toutes les portes soient fermées à un grand musicien, et soient ouvertes à un fameux joueur d'échecs ; nous ne sommes guère plus raisonnables ici que là. Vous conviendrez cependant que la réputation du Calabrois n'égalera jamais celle de Pergolèse. Si vous avez fait les trois parties sans voir, sans que l'intérêt s'en mêlât, tant pis : je serais plus disposé à vous pardonner ces essais périlleux si vous eussiez gagné à le faire cinq ou six cents guinées ; mais risquer sa raison et son talent pour rien, cela ne se conçoit pas. Au reste, j'en ai parlé à M. de Légal, et voici sa réponse : « Quand j'étais
« jeune, je m'avisai de jouer une seule partie d'é-
« checs sans avoir les yeux sur le damier ; et à la
« fin de cette partie, je me trouvai la tête si fati-
« guée, que ce fut la première et la dernière fois de
« ma vie. Il y a de la folie à courir le hasard de
« devenir fou par vanité. » Et quand vous aurez perdu votre talent, les Anglais viendront-ils au secours de votre famille ? Et ne croyez pas, monsieur, que ce qui ne vous est pas encore arrivé ne vous arrivera pas. Croyez-moi, faites-nous d'excellente musique, faites-nous-en pendant longtemps, et ne vous exposez pas davantage à devenir ce que tant de gens que nous méprisons sont nés. On dirait de vous tout au plus : « Le voilà ce Philidor, il n'est

hebdomadaire des nobles combats, où, dans une suite de volumes longtemps ininterrompue, s'étale en de curieux récits tout ce qui s'est accompli d'intéressant au premier *Club des échecs* du passage des Panoramas [1], à la Régence, au *Cercle des échecs*, « vrai foyer de la science, » annexé au champ du combat sous l'œil du même propriétaire, avec le patronage des mêmes joueurs [2].

« plus rien, il a perdu tout ce qu'il était à remuer « sur un damier des petits morceaux de bois. » Je vous souhaite du bonheur et de la santé. Encore si l'on mourait en sortant d'un pareil effort; mais songez, monsieur, que vous seriez peut-être pendant une vingtaine d'années un sujet de pitié; et ne vaut-il pas mieux être, pendant le même intervalle de temps, un objet d'admiration?

« Je suis avec l'estime et l'amitié que vous me connaissez,

« Votre très-humble et très-obéissant serviteur,
« DIDEROT.
« Paris, ce 10 avril 1782. »

Cette lettre, dont l'autographe appartenait au fils de Philidor, n'a été publiée que dans une brochure de douze pages, *Réponse à la soirée d'Ermites;* 1838, in-8°, p. 11-12.

1. *Le Palamède*, 3ᵉ série, t. III, p. 21 et t. V, p. 23.
2. En 1787, il existait déjà un *Club des Échecs*, interdit pendant quelque temps, parce que l'on crai-

Après La Bourdonnais, Deschapelles, Boncourt et Saint-Amand, il n'y a que des héros amateurs, mais qu'il ne faut pas oublier, car la plupart, moins célèbres ici, l'ont été plus ailleurs. Nommons d'abord Boissy d'Anglas, qui, et c'est sa seule faute, n'eut pas devant l'échiquier la même inébranlable fidélité qu'à la Convention. Un jour de l'année 1800, cet homme, qui n'avait jamais quitté un poste, déserta *la Régence*. Il passa, en compagnie de Deschapelles, du général Duchafault, et de quelques autres au *café Morisson,* qui avait tout vis-à-vis ouvert une concurrence redoutable aux luttes qui se livraient chez le voisin [1].

Ce ne fut que la gloriole d'un instant. Deschapelles revint à *la Régence* et Boissy d'Anglas ne tarda pas à l'y suivre. Il y jouait souvent avec de Jouy, l'auteur de *Scylla,* assez fort joueur pour être très-illustre au café, si sa réputation n'eût été autre part. Il ne fallait pas moins que La Bourdonnais pour le vain-

---

gnait qu'il ne devînt politique. Il fut rétabli quand on eut la certitude que ce n'était réellement qu'une académie d'échecs. (*Courrier de l'Europe* de 1781, n° 42.)

1. *Le Palamède*, t. III, p. 306.

cré[1]. Le chevalier de Barneville, qui avait joué avec Philidor[2] avouait que de Jouy n'eût pas été un indigne combattant pour ce dieu de l'échiquier. Ils y auraient pu mettre pour enjeu quelque opéra à faire. De Jouy perdant se fût engagé à écrire les paroles, et Philidor à composer la musique.

Ce chevalier de Barneville était le plus étonnant des habitués de *la Régence*. Il avait fait la guerre d'Amérique avec La Fayette, il avait joué avec Philidor qui lui rendait le cavalier[3], il avait vu la Révolution sans presque se déranger de l'échiquier, il avait assisté sans se déranger davantage aux journées de Juillet, et quelques années encore il voyait la révolution de Février. Il ne mourut que le 24 mars 1842, à quatre-vingt-quatorze ans[4]. Quoique 1848 lui eût apporté la centaine, il ne l'attendit pas.

Sa vie, après comme avant l'émigration,

---

1. *Le Palamède*, t. I, p. 427, 431. — Il faisait aussi de grandes parties dans son *Hermitage de la Chaussée-d'Antin*, rue des Trois-Frères. *V.* un poëme de Méry dans *l'Arbitre des Jeux*, 1847, in-32, p. 300, 309.
2. *Ibid.* 2ᵉ série, t. I, p. 234, et t. V, p. 30.
3. *Ibid.*, t. I, p. 234.
4. *Ibid.*

s'était passée au café. C'était une tradition de son temps. Beaucoup de gens croyaient alors qu'on ne pouvait vivre que là. Maupertuis, entre autres, qui avait succédé à La Mothe comme chef de la coterie des cafés Marion et Gradot, et qu'on voyait régulièrement dans l'un ou dans l'autre à midi et le soir, s'étonnait qu'on pût s'arrêter ailleurs : « Il demandait très-sérieusement à un de ses amis ce qu'il allait faire dans les maisons [1]. »

La Révolution de 1830, dont l'un des plus vifs combats s'engagea tout près et presque sur le seuil même de *la Régence*, avait porté d'assez rudes horions à sa façade. Il fallut remettre à neuf tout le café, ce qui fut fait avec un certain luxe [2]. « Pourquoi le décore-t-on, dit quelqu'un qui passait? — Parce que c'est un blessé de juillet. »

C'est un peu plus tard qu'Alfred de Musset commença de venir à *la Régence* où je l'ai vu bien souvent à la table voisine de celle qu'occupait, vers sept heures, l'homme au *petit*

---

1. La Beaumelle, *Vie de Maupertuis*, 1856, in-18, p. 12. — Collé connut Maupertuis au café Gradot, où Duclos venait aussi. V. son *Journal*, t. II, p. 297.

2. V. un article signé Jacques Perrin dans *la Sténographie* de janvier 1832.

manteau bleu, un autre fidèle de la maison. Musset jouait, causait ou buvait[1]; son jeu était assez habile, et dans ses jours lucides, il passait pour un joueur de force recommandable[2]. Sa causerie roulait sur la science plus que sur la poésie, et de même qu'il n'aimait pas à perdre en jouant, il aimait, en causant, à avoir toujours raison. Il faisait sa partie avec Ravergie le peintre, Provost de la Comédie-Française, Eugène de Mirecourt, — à qui même il fit certain jour une belle querelle pour le payer de sa propre *biographie,* — Blosse le libraire, F. Vialaye, Delgorgue, le tueur d'éléphants.

M. Alfred Delvau[3] raconte que, dans l'après-midi du 24 février, Musset et Delgorgue s'étaient mis face à face devant un échiquier et commençaient à remuer leurs pièces, quand la fusillade s'engagea devant le Palais-Royal. Delgorgue s'élança d'un bond sur la place, mais Musset ne bougea pas. Il continua placidement sa partie avec un autre adversaire, pendant que le déserteur allait

1. Ad. Perreau, *Alfred de Musset,* etc. 1862, in-18, p. 46.
2. *Le Palamède,* 2ᵉ série, t. V, p. 33.
3. *Hist. anecdot. des cafés et cabarets de Paris;* Paris, E. Dentu, 1862, in-18, p. 137.

aider le peuple à faire échec au roi dans son château des Tuileries.

La Régence, impassible devant les émeutes, a cédé devant les démolitions. Il y a tantôt douze ans qu'on l'a fait déloger. Elle s'en alla camper, rue Richelieu, dans l'ancien hôtel Dodun[1], côte à côte avec les défroques de Babin; puis, quand son nouveau café se trouva prêt, elle y revint achever les parties à peine interrompues par ces remue-ménages.

« Seul de tous les cafés, dit M. de Belloy[2], celui de *la Régence* a conservé sa spécialité et sa clientèle. — La baguette d'or d'une fée l'a transporté à quelques toises de son emplacement primitif, sans qu'aucune pièce de ses innombrables échiquiers ait tremblé sur sa base légère, sans qu'un seul des joueurs ait cru avoir bougé de place; mais où est Alfred de Musset[3] ? »

1. Le Club des échecs se tenait alors dans l'appartement qui donnait sur la rue Fontaine-Molière.
2. *Portraits et Souvenirs*, p. 26.
3. C'est le dernier grand poëte qu'on ait vu régulièrement au café. Pendant le XVIIIe siècle, les gens de lettres y venaient plus assidûment, quoique cette fréquentation entraînât pour eux une défaveur qui n'existe plus. Collé, voulant exprimer son mé-

pris pour Duclos, dit : « C'était un homme de café. » (*Corresp. inéd.* publiée par M. H. Bonhomme, 1864, in-8, p. 372.) Piron lui-même, quand il cessa d'y aller, fit du dédain pour ceux qu'on y voyait encore. Parlant à un de ses amis de Caen, dans une lettre du 23 août 1755, de quelques gens de lettres qui hantaient rue Croix-des-Petits-Champs, le *Café allemand*, tenu par la veuve Curé, *la Muse limonadière*, il n'a pas assez de mépris pour cette séquelle qui, à l'entendre, payait en flatteries ce que cette muse du comptoir voulait bien lui verser. Il faut voir ce qu'il dit de cette Hébé rimailleuse et de ce « tas de beaux esprits inconnus qui, pour se payer de leurs corvées, buvoient chez elle des liqueurs à crédit. » (*Catal. d'autographes* vendus le 19 novembre 1863, p. 43.) — Les dames de café se faisaient appeler *limonadières*, mais on leur donnait aussi le nom de *cafetières*, au risque des équivoques qu'il en pouvait résulter. Chamfort raconte la plus amusante dans l'anecdote du jeune marquis de Choiseul-Labaume, qui, ayant témoigné devant son oncle, l'évêque de Châlons, la plus vive admiration pour une merveilleuse cafetière, obtint de lui vingt-cinq louis pour se la procurer. Or, « ce n'était pas, dit Chamfort, un vase à verser du café, c'était une jolie cafetière, c'est-à-dire limonadière, connue depuis sous le nom de madame de Bussi. »(*Œuvres* de Chamfort, édit. A. Houssaye, p. 138.)

XV

LES CLOCHES
DES FILLES SAINT-THOMAS

Le Parisien d'aujourd'hui n'aime pas beaucoup le pieux tapage des cloches. La discrétion des églises, muettes la plus grande partie de l'année et timidement babillardes aux jours des fêtes à carillons, ne l'y a pas, en effet, habitué.

Autrefois, c'était tout différent. Paris, pour le bruit des cloches, ressemblait fort à Moscou, la ville du monde où l'on sonne le plus. Vous savez combien d'églises alors, de chapelles, d'oratoires, de couvents à Paris; or, tous avaient leur clocher, et chaque clocher ses cloches.

Les filles Saint-Thomas en avaient de plus bruyantes que toutes les autres. Elles avaient voulu, dirait Gresset, que leurs cloches pussent babiller dans l'air, comme elles-mêmes caquetaient au parloir, ou dans leurs cellules. Et Dieu sait si on y caquetait bien.

Vous n'en douterez pas, quand vous saurez que ce cloître, au temps dont nous allons parler, c'est-à-dire de 1774 à 1780, possédait vingt religieuses de chœur, deux nonnes et douze sœurs converses, sous la direction d'une prieure qui, en 1774, s'appelait Catherine Charrier de Saint-Ambroise, et, en 1780, Marie Cousin de Saint-Ursule [1]. Ce n'est pas tout, le babil de ces trente-cinq nonnettes se renforçait de celui des pensionnaires qu'on y élevait; car il y avait dans ce couvent, ainsi que dans bien d'autres, « un pensionnat d'éducation [2]. »

C'était par goût de travail, et non par besoin d'argent, que les dames de Saint-Thomas s'étaient donné cette charge. Elles avaient, en effet, un revenu bien supérieur à leurs nécessités. Leurs rentes, en 1773,

---

1. *Hist. de la ville et de tout le diocèse de Paris*, par l'abbé Lebeuf, édit. H. Cocheris, t. I, p. 263.
2. *État actuel de Paris*, Q. du Louvre, 1789, in-32, 2ᵉ part., p. 43.

s'élevaient à 16,837 livres 7 sous; et leur dépense annuelle n'absorbait, tout compte fait, que 6,968 livres 12 sous[1]. On pouvait donc économiser tous les ans, aux Filles-Saint-Thomas la moitié du revenu, y joindre le produit du pensionnat, et qui plus est, une autre somme assez ronde encore qui provenait du loyer d'une partie des bâtiments du cloître.

Comme il arrivait presque toujours, la maison commune était trop grande pour la communauté, et par tolérance, bien que la règle fût ici des plus austères, puisque c'était celle de saint Dominique, on avait permis que des dames étrangères fussent admises, comme locataires, dans les appartements qui, sans cela, fussent restés déserts. Ce n'était pas de ce côté-là, comme vous l'allez voir, qu'on babillait le moins. Rien ne sentait la retraite austère, ni même la plus simple piété dans ces logis mondains, pris au plein cœur d'un cloître, au milieu même de ses cellules.

Au lieu d'être des thébaïdes, c'étaient le plus souvent des bureaux d'esprit. Madame Du Deffant et mademoiselle de l'Espinasse, qui avaient ainsi leur appartement chez

---

1. Lebeuf, *loc. cit.*

les dames de Saint-Joseph, de la rue Saint-Dominique, recevaient une société de philosophes, où l'incroyance était mieux de mise que la dévotion. Chez madame Doublet de Persan, que nous allons voir avec tout son monde dans un appartement des Filles-Saint-Thomas, on n'était pas beaucoup plus confit en piété. Madame Doublet ne tenait à l'église que par son frère, l'abbé Legendre, qui lui-même n'y tenait guère. « C'étoit, selon Collé, le premier homme de table qu'il y ait eu [1]. » Ami de Piron, dont les plus jolies lettres lui sont adressées [2], il faisait de tout un couplet de chanson ; et sa sœur, en revanche, de rien faisait des nouvelles. Sans fortune à la mort de son mari, qui avait été intendant du commerce [3], elle s'était décidée à la retraite [4]; mais l'avait voulue telle que le cloître toujours accessible des Filles-Saint-Thomas pouvait la lui offrir. La solitude avec

---

[1]. *Journal*, t. II, p. 297. — Il était grand-oncle de mesdames de Choiseul et de Broglie. Il mourut en 1768, à quatre-vingt-huit ans. (*Mém. secrets*, 24 janvier 1768.)

[2]. V. Notre *Notice sur Piron*, passim.

[3]. Il était, en 1722, maître des requêtes. (*Journal* de Marais, t. II, p. 288.)

[4]. Musset-Pathay, *Contes histor.*, p. 327-328. — Grimm, édit. J. Taschereau, t. VII, p. 265.

des amis, voilà ce qu'il lui fallait. Tous les siens l'y suivirent, et ce fut une foule.

Il n'y eut de changé que le nom, ou plutôt que le surnom du lieu où l'on vint de nouveau se grouper autour d'elle. Comme il était dans un couvent, et tout près d'une chapelle, on appela le salon de madame Doublet *la Paroisse*. On n'y faisait office que de médisance ; on n'y voyait procession que de nouvellistes et de gens d'esprit. Ceux-ci avaient Voisenon pour chef, Bachaumont stylait et conduisait les autres.

Madame Doublet resta quarante ans sans sortir[1], et pendant quarante ans, c'est de ce coin que partirent tous les bruits dont les affairés et les friands de nouvelles se sont toujours approvisionnés à grand'peine en courant Paris. Bachaumont et son ami Mairobert allaient en chasse, poussant devant eux le fretin des nouvellistes vulgaires, et tous les bruits ainsi relancés arrivaient chez madame Doublet, comme au fond de cette grande spirale d'airain que Chateaubriand place au faîte du palais de la Renommée.

Afin de pouvoir se débrouiller dans leur confusion, elle faisait tenir registre, ici de

---

1. Grimm, *ibid.*

ce qu'elle croyait faux ou hasardé, là de ce qu'elle croyait vrai.

C'était du journalisme en partie double.

Quiconque arrivait chez elle devait lire les deux registres, et réfuter ou compléter ce qui s'y trouvait. Après ce contrôle, les nouvelles passaient au *Grand Livre* tenu par le valet de chambre de madame Doublet qui en tirait, à son profit, des copies bientôt répandues sous le nom de *Nouvelles à la main* [1].

Les *Mémoires secrets* en furent la suite.

Ils furent même inspirés pendant quelque temps par madame Doublet et rédigés en grande partie par Bachaumont. Aussi, en 1771, quand tous deux moururent, à quinze jours l'un de l'autre, Bachaumont, le 28 avril dans sa quatre-vingt-et-unième année, et madame Doublet, le 12 mai, n'ayant pas moins de quatre-vingt-quatorze ans, les *Mémoires secrets* consacrèrent-ils à ces deux infatigables curiosités, si bonnes nourricières du nouvellisme, deux articles particuliers, assez élogieux pour n'être pas ingrats, mais pas assez pour être reconnaissants. Avouer qu'ils avaient été l'âme unique des *Mémoires*, c'eût été

---

1. Grimm, *ibid*.

déclarer que les *Mémoires* ne seraient rien, ces deux esprits n'étant plus là ; or, doit-on être reconnaissant pour le passé jusqu'à se faire tort dans l'avenir? La *Nécrologie* des *Mémoires secrets* fut donc discrète. On y alla même jusqu'à dire que, dans les derniers temps, madame Doublet avait un peu dégénéré, comme nouvelliste. Il est vrai que, par compensation, on relevait bien haut ce qu'elle avait été auparavant : « Tous les jours, on élaboroit chez elle les nouvelles courantes, on en rassembloit les circonstances, on en pesoit les probabilités, on les passoit autant qu'on pouvoit à la filière du sens et de la raison ; on les rédigeoit ensuite, et elles acquéroient un caractère de vérité si connu, que, lorsqu'on vouloit s'assurer de la certitude d'une narration, on se demandoit : « Cela sort-il de chez madame Doublet[1]. »

Ce dernier trait n'a rien que d'exact. Hors de Paris, on s'inquiétait de ce qui retentirait sur votre compte dans ce repaire sonore des bruits parisiens, et l'on s'y ménageait des intelligences pour que ces bruits fussent favorables. Voltaire plus qu'aucun s'en préoccupait ;

---

1. *Mémoires secrets*, édit. J. Ravenel, t. III, p. 304.

afin même d'être plus sûr que les nouvelles du *Grand Livre* ne lui seraient pas contraires, il y collaborait, il y envoyait sa part : « J'ai, écrit-il le 2 septembre 1742 à madame de Solar, à propos d'un succès de nos troupes, j'ai mandé cette nouvelle à M. le président de Meinières pour orner le Grand Livre de madame Doublet [1]. » Un an après, comme on fait courir sous son nom je ne sais quel sot écrit, vite il songe encore au Grand Livre, qui pourrait aussi mettre ces sottises à son compte, il s'empresse d'écrire à d'Argental : « Protestez donc, je vous en prie, dans le Grand Livre de madame Doublet, contre les impertinents qui m'attribueraient ces impertinences [2]. »

Que de bruits divers, que de chuchotements confus, que de va-et-vient dans le petit appartement des Filles-Saint-Thomas, sans compter le tapage d'esprit qu'on faisait auprès, dans la chambre de l'amie de madame d'Épinay, mademoiselle d'Ette, qui s'était aussi logée dans ce cloître peu clos [3]. Eh bien, le

---

1. Voltaire, édit. Beuchot, t. LIV, p. 474.
2. *Ibid.*, t. LV, p. 388.
3. *Mémoires* de madame d'Epinay, édit. Charpentier, p. 77.

babil des cloches, encore plus bavardes, dominait tout cela.

Longtemps ce couvent s'était renfermé dans une modestie toute silencieuse. On y était simple et pauvre, comme la bonne Marguerite de Senaux, fondatrice de l'ordre, et l'on se taisait. De 1642, époque des premières constitutions du cloître [1], jusqu'à la fin du règne de Louis XIV, les dames de Saint-Thomas n'eurent que des clochettes au lieu de cloches; à peine avaient-elles une chapelle. Mais, en 1715, les sommes qu'elles reçurent d'une loterie, qu'on leur avait permise, leur ayant procuré largement le moyen de construire des bâtiments nouveaux, de se faire une très-coûteuse, mais très-vilaine porte vis-à-vis de la rue Vivienne, et de se bâtir surtout une belle église avec clocher et cloches [2], elles se dédommagèrent, par un luxe de carillon incroyable, du silence si longtemps gardé. « Elles sonnoient vingt-cinq ou vingt-six fois les jours ouvrables, et vingt-huit à trente fois les dimanches et

---

1. On verra plus bas dans une note qu'elles s'établirent ici le 7 mars 1642.
2. G. Brice, *Desc. de Paris*, 1752, in-8°, t. I, p. 385.

fêtes. » Ce calcul, qui doit être exact, nous vient d'une de leurs victimes, c'est-à-dire d'un de leurs voisins en 1782.

Il se nommait M. de la Place. C'était un pauvre vieillard cruellement tourmenté de la goutte qui ne lui permettait guère de s'endormir que le matin. Or, à ce moment-là justement le carillon des nonnes se mettait en branle pour les matines. Il ne pouvait donc reposer un instant.

Ce n'est pas tout ; lorsque, dans la journée, les cloches de ces dames se décidant enfin au silence, il pouvait se dire : « Dormons! » les Petits-Pères, dont le couvent était proche, lui commençaient par derrière, avec leur carillon, un vacarme aussi terrible que celui que mesdames de Saint-Thomas venait de finir par devant. Il se trouvait pris entre deux tapages.

Que faire ? ne pas dormir, maugréer, et pour peu qu'il fût en fonds d'esprit et de rimes, versifier quelque satire ? C'est ce qu'il fit. Je vous citerai quelques vers de sa boutade très-peu connue [1] :

---

1. *Le Supplice des cloches ou Épître amicale écrite en 1783, à la dame supérieure des Filles-Saint-Thomas...* par M. de la Place, in-8°, p. 13, 19, 21, etc.

Pour compléter, dit le pauvre homme, après s'être lamenté sur sa goutte,

> ... Pour compléter le guignon
> Dont ma vieillesse est lutinée,
> Sur ma pauvre tête étonnée,
> De nonnes, un sacré bourdon,
> D'un bout à l'autre de l'année,
> Pour chasser le diable, dit-on,
> Trop accueilli dans ce canton,
> Sonne cent fois dans la journée.
> Aussi, dis-je, en jurant tout bas,
> Les damnés sont dignes d'envie,
> A leurs oreilles s'ils n'ont pas
> L'imperturbable sonnerie
> De ces dames de Saint-Thomas.

Un peu plus loin, sa goutte allant mieux, il chante; sa colère s'aiguise en un petit couplet qu'il rhythme sur l'air de Blot. J'aurais mieux aimé, pour la circonstance, l'air du *Carillon de Vendôme* ou du *Carillon de Dunkerque* :

> Amateurs de la sonnerie,
> Venez tous chez moi, je vous prie.
> J'ai, grâce au bon Dieu, constamment
> Pour me donner l'aubade entière,
> Les Thomatistes par devant,
> Les Petits-Pères par derrière [1].

---

[1]. Ils s'étaient établis où leur église est encore, au mois de septembre 1628, sur un terrain de six arpents détaché du domaine de la *Grange-Batelière*.

Les vers ne sont pas bien bons, mais les notes qui les accompagnent valent mieux. Jugez-en par celle-ci ; en vous donnant une idée du mécontentement qui, du pauvre goutteux, avait gagné tous les environs, elle vous fera connaître jusqu'où allait la ténacité de ces dames, et leur affection pour le quartier. Assourdi par le bavardage de leurs cloches, il ne leur rendait pas amour pour amour.

« On leur offroit, — dit notre homme, — d'acquitter leurs dettes qu'on prétendoit considérables [1], de leur bâtir un autre mo-

---

(V. *Paris démoli*, 2ᵉ édit., p. 367.) — Ils venaient du couvent que la reine Marguerite leur avait fait bâtir au *Pré-aux-Clercs*, dans la rue qui, à cause d'eux, s'appela si longtemps des *Petits-Augustins*. (V. *Enigmes des rues de Paris*, p. 151.) — Par ici, la rue qui se trouvait derrière leur couvent dut à leur patron le nom de rue *Saint-Augustin*, qu'elle échangea pour celui de *Rue des Filles-Saint-Thomas*, dans la partie qui longeait les bâtiments de ces religieuses.

2. Ici notre goutteux se trompe, je crois. La situation de fortune des religieuses n'était pas mauvaise ; comme nous l'avons déjà dit. Elles n'étaient que vingt-sept quand arriva la Révolution. Leur revenu était de 20,589 livres 6 deniers, et elles n'en dépensaient que 5,825 livres 18 sous. (*Histoire de la ville et de tout le diocèse de Paris*, par l'abbé Lebeuf, édit. de M. Hipp. Cocheris, 1863, in-8º, p. 263.)

nastère plus grand et plus convenable que le leur, dans l'un des faubourgs de Paris, à leur choix; ce qui laisseroit à ces dames l'innocent plaisir de sonner sans condition tout à leur aise.

« Le but des architectes, en faisant ces propositions, étoit d'ouvrir à travers leur terrain, ainsi que de quelques autres, une belle rue qui, du Palais-Royal, pût conduire en droiture aux boulevards [1].

---

1. Ce prolongement de la rue Vivienne jusqu'au boulevard ne s'exécuta que longtemps après, et par fraction. Par décision ministérielle du 15 février 1809, la démolition du couvent était déjà résolue. Il fut dit que, sur son emplacement, la rue Vivienne serait prolongée jusqu'à la rue Feydeau; mais, en 1824, rien n'était fait encore. Il fallut une ordonnance royale, datée du 16 juin. Un peu moins de six ans après, une nouvelle ordonnance, en date du 17 février 1830, statua sur le prolongement depuis la rue Feydeau jusqu'au boulevard. Il fut aussitôt mis en voie d'exécution. C'est par suite d'une usurpation des dames de Saint-Thomas que le prolongement n'avait pas existé plus tôt jusqu'à la rue Feydeau. Quand leur couvent avait été construit, il était longé sur la gauche par une ruelle qui faisait, jusqu'au rempart, suite à la rue Vivienne, ou plutôt *Vivien*. Quand le couvent fut agrandi, on la supprima. Où menait-elle alors, en effet? Dans un en-

« Certaines pieuses douairières, qui demeuroient dans leur enceinte et probablement un peu dures d'oreilles, étoient parvenues, au moyen d'une protection puissante, à conjurer l'orage qui menaçoit ainsi les cloches, leurs protégées.

« On assure également qu'un lieutenant de police, qui avoit demeuré dans leur voisi-

droit fort désert, voisin de la porte Richelieu, et qui ne fut pas d'abord beaucoup plus habité, quand le *rempart* ou boulevard reculé plus loin, c'est-à-dire où il est aujourd'hui, eût été remplacé par la rue qu'on appela d'abord rue *Neuve-des-fossés-Montmartre,* puis rue *Feydeau,* à partir de 1739, par complaisance pour M. Feydeau de Marville, alors lieutenant de police. La ruelle, supprimée pour l'agrandissement du jardin des Filles-Saint-Thomas, s'appelait rue *Saint-Jérôme*, en l'honneur du saint pour lequel on avait dans ce cloître une dévotion particulière. Un tableau le représentant avait été peint par Dulin pour leur maître-autel. Ce tableau était, avec le tombeau de la comtesse de Saint-Paul, leur première protectrice, le seul objet curieux de leur église. Malgré leur dévotion spéciale pour saint Jérôme, et malgré la règle de leur ordre, due à saint Dominique, elles avaient cru devoir prendre le nom de Filles-Saint-Thomas, à cause de saint Thomas d'Aquin dont la fête se célèbre le 7 mars, jour de leur prise de possession d   ouvent, en 1642.

nage[1], après avoir vainement exposé à la supérieure combien sa cruelle et constante sonnerie occasionnoit de plaintes dans le quartier, n'avoit reçu pour toute réponse : « que telle étoit leur règle, et qu'elle ne « pouvoit s'en départir. »

« On ajoute que ce magistrat lui ayant déclaré qu'en ce cas il alloit en appeler à la justice de Mgr l'archevêque de Paris, cette même dame l'avoit averti : « qu'il pouvoit s'en « dispenser, attendu que ce prélat n'y pour- « roit rien, le monastère étant sous la pro- « tection immédiate du Saint-Siége[2]. »

La Révolution vint, et il fallut bien partir. Après maintes vicissitudes encore, reflets agités des troubles et des terreurs qu'on traversait alors, le couvent fut rasé, et la Bourse enfin bâtie sur une partie de son emplace-

---

1. C'est M. de Sartine qui, en 1784, logeait au n° 7 de la rue de Grammont.
2. Il y eut souvent des conflits sur ce point entre la prieure et l'archevêque. C'est de celui-ci toutefois que dépendait la permission de faire des retraites aux Filles-Saint-Thomas, comme on le voit dans Tallemant par l'historiette de Le Coigneux, dont la femme était allée là, avec permission de Monseigneur, faire une retraite de dévotion qui faillit devenir une réclusion définitive. (Édit. P. Pâris, t. II, p. 12-13.)

ment. C'est encore un établissement bruyant. Mais au moins ne fait-il son tapage qu'à certaines heures. C'est aussi un centre de nouvelles, une sorte de point de repère pour les bruits croisés qui, de là, s'en vont, après une agitation souvent factice et calculée, vibrer sur la ville qu'ils troublent réellement.

Or, n'est-il pas curieux que ce soit de cet endroit même, quand madame Doublet occupait un appartement aux Filles-Saint-Thomas, que partaient aussi toutes les nouvelles destinées à faire impression sur Paris, et par suite sur le monde? C'est un coin prédestiné, où il était dit qu'il y aurait toujours des échos. A deux pas de là, pour surcroît de rapprochement, avait longtemps vécu un des plus infatigables nouvellistes de la première partie du XVII° siècle, le plus grand médisant du règne de Louis XIII et des temps de la Fronde, Tallemant des Réaux.

La maison qu'il habita de longues années, où il mourut le 6 novembre 1692, était située rue Neuve-Saint-Augustin, « près la porte de Richelieu [1], » c'est-à-dire par con-

---

1. *Historiettes* de Tallemant des Réaux, édit. P. Paris, t. VIII, p. 41, 42.

séquent, ainsi que nous venons de le dire, à très-peu de distance des Filles-Saint-Thomas, qui, les mémoires du temps le diraient, si les anciens plans ne le faisaient voir, étaient elles-mêmes placées à deux pas de cette même porte Richelieu [1].

Leur locataire au xviiie siècle, madame Doublet, et leur voisin du temps de Louis XIII, Tallemant des Réaux, eussent été à belle fête de commérage, s'ils eussent pu voir le curieux épisode qui vint bruyamment clore l'histoire de ce cloître bruyant, et qui servira de dénoûment naturel à ce chapitre.

Le 15 octobre 1802, une des plus agréables danseuses de l'Opéra, mademoiselle Adrienne Chameroy, était morte, dans ce quartier, qui depuis plus d'un siècle était celui des mœurs faciles. Saint-Roch était sa paroisse, on l'y porta. Le curé, M. Mardhuel, en fit fermer les portes, disant qu'une femme de théâtre ne pouvait, même morte, être admise dans le saint lieu et avoir part aux bénédictions de l'Église. Grand scandale et longue rumeur, surtout dans cette partie fort nombreuse alors de la population, que le réta-

---

1. *Mémoires* de Conrart, p. 202.

blissement du culte avait fait murmurer, et qui, avec raison, ne pouvait admettre que les églises n'eussent pas été rouvertes pour tout le monde. L'affaire eût sans doute dégénéré en émeute, si le comédien Dazincourt n'eût calmé l'effervescence de ses camarades qui accompagnaient avec lui le convoi, et si un desservant voisin, celui des Filles-Saint-Thomas, devenue succursale de Saint-Roch, n'eût montré plus de tolérance et d'hospitalité. Il ouvrit toutes grandes les portes à la pauvre pécheresse, fit dire l'office pour elle, et l'accompagna jusqu'au cimetière Montmartre, où son tombeau se vit longtemps près de celui que les restes du philosophe Saint-Lambert devaient venir occuper peu de temps après.

Le retentissement de cette affaire fut très-long. L'opinion publique froissée ne se calma qu'après une satisfaction que le premier Consul fit un peu attendre, mais qui fut exemplaire et solennelle. Il avait rétabli la religion, et non ses abus; le culte et non la superstition. Il exigea de l'archevêque que le curé Mardhuel serait condamné à trois mois de retraite, et il fit savoir lui-même au public, par un article publié dans le *Moniteur* du

21 novembre suivant (30 brumaire), la punition infligée au prêtre intolérant. Voici cet *entrefilet*, comme dirait un journaliste d'aujourd'hui. On y reconnaîtra la griffe du lion [1] :

« Le curé de Saint-Roch, dans un moment de déraison, a refusé de prier pour mademoiselle Chameroy, et de l'admettre dans l'église. Un de ses collègues, homme raisonnable, instruit de la véritable morale de l'Évangile, a reçu le convoi dans l'église de Saint-Thomas, où le service s'est fait avec toutes les solennités ordinaires.

« L'archevêque de Paris a ordonné trois mois de retraite au curé de Saint-Roch, afin qu'il puisse se souvenir que Jésus-Christ commande de prier même pour ses ennemis, et que, rappelé à ses devoirs par la méditation, il apprenne que toutes ces pratiques superstitieuses conservées par quelques rituels, et qui, nées dans des temps d'ignorance, ou créées par des cerveaux échauffés, dégradaient la religion par leurs niaiseries, ont été proscrites par le Concordat et la loi du 18 germinal. »

Le dernier mot chez nous, même dans les

---

1. *Le Globe*, 7 décembre 1826, p. 272.

choses sérieuses, est toujours aux faiseurs de chansons et aux plaisants. La chose finie, ils s'en amusent encore. Le rire cette fois vint d'Andrieux, et ce nom suffit pour prouver qu'il fut modéré, du bout des lèvres, et sans grand éclat. C'est dans une brochure en vers de quelques pages qu'il retentit avec une malice plus voltairienne d'intention que d'effet. Elle a pour titre : *Saint Roch et saint Thomas à l'ouverture du céleste manoir pour mademoiselle Chameroy* [1]. La danseuse se présente au porte-clefs du ciel. Saint Pierre lui dit qu'avant d'entrer il faut passer par l'église, et lui demande si elle n'a pas quelque bienheureux dans ses connaissances. *Je dois*, répond-elle [2],

> Je dois connaître un saint en *ic* en *oc*,
> Dont à Paris, j'étais la paroissienne,
> Aidez-moi donc, serait-ce point saint Roch ?

On le fait venir. Il questionne la belle, l'interroge sur ce qu'elle a fait dans le monde, et quand elle a répondu, en pécheresse sincère, il la repousse en patron bourru.

---

1. 1802, in-8°. Cette pièce, qu'Andrieux n'a pas réunie à ses œuvres, eut plusieurs éditions et n'en est pas moins rare.
2. *Ibid.* p. 6.

Elle se désole, saint Pierre la rassure :

> Consolez-vous, dit l'indulgent apôtre :
> Quand par hasard un saint nous veut du mal,
> On peut souvent être aidé par un autre.
> Adressez-vous au complaisant Thomas
> Qui par bonheur demeure à quatre pas [1]

Saint Thomas l'accueille, la bénit, elle monte au ciel, et Andrieux, finit par ces vers d'heureux présage pour la béatification future de l'Opéra tout entier :

> O vous soutiens de ce bel Opéra,
> Vous que sur terre on fête, on préconise,
> Qu'on applaudit, et qu'on applaudira,
> En attendant que l'on vous canonise,
> Vestris, Millet, Delille, *et cætera ;*
> Troupe élégante, aimable, bien apprise,
> Vous voilà donc en paix avec l'Église !
> En paradis chacun de vous ira,
> Mais que ce soit le plus tard qu'il pourra [2].

Le poëte avait dit son mot, les saints voulurent dire le leur. Un rimeur de la même veine le leur prêta, dans une brochure de taille pareille qui a pour titre : *Réponse de saint Roch et de saint Thomas à saint Andrieu.* Dieu, jouant le rôle du premier Consul, met saint Roch en

---

1. p. 8.
2. p. 11.

pénitence, et la brochure se termine ainsi :

> Lors tous les saints d'applaudir avec feu
> Le jugement, la sagesse de Dieu.
> Saint Thomas part, retourne vers ses filles.
> Le vieux saint Roch va se mettre sous grilles,
> Saint Andrieu prend le petit chemin
> Qui le conduit dans le trou de Dabin [1].

Telle est la fin de l'histoire de l'enterrement de mademoiselle Chameroy, et du couvent des Filles-Saint-Thomas, dont les cloches ne s'étaient guère réveillées que pour cette pécheresse.

1. C'est chez Dabin que la brochure d'Andrieux avait paru. Sa boutique se trouvait dans un coin du Palais du Tribunat (Palais-Royal) au bas de l'escalier de la bibliothèque.

XVI.

LES THELUSSON

ET LE « JUIF ERRANT » D'EUGÈNE SUE

Il y aura tantôt six ans que les journaux de Londres parlaient beaucoup d'un matelot anglais, nommé Thélusson, qui, prodigieusement enrichi par le commerce, avait rêvé pour ses descendants une richesse plus prodigieuse encore. Il avait, disait-on, ordonné par son testament que la plus grande partie de sa fortune fût placée, sans qu'on en détachât rien, et en laissant cumuler les intérêts, jusqu'à la majorité de son arrière-petit-fils, qui se trouverait ainsi le plus riche particulier du monde. Ce n'était là qu'une vieille histoire, qui, à force de se dénaturer en marchant, était de tout point devenue une fable.

Le nom seul du testateur était demeuré vrai ; mais le reste : sa qualité, le temps où il avait vécu, et sa véritable intention, tout avait été altéré, ainsi qu'on va le voir.

Je reprendrai les choses d'un peu haut, c'est-à-dire du milieu du xviiie siècle, époque où Pierre-Isaac Thélusson, très-riche banquier de Genève, était venu s'établir à Paris, en qualité de résident de sa République, et pour continuer ses affaires de finance. C'était moins un étranger qui se naturalisait, qu'un transfuge qui se rapatriait. Il était, en effet, d'une famille française, émigrée à Genève à l'époque de la révocation de l'édit de Nantes.

Il eut son hôtel à Paris, rue Michel-Lecomte, et y reçut le plus beau monde. Pour que vous ayez une idée de sa maison, je vous dirai que J.-J. Rousseau fut son commensal[1] et M. Necker son commis, puis son associé[2]. Je ne sais pas au juste l'époque de sa mort, mais je sais qu'en 1780 sa veuve avait quitté ce quartier hors de mode et s'était fait construire par Ledoux, dans la rue de

1. *V.* la lettre de Rousseau à Vernes du 4 juillet 1758.

2. Il connut sa femme, qui était institutrice des enfants Thélusson. (Goncourt, *la Femme au* xviiie *siècle*, p. 480.)

Provence, à l'extrémité de la rue nouvelle d'Artois, aujourd'hui Laffitte, un très-magnifique et très-galant hôtel.

Il s'étendait en profondeur jusqu'à la rue Chantereine, sur une largeur de vingt-quatre toises. Des jardins entouraient les bâtiments qui eux-mêmes, avec leurs colonnettes, leurs rochers servant de bases aux appartements du rez-de-chaussée, etc., n'étaient pour ainsi dire que des ornements paysagers. Tout était décoré dans le goût du temps, mais avec magnificence. Callet, qui avait alors de la réputation, avait peint les plafonds des salons de compagnie et de musique et celui de la salle à manger[1]. On ne trouvait à redire qu'une seule chose dans l'ordonnance de cette jolie maison : l'aspect trop grandiose de la porte qui, avec ses cinq toises de hauteur et ses cinq toises d'ouverture, semblait être plutôt un arc de triomphe qu'une entrée d'hôtel[2].

Le reste étant loin de répondre, comme masse, à cette majesté de frontispice, Sophie

---

1. Legrand, *Descript. de Paris et de ses édifices*, 1808, in-8°, 4ᵉ part. p. 9-12.

2. Legrand avoue que cette porte fit beaucoup crier.

Arnould disait de la porte du palais Thélusson : « C'est une grande bouche qui s'ouvre pour ne rien dire. » Joli mot, mais un peu injuste. Si la porte n'était pas gracieuse, l'idée de sa construction était excellente. Par la vaste ouverture de l'arcade, en effet, on pouvait, étant dans le salon, dont les fenêtres faisaient face, enfiler du regard toute la rue d'Artois, jusqu'au boulevard. Cette porte tant critiquée était là moins pour être vue que pour laisser voir. Son seul tort était de ne pas se dissimuler assez : c'est ce qui faisait crier contre elle. Cette construction, un peu théâtrale, était de celles que Ledoux affectionnait le plus. Le grandiose excessif ou le bizarre, tel était son genre. Il le prouva par le dessin presque toujours singulier des barrières qu'il construisit pour la nouvelle enceinte de Paris, et qu'il appelait pompeusement des *Propylées*. On leur a rendu une justice trop tardive, en ne les démolissant qu'il y a trois ans.

A l'hôtel Thélusson, ce que son talent avait de bizarrement grandiose s'étalait dans la construction de la porte d'entrée, et ce qu'il avait de trop ingénieux se faisait voir dans le plan de l'escalier du belvédère à colonnes ioniques, placé du côté de la rue Chantereine, et d'où l'on découvrait tout Montmartre [1].

En se laissant aller ainsi à son imagination d'architecte trop inventif, Ledoux faisait dépenser des sommes folles à ceux qui avaient l'imprudence de le faire travailler. Le prix des constructions achevées s'élevait souvent au centuple du prix marqué sur les devis. Ce fut le cas de l'hôtel Thélusson. Une habitation commode et jolie, moitié mondaine et moitié rustique, mais ayant plutôt l'air modeste d'une retraite que l'apparence d'un riche hôtel, voilà ce qu'avait demandé madame Thélusson. Ledoux, quand elle le fit appeler pour lui faire connaître ses idées, lui répondit, à première vue, que pour quatre cent mille livres elle en serait quitte. L'hôtel terminé coûta deux millions [2]. Madame Thélusson était trop riche pour avoir le mauvais goût de se plaindre; elle paya, mais ne jouit pas longtemps de la magnificence involontaire de son habitation. Ayant voulu se soumettre à l'épreuve plus périlleuse que préservatrice

---

1. Prud'homme, *Miroir hist. de Paris*, t. V, p. 190.
2. Aug. de Saint-Foix, *Essais sur Paris*, 1805, in-8°, t. I, p. 226.

de l'inoculation, elle mourut, n'ayant guère que quarante-deux ans [1].

En 1788, l'hôtel avait déjà changé de maître. Le comte Pons de Saint-Maurice, lieutenant général, avait quitté le Palais-Royal, où il occupait de magnifiques appartements, pour venir s'installer ici avec la comtesse sa femme [2]. La Révolution les en délogea. Elle fit rage à l'hôtel Thélusson, comme partout. Je ne suivrai pas toutes les vicissitudes qu'elle lui fit subir. Commissions et administrations s'y succédèrent; puis, après ces ennuis, vinrent d'intempestives gaietés. C'est là qu'on dansa pour la première fois après la Terreur. On y donna ces fameux *bals des victimes,* où l'on n'entrait qu'en certifiant d'un deuil de famille.

Quand vous aviez prouvé que votre père, votre mère, un frère, une sœur, un oncle ou une tante étaient morts sur l'échafaud, on vous permettait de danser. Si vous n'apportiez que le deuil d'un cousin, l'on vous chicanait. A cette époque, où tout était changé, l'on

---

[1]. Aug. de Saint-Foix, *id.*, *ibid.*
[2]. *État actuel de Paris,* quartier du Louvre, 1789, in-32, p. 141.

dansait justement pour les raisons qui vous empêcheraient de danser aujourd'hui. Après les coquetteries de la danse, les galanteries poétiques. A l'hôtel Thélusson, ce fut mieux; les muses ne se succédèrent pas l'une à l'autre, elles se mêlèrent dans un chassé-croisé agréable. Vers le temps où l'on y dansait pour se consoler, l'idée vint à quelques rimeurs en vogue de faire émigrer dans ses salons, avec poëtes et muses, lyres et guitares, un *Lycée* qui depuis deux ou trois ans tâchait de vivre au faubourg Saint-Honoré, dans le désert de l'hôtel Marbeuf.

Vigée, Legouvé, Laya, conduisaient cette affaire, qui réussit d'abord. Il y eut même un journal fondé tout exprès, *les Veillées des Muses*, où l'on insérait toutes les pièces lues au *Lycée Thélusson*, où l'on célébrait ses bals et déifiait ses beautés. Il y était rédigé par les trois poëtes que je viens de nommer, et qui recevaient chacun un traitement d'académicien : 1,200 fr. par an. Arnault, l'auteur de *Marius à Minturnes*, leur fut adjoint. C'est par lui que nous savons tous ces détails oubliés. « On se réunissait à jour fixe, dit-il, pour entendre des lectures faites par les danseurs à la mode, et puis danser avec les auteurs à la mode aussi [1]. »

Le *Portique républicain* fut jaloux de cette concurrence; il la combattit par des satires, qui n'attendirent pas longtemps d'aigres réponses. La lutte, qui dura quelque temps et qui, à la gloire du Lycée rival, se termina par la défection d'une partie des membres du *Lycée Thélusson* et par son émigration nouvelle à l'hôtel Séguier, rue du Hasard, fit le sujet d'un poëme, attribué non sans raison à Colnet, et dont je me contenterai de dire le titre : *La Guerre des Petits Dieux* ou *le Siége du Lycée Thélusson par le Portique républicain* [2].

Il avait été imprimé chez Moller, dont l'imprimerie se trouvait justement dans ce cloître des Filles-Saint-Thomas, qui nous a tant occupé tout à l'heure.

L'auteur, dans une note, se plaignait de l'esprit dominateur de l'ancien Lycée Marbeuf, qui voulait « usurper le sceptre des arts; » mais il avouait du moins que ses membres « avaient le ton de la bonne société, et que

---

1. *Souvenirs d'un sexagénaire*, t. IV, p. 235. *V*. aussi J. Lablée, *Mémoires d'un homme de lettres*, 1825, in-8°, p. 246.
2. An VIII, in-12.

l'on pouvait, sans rougir, s'asseoir à leurs côtés [1]. »

L'hôtel Thélusson ne perdit pas ce ton excellent, même lorsque le Lycée en fut parti. On continua d'y tenir des assises d'esprit, des conciliabules de bonne compagnie, qui parfois dégénérèrent en petites conspirations royalistes, car il ne pouvait y avoir alors de vrai bon ton sans un peu de royalisme. Comme pourtant les fêtes qu'on y donnait étaient par souscription [2], tout le monde y venait, mais sans se mêler. En ayant l'air de se rapprocher, on se tenait à distance.

De là, de curieux incidents de société et d'amusantes anecdotes. « J'avais un soir, dit Charles Briffault [3], mené madame Lebrun, peintre, à l'hôtel Thélusson, où nous causions gaiement en petit comité, lorsque la porte s'ouvrit à deux battants pour une femme de la plus riche taille et de la beauté la plus éclatante, qui entra sans se faire annoncer. « O Dieu! dit notre artiste émerveillée, quelle

---

1. *La Guerre des petits dieux*, p. 35.
2. *Souvenirs d'un sexagénaire*, t. IV, p. 235.
3. *Œuvres*, t. II, p. 29.

« belle personne ! Savez-vous son nom ?—La
« duchesse de Bassano.—Fi ! l'horreur ! »

Briffault donne l'anecdote comme une preuve de l'impartialité des opinions.

L'Empire domina bientôt sans partage à l'hôtel Thélusson, comme dans le reste du monde. Murat, devenu gouverneur de Paris, en fit son palais [1] ; puis Napoléon l'offrit à l'empereur Alexandre, pour l'ambassade de Russie, qui ne le quitta que lorsqu'il n'y eut plus d'ambassadeur russe dans le Paris impérial [2].

La Restauration n'en fit rien. Il était à peu près abandonné, quand le célèbre tailleur du Palais-Royal, Berchut, l'acheta au Domaine, non pour l'habiter, mais pour le démolir. Une ordonnance royale du 30 juillet 1823 le lui permit, et, malgré les rumeurs du quartier, que cette destruction allait priver de son plus bel ornement, l'exécution vandale ne se fit pas attendre. Dans les premiers mois de 1824, l'hôtel Thélusson n'existait plus. La rue d'Artois se prolongeait sur son emplacement jusqu'à la rue de la Victoire.

1. Legrand, p. 12.
2. *Ibid.*

Les Thélusson étaient bien loin quand on détruisait ainsi la magnifique demeure qui, malgré toutes ces vicissitudes, n'avait cessé d'être baptisée de leur nom. Ils étaient trois en 1788 : le baron de Thélusson, le comte Thélusson de Sorcy, le baron Thélusson de Coppet.

Après la mort de madame Thélusson et la vente de l'hôtel de la rue de Provence, ils étaient venus s'établir dans un autre fort beau qu'ils possédaient rue Paradis-Poissonnière. La Révolution les en fit partir. Nous ne suivrons que celui qui se retira en Angleterre.

Il était l'un des plus jeunes de la famille, et s'appelait Pierre-Isaac, comme son père. Il faisait la banque, et ses affaires déjà considérables émigrèrent avec lui. Il les développa dans les proportions que les entreprises financières prennent si vite chez les Anglais. Quand il mourut à Rustow, dans le comté de Kent, le 21 juillet 1798, sa fortune était immense. Son testament, point de départ de toutes les légendes que je veux ramener ici à l'histoire vraie, ne léguait pourtant que la somme relativement modeste de 100,000 livres sterling : 2,500,000 francs à sa femme et à ses enfants, trois fils et trois filles. Le reste, qu'on évalue à 876,000 livres, formant 21,900,000 francs, fut réservé dans les conditions qu'on a dites, c'est-à-dire, qu'en vertu d'une des dispositions du testament, ces 21,900,000 francs durent rester intacts, avec emploi des intérêts par l'acquisition de biens-fonds, ou par un placement intelligent et fructueux, jusqu'à ce que l'arrière-petit-fils du testateur eût atteint l'âge de trente ans. A son défaut, l'État devait hériter. L'immense capital devait être employé à l'amortissement de la dette d'Angleterre. Pourquoi cette réserve, en des conditions si singulières? C'est ce qui me reste à dire.

Dans la maison de banque fondée à Londres par Thélusson, beaucoup d'émigrés avaient apporté tout ce qu'ils avaient pu sauver du naufrage de leur fortune.

A plusieurs, il rendit plus qu'il n'avait reçu, tant il avait de douleur à voir dans la misère des gentilshommes français; mais à d'autres, faute de réclamations, il ne put rien restituer. Ils s'en étaient allés mourir sur le Rhin, en Russie ou aux États-Unis, sans faire savoir à leurs héritiers en quelles mains étaient déposés les débris de leur ancienne opulence.

M. Thélusson se trouvait donc être ainsi pour de fortes sommes une sorte de dépositaire à perpétuité. La tâche n'eût pas semblé incommode à certaines consciences; mais M. Thélusson, qui était l'honnêteté même, la trouva gênante pour lui et pour les siens. Ne pouvant s'y soustraire, il l'accepta. C'est en vue de la responsabilité, qui malgré lui grevait sa fortune, qu'il fit le testament dont les dispositions ont toujours été si mal expliquées.

Il voulut que la plus grande partie de sa fortune restât intacte pendant une longue suite d'années, afin que la restitution des sommes qui pouvaient être réclamées s'effectuât sans peine et sans débat, et pour ainsi dire à bureau ouvert, comme s'il eût toujours été vivant; et non point, comme on l'a dit, afin que sa fortune, déjà considérable, devînt des plus énormes par l'accumulation des intérêts capitalisés.

Cette dernière version était un conte qui servit pour un roman.

Sans cette histoire de l'héritage Thélusson, Eugène Sue n'aurait peut-être pas trouvé celle de la succession Rennepont, qui est la base de son roman le *Juif-Errant* [1].

Il nous reste à dire ce qu'il advint de ces étranges dispositions testamentaires. Le public s'en étonna, la famille s'en plaignit. Elle fit même un procès, pour qu'elles fussent annulées.

La justice anglaise lui eût peut-être donné raison, si le gouvernement n'avait eu un intérêt au maintien du testament. Comme, à défaut de l'arrière-petit-fils indiqué par le testateur, tout devait revenir au trésor public, on ne fut pas assez mauvais Anglais à la chancellerie pour mettre à néant des dispositions qui faisaient espérer pour l'État de si magnifiques éventualités. Le testament fut donc maintenu par un décret du lord chancelier.

Tout ce qu'on put faire, ce fut de défendre qu'à l'avenir de semblables dispositions fussent possibles. On voyait un danger public dans cette accumulation extravagante d'une fortune privée, et l'on empêchait

---

1. Le comte de La Garde disait déjà, en 1834, qu'il y aurait un beau roman à faire sous ce titre : *Thélusson à sa majorité. V.* son curieux livre *Brighton*, etc., 1843, in-8°, p. 309-310.

qu'elle ne se renouvelât. Cette décision ne fut pas immédiate, elle ne fut prise que plus tard. par un acte du chancelier Roplyn [1].

Les Thélusson de Londres, qu'avait mis fort en vue le testament de Pierre-Isaac, regagnèrent par l'attention que cette aventure fit porter sur eux ce qu'ils avaient, pour un temps, perdu comme fortune. Ayant devant eux, pour un des leurs, l'avenir de cette incommensurable fortune, ils devinrent des gens bien plus considérables que par le passé. L'un d'eux, le fils aîné du testateur, fut fait, en 1806, baron Rendelsham, et son fils devint pair du royaume.

Ces sortes d'honneurs plaisaient fort à cette famille, qui, bien que génevoise, c'est-à-dire républicaine et toute financière, avait toujours eu des prétentions de noblesse. N'y disait-on pas que l'ancêtre de la race était Frédéric Thélusson, seigneur de Flechères, baron de Saint-Saphorin en Lyonnais, qui avait, en l'an 1328, accompagné le roi de France Philippe VI dans sa campagne des Flandres [2]?

---

1. G. Peignot, *Choix de Testaments anciens et modernes*, 1829, in-8º, t. II, p. 73-74.
2. *Mémoires* de la baronne d'Oberkick, t. II, p. 51.

Quand le temps fut venu où les petits-fils de Pierre-Isaac, qui n'avaient pas, on le comprend, tardé à se marier, durent eux-mêmes avoir des enfants, l'attente fut grande et l'anxiété vive. Ainsi, au mois de novembre 1817, on annonça que lady Rendelsham allait accoucher. Ce fut un événement public. S'il naissait un fils, à trente ans il aurait tout! Ce fut une fille qui naquit [1]. Trois ans après, l'attente et l'anxiété se réveillèrent. La femme d'un autre des frères, Charles Thélusson, allait être mère. Cette fois, ce fut un fils qui vint au monde, et qui, en ne se donnant que la peine de naître, accapara la colossale espérance.

Il n'y avait plus de contestation à craindre, quand un fils naquit à un autre des frères, Arthur Thélusson de Ribberfordhouse dans le Worcestershire, à la fin de septembre 1826. Devait-il être exclu de l'héritage, ou devait-il le partager avec son cousin, né en 1820? C'est à ce dernier parti qu'on s'arrêta, non sans de grandes discussions où les tribunaux intervinrent encore.

[1]. G. Peignot, p. 74.

De cette façon, l'héritage, mis en deux parts, n'eut pour chacun des deux cousins, parvenus à trente ans, qu'une partie des proportions énormes dont l'attente publique s'était si longtemps émerveillée [1].

---

[1]. M. J. Cohen, dans une note de sa traduction des *Mémoires* du prince de Puckler Muskau, t. II, p. 297, dit qu'on avait d'ailleurs trouvé une foule de biais pour diminuer considérablement l'effet du testament.

XVII

PARIS SOUS L'EAU

La Seine, qui d'ordinaire se conduit en fleuve si honnête et si commode, quand les autres, l'hiver venu, se permettent toutes sortes de licences et de vagabondages à travers champs, s'émancipa singulièrement il y a trois ans.

Lorsqu'on passait les ponts dans les premiers jours de janvier 1861, l'on était vraiment effrayé de la hauteur des eaux et de la rapidité de leur courant.

La Seine ne faisait ainsi que reprendre de vieilles habitudes, mauvaises comme la plupart des habitudes anciennes. Notre siècle est le seul qui, sauf quelques écarts, l'ait vue si facile et si rangée. Autrefois, il n'était presque pas d'hiver où elle ne quittât son lit et ne s'en allât, en vagabonde, découcher dans la campagne. Une petite rivière, très-docile à présent et qui ne fait plus guère parler d'elle, la Bièvre, l'entraînait alors à ces débordements.

On ne saurait croire combien jadis ce ruisseau, maintenant presque inaperçu et si tranquille, se permettait de terribles échappées au détriment de son voisinage.

En 1526, le 15 mai, tout le faubourg des chiffonniers fut inondé, j'allais presque dire nettoyé, par la Bièvre. « Elle s'enfla de telle manière, dit Corrozet[1] que la plus part des ruës du fauxbourgs Saint-Marcel et les maisons jusqu'au deuxième estage estoient dans l'eau. »

Au mois de juin 1573, mêmes désastres, mais du côté de Bièvre-le-Châtel et du *Valparfond*, plus encore que du côté de Paris. Les Bénédictines, qui avaient leur couvent dans ce *val*, souffrirent beaucoup de l'inondation. « L'impétuosité de cette crüe d'eau, » comme il est dit dans la requête qu'elles

---

1. *Antiquités de Paris*, 1581, in-12 p. 242.

présentèrent alors au Parlement[1], emporta « une partie de leurs murailles et closlures. » C'est inutilement, on le voit, que la reine Anne de Bretagne leur avait donné pour patronne *Notre-Dame-du-Val-de-Grâce*. La Bièvre, en dépit du saint patronage, transformait tout ce val en *Vallée de misère*. Six ans après, lorsque ces ruines étaient à peine réparées, le 8 avril 1579, elle revient tout aussi furieuse, mais cette fois ses plus cruels ravages furent pour Paris. Les eaux, dans le faubourg, s'élevèrent de plus de cinq mètres. Dans l'église des Cordeliers de la rue de Lourcine, elles montèrent jusqu'au-dessus du grand autel[2]. Ce fut ce qu'on appela le *Déluge de Saint-Marcel*[3].

En 1625 la Bièvre fait encore rage; puis, après un repos de quarante ans, elle recommence de plus belle en 1665. « La petite

---

[1]. Citée par M. Maurice Champion, dans son curieux livre : *les Inondations en France*, 1858, in-8°, t. I, p. 237.

[2]. *Journal* de l'Estoile, édit. Michaud, t. I, p. 114; Sauval, t. I, p. 210.

[3]. Nous avons publié, dans les *Variétés histor. et littér.* t. IX, p. 63-70, une pièce relative à ce *Déluge*. *V*. aussi au t. II, p. 221, une pièce sur l'inondation de 1625, dont il va être parlé.

rivière des Gobelins, écrivit Guy-Patin à son ami Spon, le 15 octobre de cette année-là, fait bien des ravages dans le faubourg Saint-Marceau. Elle a débordé dans une nuit et y a noyé bien des pauvres gens. On en comptoit hier quarante-deux corps, qui ont esté repeschez, sans ceux qu'on ne sçait pas[1]. »

Les Bénédictines du *Val parfond* n'avaient pas attendu ces derniers désastres. Quatre ans avant celui de 1625, elles avaient émigré au faubourg Saint-Jacques sur un terrain du *fief de Valois*, que la reine Anne d'Autriche leur avait acheté de ses deniers. Ce fut vraiment là pour elles le *Val-de-Grâce*. Aussi leur abbaye nouvelle conserva-t-elle ce nom, devenu enfin une vérité, après n'avoir été qu'une dérision pendant plus d'un siècle passé au milieu des dangers du *Val parfond*.

Le petit ruisseau insubordonné finit pourtant par se calmer. Malgré lui, il est vrai. Son débordement de 1665 fut l'un des derniers ; on l'avait enfin mis à la raison.

Il fut muré, voûté, enfermé comme nous le voyons aujourd'hui, depuis le faubourg

---

1. *Lettres choisies*, t. III, p. 46.

jusqu'à la Seine, où il se jette, et il ne bougea plus[1].

Le plus souvent, le débordement du fleuve suivait celui de son indocile affluent. Ainsi, dans la même lettre où il parle des ravages de la Bièvre, Guy-Patin fait prévoir une inondation de la Seine. C'était en février. Les neiges avaient tout à coup fondu; les eaux, grossies par ce dégel, s'étaient élevées très-haut, et, l'inondation de la Bièvre venant encore les grossir, on avait tout à craindre.

On n'eut, Dieu merci! cette fois-là, que le mal de la peur. C'est qu'alors une inondation à Paris était chose des plus graves : point de quais en effet, excepté, d'un côté, celui des Grands-Augustins, dont la berge à vau-l'eau couverte de saules, était submergée toute des premières; de l'autre côté, le *quai des Ormes*, qui n'était qu'un prolongement, jusqu'à la Seine, des ombrages que Charles V avait don-

---

1. « Ce résultat, dit M. Champion, t. I, p. 244, a été obtenu grâce à des travaux considérables de canalisation, de réservoirs, de voûtes et d'aqueducs souterrains, commencés en 1828, repris en 1833, continués en 1839-1840, et enfin achevés en 1849 et 1850. »

nés pour parure à son hôtel Saint-Paul[1].

Ailleurs, presque partout, c'était comme à Londres encore aujourd'hui. Les maisons se trouvaient au bord même de la rivière, et à la moindre crue des eaux, caves et rez-de-chaussée étaient noyés.

Le moindre accident qui pût résulter de ces brusques élévations du fleuve, devenu bourbeux par le mélange de terres et de sables qu'il détachait de ses rives, c'était de priver d'eau potable les habitants de Paris, qui, faute de fontaines et de puits, n'avaient alors que la Seine pour ressource. Jean Pitard, qui fut chirurgien de saint Louis, de son fils Philippe le Hardi, et de son petit-fils Philippe le Bel, voulut un remède à ce mal. Le quartier de la Cité, où il avait une maison rue de la Licorne, souffrait plus qu'aucun de cette insalubrité des eaux, parce que la Seine, plus encaissée, s'y trouvait plus bourbeuse que sur les autres points de la ville. Un large puits, où l'eau, s'infiltrant par les terres, arriverait dégagée d'une partie de sa fange, lui parut devoir être l'utile remède qu'il cher-

---

[1]. V. à ce sujet dans Sauval, t. I, p. 246, un compte de 1370.

chait. Il le fit construire à ses frais, dans sa maison même. Tout le monde y put venir puiser à son aise ; ce fut pendant trois siècles la seule source d'eau plus ou moins pure où s'abreuva tout ce quartier. Son utilité ne la préserva pas de la ruine. En 1611, le pauvre vieux puits était dans un état de dégradation déplorable. On y pourvut enfin, et au-dessus fut mise cette inscription qui n'était sans doute que la reproduction d'une plus ancienne :

> Jean Pitard en ce repaire,
> Chirurgien du Roy fit faire
> Ce puits en mil trois cent dix,
> Dont Dieu lui doint Paradis [1].

J'ai dit que l'embourbement des eaux était le moindre des dangers que les inondations fissent courir à la Cité. Ses rives trop basses et sans quai les rendaient, en effet, très-fatales. On y remédia par l'exhaussement progressif du terrain, qui, après avoir été d'abord élevé à la descente des ponts, et sur les bords du fleuve, fut ensuite peu à peu surhaussé, d'après ce niveau, dans toute l'étendue de l'île. Sous Louis XII par exemple, un arrêt

---

1. *Biographie universelle*, 1re édition, t. XXXIV, p. 528.

du Parlement, du 13 juillet 1507, ayant décidé « qu'à cause qu'il falloit trop descendre pour venir à Nostre-Dame, » les rues qui menaient du pont Notre-Dame au Petit-Pont seraient exhaussées de dix pieds; on suréleva si bien non-seulement la rue de la Lanterne, celle des Marmousets, etc., mais encore tous les entours de la cathédrale, du chevet jusqu'au parvis, que les treize marches dont celui-ci était orné durent disparaître sous le terrain montant [1].

L'église y perdit un des ornements de sa façade, mais ce fut un grand bien pour la Cité : « Jusque-là, dit Sauval, Paris n'avoit été qu'une ville fort basse et sujette en hiver à beaucoup souffrir de l'eau, quand la rivière étoit haute. »

Sur la rive droite du fleuve, depuis l'Arsenal et le quai des Ormes, dont il vient d'être parlé, jusqu'au Louvre, se trouvaient un certain nombre de ports pour l'arrivage des marchandises, que le flot des inondations ne tardait pas à envahir. Vers les Célestins, c'était le *Port Saint-Paul,* avec ses grands

[1]. Sauval, t. I, p. 97, 184. — L'existence de ces marches a été niée dans la *Bibliothèque de l'École des Chartes,* 2e série, t. IV, p. 188-189, mais sans preuves suffisantes.

chantiers, où, bon gré malgré, quand l'eau montait, toutes les piles de cotrets devenaient bientôt du bois flotté. Vers le Pont-Neuf, c'était le *Port au Foin,* où l'eau ne faisait pas moins de ravages, en détrempant tous les fourrages qui s'y voyaient entassés. Enfin, au quai de l'École, c'étaient encore d'autres chantiers, dont les tas de bois, éparpillés par le courant, s'en allaient bientôt à la dérive.

C'est dans la partie la plus étendue de cette rive droite qu'on avait à craindre les plus grands ravages, c'est-à-dire du côté de la Grève et du quai de la Mégisserie, appelé alors la *Vallée de Misère,* sans doute parce que les inondations de chaque hiver y rendant impossible toute habitation confortable, on n'y avait bâti que de pauvres masures de boue et de crachat, qui ne pouvaient abriter que des misérables. Longtemps même, les pauvres gens n'avaient osé y venir. Ce n'était qu'une rive déserte. Sous Louis XII, après l'inondation de 1496, ils finirent par s'y risquer, comme si ce grand désastre avait épuisé tout ce qu'ils pouvaient avoir de dangers à craindre. « Depuis ce temps-là, dit Corrozet[1],

---

1. *Antiquités de Paris,* p. 92.

les maisons de la *Vallée de Misère* aboutissant devant Saint-Leufroy ont esté batties : paravant, c'estoit voyerie. »

Cette inondation de 1496 avait été terrible. Les parties basses de la ville, aux environs du fleuve, avaient été complétement submergées : tout le quartier Saint-André-des-Arcs avait pour ainsi dire disparu sous les eaux, et l'on avait vu, comme en 1280, la place Maubert sillonnée de bateaux jusqu'à la Croix d'Edmont.[1]

Lorsque le fleuve se fut retiré, on marqua dans la *Vallée de Misère*, au coin de la rue de la Saunerie, l'endroit jusqu'où ses eaux avaient monté, et l'on y mit sur le pilier d'une maison cette inscription en lettres gothiques :

> Mil quatre cens iiii vingts-seize,
> Le vii jour de janvier,
> Seyne fut icy à son ayse
> Battant le siége du pillier.

Cette inondation comme plusieurs des précédentes était venue en hiver. Souvent, toutefois, ces déluges faisaient leurs ravages pen-

---

1. *V.* Guill. de Nangis, dans le *Recueil* de Duchesnes, t. IV, p. 338, et le *Valesiana*, p. 60.

dant les mois les plus chauds. Ainsi, en 1427, c'est en juin que la Seine avait débordé. Le 8, elle était montée si haut que l'île Saint-Louis, qu'on appelait alors île Notre-Dame, avait été complétement couverte, ainsi que le quai des Ormes qui lui faisait face. « Le jeudy ensuivant, lit-on dans le *Journal du Bourgeois de Paris*[1], crût tant l'eau, que l'isle Notre-Dame fut couverte, et devant l'isle; aux Ourmetiaux, estoit tant crüe qu'on y eust mené batteaux ou nacelles, et toutes les maisons d'entours qui basses estoient, comme le cellier et le premier estaige, estoient pleines. »

L'année d'auparavant, pendant ce même mois de juin, la crue des eaux n'avait pas été moins terrible. La soudaineté de son irruption avait eu même quelque chose d'incroyable.

Le 24, jour de la Saint-Jean, le peuple s'était amusé à regarder monter et couler le fleuve, sans trop s'inquiéter; puis, le soir, il s'était rendu en foule à la place de Grève, où, selon l'usage, on avait dressé un énorme bûcher pour le feu de la Saint-Jean. M. le prévôt des marchands et MM. ses échevins,

---

[1]. *Collect. Michaud*, t. III, p. 245.

en grand costume et chaperon en tête, étaient descendus de l'Hôtel de ville ; la torche prévôtale avait été solennellement approchée des sarments placés sous les fagots ; la flambée commençait, le peuple criait : Noël! Noël! quand tout à coup un grand mouvement se fait dans la partie de la foule qui se trouvait le plus près du fleuve. Elle s'agite, comme une mer houleuse, et se précipite comme un flot.

C'est qu'un autre flot la poussait. La Seine avait tout à coup monté, couvert la berge, du reste fort basse, et rien ne l'arrêtant, ni quai, ni parapet, elle envahissait la place. Le peuple n'eut que le temps de fuir, comme devant une marée montante. MM. les échevins et M. le prévôt, tout en désordre, se réfugièrent à l'Hôtel de ville, et le bûcher flambant resta seul au milieu de la Grève à se débattre avec l'eau, qui ne tarda pas à être la plus forte[1].

En 1649, cette place de Grève, qui s'appelait ainsi à cause de sa position presqu'au niveau du fleuve, dont les inondations venaient l'ensabler presque tous les hivers, fut

1. *Collection Michaud*, t. III p. 240.

couverte d'eau jusqu'à son extrémité la plus élevée, c'est-à-dire la hauteur de la rue de la Tixéranderie. Dans la rue du Coq, dans la rue du Mouton, sous l'arcade Saint-Jean et autour de la fameuse tourelle du Pet-au-Diable, derrière l'Hôtel de ville, on ne pouvait aller qu'en bateau. On lit dans un journal très-peu connu de ce temps-là, le *Courrier françois*, sous la date de février 1649 : « Le vent et les pluies qui ont continué depuis le cinquième du présent mois ont tellement grossi la rivière de Seine, qu'elle s'est débordée, de sorte que, de mémoire d'homme, elle ne l'a été davantage, ce qui a causé de grandes pertes, tant de bateaux que de marchandises. Outre la chute d'une partie du pont des Thuilleries et des moulins sur pilotis qui estoient sur le port de Grève qui ont été emportez, et dix-sept hommes et vingt-cinq mulets noyés. »

Le pont des Tuileries, qui, bien que gravement endommagé, avait le moins souffert, survécut près d'un demi-siècle à ce désastre qui pouvait l'emporter. On s'était hâté de le réparer, ce qui n'était ni coûteux ni difficile, car il était en bois, et, tant bien que mal, branlant toujours un peu, il subsista jusqu'à la débâcle de 1684. On le désignait sous plusieurs noms. Pour les uns, c'était le *Pont des Tuileries*, à cause du voisinage du château; pour d'autres, en souvenir de l'entrepreneur qui l'avait fait bâtir en 1632, c'était le *Pont-Barbier*, ou bien, en mémoire d'Anne d'Autriche, qui l'avait vu construire, c'était le *Pont-Sainte-Anne*[1]; mais, pour le plus grand nombre qui ne voyaient que la couleur dont il était peint, c'était le *pont Rouge*. Barbier, pour se rembourser de ses frais, y faisait payer un « double » à chaque passant, comme sur l'autre pont, voisin de Notre-Dame, qui s'appelait pour cela *Pont-au-Double*. Beaucoup s'indignaient de ce péage du *pont Barbier*, si bien qu'un jour, le Portugais d'Alis, plus prompt à mettre la main à l'épée qu'à la poche, tua le portier du pont qui lui disait de payer[2].

Les réparations, rendues nécessaires par l'inondation de 1649, l'avaient assez consolidé

---

1. Sauval, t. I, p. 111; *Enigmes des rues de Paris*, p. 121.

2. Tallemant, édit. P. Pâris, t. IV, p. 140. — Projeté en 1621, peut-être même en 1613, le *Pont-au-Double* ne fut achevé qu'en 1634. — V. *Caquets de l'accouchée*, édit. P. Jannet, p. 41.

pour qu'on y passât sans crainte, et pour que les bonnes gens du quartier vinssent paisiblement y prendre l'air en faisant, comme Chezy dont nous parle Tallemant[1], planter leur chaise sur les degrés de la pompe, bâtie au milieu. Quelques peureuses, telles que madame de Sablé, n'osaient toutefois s'y hasarder. Le Pont-Neuf l'effrayait, parce qu'on y voyait des gueux dont la maladie pouvait se gagner, et elle avait peur du pont Rouge parce qu'il y craquait toujours quelque chose. Quand elle allait du faubourg Saint-Honoré au faubourg Saint-Germain, elle prenait par le pont Notre-Dame[2] !

Le débâcle de 1684 donna raison à ses terreurs : « Le pont Rouge est parti pour Saint-Cloud, écrivait madame de Sévigné le 1er mars. Il n'a point soutenu la fureur des débâclements qui ont tout ravagé. » Cette fois, on ne le répara pas. On aima mieux commencer, l'an d'après, le solide pont de pierre qui lui a succédé, avec une petite différence d'emplacement. Le pont Royal continue la rue du

---

1. Tallemant, édit. P. Pâris, t. I, p. 156.
2. *Ibid.*, t. III, p. 153.

Bac, le pont Barbier était en face de la rue de Beaune [1].

Il avait pu lui être permis de se laisser endommager par l'inondation de 1649, et de céder à la débâcle de 1684, puisque d'autres bien plus solides ne tenaient pas eux-mêmes contre de tels désastres. En 1658, par exemple, la Seine était montée si haut, avec un courant si fort, que le Pont-Marie, presque neuf pourtant, avait été emporté. Vingt-deux des maisons qui le couvraient « avoient *chutées* dans la Seine à minuit précisément, » comme Gui-Patin l'écrivait le lendemain à Falconnet [2], et cinquante-cinq personnes avaient été noyées.

Il nous est resté de cette inondation et de

---

1. Dès 1656, Tonti, le Sicilien, avait proposé de remplacer le pont Rouge par un pont de pierre, à l'aide d'une de ses loteries ou *tontines*. (G. Brice, *Descript. de Paris*. 1752, in-8, t. IV, p. 145.)

2. *Lettre* du 1ᵉʳ mars 1658. — En 1788, un rapport, en date du 3 juin, « sur un projet d'amélioration du cours des eaux de la Seine, » signé par Sylvain Bailly, et approuvé par Perronet, portait pour conclusion qu'il fallait « supprimer le Pont-Marie. » La Révolution empêcha qu'on ne donnât suite à ce rapport, que M. Fossé-Darcosse possédait autographe. — V. *Mélanges* sur sa collection, 1861, in-8º, p. 266.

ses ravages une relation très-intéressante d'un chanoine régulier de Saint-Victor, le P. de Toulouze, mais comme elle a été déjà plusieurs fois citée, notamment par Bonamy, au dernier siècle[1], et d'après lui, par M. Maurice Champion[2], je mentionnerai de préférence une pièce où bien peu de gens sont allés voir. Pouvait-on supposer qu'elle fût bonne à lire pour cet objet? C'est l'épître IV de Scarron, adressée à Pélisson[3] : *Je me plaignois,* dit-il,

> Je me plaignois du froid âpre et cruel
> Et je me plains du terrible dégel.
> De gros torrents et de neiges fondues
> La Seine enflée à vagues répandues,
> Du grand Paris inonde les dehors;
> Ou se lassant de ses antiques bords,
> . . . .
> Faisant partout les mers longues et larges,
> Il lui faudra des montagnes pour marges.
> Le haut Montmartre et Meudon l'orgueilleux
> S'étonneront de la voir si près d'eux,
> Et que la troupe écaillée et muette
> Nage où chantoit autrefois l'alouette.
> . . . .

1. *Mém. de l'Acad. des Inscrip.* t. XVII, p. 507.
2. *Les Inondations en France,* t. I, p. 82.
3. *Œuvres,* 1786, in-8°, t. VII, p. 91-92. — M. Champion qui, après l'avoir omise à sa vraie place, la cite dans son tome II, p. 81, lui donne à tort pour date l'année 1651. C'est une des rares erreurs de son excellent livre.

> La barque flotte où roûloit la charrette.
> Dans les cantons voisins de l'Arsenac
> On ne fait plus ses visites qu'en bac ;
> Dans les maisons, les basses écuries,
> Caves, caveaux, bûchers, sommeleries,
> Sont devenus réservoirs à poisson,
> Et l'on s'y peut servir de l'hameçon.
> Enfin Paris, du moins une partie,
> Offre à nos yeux Venise travestie,
> Où les brochets peuvent en sûreté
> Venir nager par curiosité.
> La Seine enfin ne fut jamais si fière
> Et ne fit tant de la grosse rivière.
> Enfin ses grands, mais dangereux progrès
> N'ont fait qu'un lac des jardins du Marais ;
> Et plût à Dieu qu'un peu moins de salades
> Fût tout le mal qu'ont fait ses incartades !
> Du pont de l'Isle en un instant fondu,
> Non sans horreur l'insulaire éperdu
> Voit la grand brèche et le vide effroyable.

Cette ruine du Pont-Marie, ou du *pont de l'Isle*, comme l'appelle Scarron, était en effet le plus grand de tous ces désastres de 1658.

L'existence des maisons sur la plupart des ponts de Paris avait toujours ajouté aux craintes que faisaient concevoir, chaque hiver, les inondations et les débâcles.

Jugez, en effet, sitôt qu'une crue un peu forte venait à menacer, ou que l'amoncellement des glaces faisait prévoir une débâcle terrible, jugez des angoisses de toutes ces familles, qui, dans ces eaux montantes, ou dans ces glaces prêtes à se déchaîner pour battre en brèche les bases de leur refuge, sentaient un abîme ouvert sous leurs pieds. Aussi, à la moindre approche du danger, toute la population des ponts fuyait en masse.

« Il était, dit Pujoulx, dans son livre de *Paris à la fin du dix-huitième siècle*[1], il était curieux de voir, à l'approche des débâcles, c'est-à-dire presque aussitôt que la rivière était prise, mille à douze cents familles déserter leurs cases et emporter leurs meubles les plus précieux, dans la crainte de voir descendre leurs habitations dans la rivière[2].

« Cette précaution, ajoute-t-il, était d'autant plus sage que l'on savait que, lorsque les ponts étaient en bois, ils avaient été souvent emportés par les glaces et par les débordements. »

Mais où aller en pareil cas, où se réfugier? Quelques-uns, protégés du roi, trouvaient

---

1. 1801, in-8°, p. 107-108.
2. « Je rencontrai hier, écrit Gui-Patin le 7 mars 1651, M. Desfrançois qui m'estourdit de la peur qu'il avoit eue des grandes eaux, et qu'étant logé sur le Pont au Change, le moindre accroissement de la Seine le conduisoit presque aux portes de la mort. »

asile dans les logis du Louvre, alors déserts, quand le Louvre lui-même n'était pas inondé.

Lors de l'inondation de 1751, une des plus fortes qu'on ait vues, comme on en peut juger encore sur l'échelle d'étiage du pont Royal, l'abbé Voisenon demanda la faveur de cet asile pour la sœur du comédien Caillot, pauvre petite marchande que les eaux avaient chassée de sa boutique du pont Saint-Michel.

Voici quelques vers de la gaillarde supplique qu'il fit alors parvenir au surintendant des bâtiments du roi. C'est au nom du comédien que parle l'abbé[1] :

> Protecteur des beaux-arts et de leur gloire antique,
> Daignez être le mien dans ce triste moment.
> Je vois tomber ma sœur dans le débordement,
> Et pour lors adieu la boutique.
> Sa réputation, dont le vernis est beau,
> Est tout près d'aller à vau-l'eau,
> Je ne puis soutenir cette cruelle idée ;
> Et son mari deviendra fou
> De voir sa femme débordée.
> . . . .
> Vous pouvez la sauver de ce danger terrible :

---

1. Ils ont été donnés dans les *Mémoires secrets* en février 1764. *V*. l'édit. J. Ravenel, t. I, p. 261, et ne sont pas dans les *Œuvres* de l'abbé.

Trouvez-lui quelque coin dans le palais des rois,
Nous consentirions même à monter sur les toits
Pour publier le trait de votre âme sensible.

. . . .

Ce ton plaisant, en de si désastreuses circonstances, peut paraître singulier. C'était celui du temps. On n'y prenait pas même le malheur au sérieux : de tout on se faisait une affaire d'esprit, ou de plaisir. Collé, par exemple, dans cette inondation de 1751, n'avait vu qu'un beau spectacle digne d'être regardé de haut, et il était monté sur les tours de Notre-Dame. Les nuages lui gâtèrent le coup d'œil, et ce fut la seule chose dont il se plaignit. Voir tout dans l'eau, depuis Vanvres jusqu'au Roule, car le Cours-la-Reine, dont Bassompierre avait vainement fait empierrer la rive[1] un siècle auparavant,

---

1. « On lui a, dit Tallemant des Réaux (édit. P. Paris, t. III, p. 342), l'obligation de ce que le cours dure encore, car ce fut lui qui se tourmenta pour le faire revestir du côté de l'eau, et pour faire faire un pont de pierre sur le fossé de la ville. » C'est pour aller plus commodément à sa maison de Chaillot qu'il avait si activement conseillé ce travail, ainsi que le remarque fort à propos (G. Brice. *Descrip. de Paris*, 1752, in-12, t. I, p. 174.)

était submergé ainsi que les Champs-Élysées tout entiers ; regarder à son aise le flot toujours montant qui venait battre la galerie du Louvre, puis les deux Châtelets, puis la Bastille même, quel beau point de vue! comment n'en pas vouloir aux brouillards assez mal appris pour venir vous le cacher! Collé écrivit donc tout chagrin dans son *Journal*[1] :

« Le 17 ou le 18 de ce mois (mars 1751), la Seine a débordé. Les fossés du Cours et des Champs-Élysées étoient remplis d'eau ; on y alloit en bateau : l'inondation a duré jusqu'au 25 ou 26. Je fus, le 20, aux tours Notre-Dame ; le temps, par malheur, étoit bas et nébuleux, ce qui m'ôta la moitié du plaisir que j'aurois eu à voir pleinement un spectacle aussi beau et aussi singulier. »

Au mois de décembre 1740, quand la plus terrible inondation qui ait jamais noyé Paris étendait ses ravages ; quand partout, sur les rives, notamment au quai Saint-Bernard, la Seine était si haute que les objets charriés par les eaux entraient dans les maisons par les

1. t. I, p. 373.

fenêtres du deuxième étage[1] : on ne trouvait dans l'horrible désastre que matière à plaisanteries et à calembredaines : « Quelque malheur qui arrive, écrivit d'Argenson dans ses *Mémoires* sous la date du 27 décembre[2], on dit aujourd'hui un bon mot, une pointe, une platitude, et voilà le peuple françois qui rit de tout. Que notre chère nation est aimable! La rivière de Seine est débordée, Paris est inondé, les campagnes perdues; sur cela l'on dit que la rivière se porte mieux, qu'elle est *sortie de son lit*; qu'elle est *hors de condition*, car elle est sur le pavé; qu'elle est *en condition* au contraire, car elle est entrée chez le roi au Louvre; qu'elle va avoir des feuilles, car elle est en *sève*, c'est-à-dire au village de Sèvre. »

Dans les derniers jours du mois de janvier 1799 (pluviôse an VII), les eaux revinrent, plus grosses que jamais, et les chansons avec elles. Un poëte trivial de ce temps-là, qui

---

1. Dulaure possédait un volume qui était ainsi entré dans une chambre du deuxième étage, au quai Saint-Bernard, comme l'indiquait une note manuscrite.

2. *Mémoires* de d'Argenson, biblioth. Elzévirienne, t. II, p. 202.

s'appelait Demautort, fit sur l'inondation six couplets de *complainte,* qui n'ont pas le cœur d'être tristes, ni l'esprit d'être gais. J'en citerai quelques vers [1] :

> Tout mouillé, tout transi de froid,
> N'osant entrer aux Tuileries,
> Je suivis le Louvre tout droit :
> Mais l'eau gagnait les galeries :
>
> A l'éviter je m'attachais,
> Lorsque forçant toute barrière,
> Pour me suivre sous les guichets,
> Je vis s'échapper la rivière.
>
> Tourmenté, poursuivi par l'eau,
> De ce logis pour disparaître,
> Je me sauvai dans un bateau,
> Qu'on fit entrer par la fenêtre :
> « Ah! ce n'était pas, ai-je dit,
> « La peine que mon hôtelière
> « Eût si bien bassiné mon lit,
> « Pour me coucher dans la rivière. »

Ainsi, non-seulement, en France, la chanson finit tout, mais elle console de tout. On y mettrait le *de Profundis* en couplets.

---

1. Ils sont en entier dans *l'Improvisateur françois,* t. XVIII, p. 88-89.

XVIII

LA GUIMARD ET SON TEMPLE

Il était écrit que l'Opéra existerait un jour à l'endroit où, depuis trois ans, on commence à le bâtir. Il y a tantôt un siècle que Sophie Arnould, *la chanteuse*, et mademoiselle Guimard, *la danseuse*, avaient pour ainsi dire marqué la place future de ce temple de la danse et du chant.

L'une s'était rêvé, sur une partie de l'espace aujourd'hui déblayé dans la rue de la Chaussée-d'Antin, une coquette et poétique maison, qu'en l'honneur de la muse dont elle était la prêtresse, on aurait appelée le *Temple d'Euterpe*. Déjà Bellanger avait fait les plans, qu'on peut voir encore à la Bibliothèque [1], et tout indiquait que le temple serait digne de la déesse [2]. Malheureusement pour ce beau projet, Sophie se brouilla tout à coup avec M. de Lauraguais, qui avait promis de satisfaire à la dépense, et il n'y fallut plus songer [3].

La spirituelle actrice dut, quelque temps encore, se contenter de sa petite maison de la rue Neuve-des-Petits-Champs, qui n'avait que l'avantage d'une fort belle vue sur le jardin du Palais-Royal, dont les galeries n'étaient pas construites, et où, en bonne voisine, elle faisait tirer des feux d'artifice à

---

1. *Topographie de Paris*, vol. LXXX, *quartier de la Chaussée-d'Antin*.

2. Il eût été de tout point semblable à celui de la Guimard, dont il va être parlé. Mademoiselle Arnoud n'y avait fait ajouter qu'une chose au second étage : « quatre appartements pour ses enfants. »

3. Bellanger se consola de n'avoir pas été son architecte en restant son amant, puis son ami, quoiqu'il eût épousé, comme nous l'avons dit plus haut (p. 223), la rivale de Sophie, mademoiselle Dervieux. V., sur cette intimité de Sophie et de Bellanger, où l'amitié fit une constance à l'amour, le joli petit livre de MM. de Goncourt, *Sophie Arnould, d'après sa Correspondance et ses Mémoires inédits*, 1859, in-8º, p. 51 et suiv.

chaque événement qui pouvait mettre en joie le maître et seigneur du lieu, S. A. le duc de Chartres, plus tard duc d'Orléans [1].

En 1815, cette maison existait encore, et le hasard, qui est volontiers mauvais plaisant, voulut que, dans l'appartement même où avait trôné la maigre chanteuse, on fît voir, qui? la Vénus hottentote [2].

Mademoiselle Guimard, plus heureuse que mademoiselle Arnould, avait pu se faire construire dans le quartier de la Chaussée-d'Antin, devenu tout à coup à la mode, la maison charmante dont elle caressait depuis longtemps le rêve [3].

---

1. C'est ainsi qu'au mois d'octobre 1773 elle donna sa part des réjouissances faites pour la naissance du duc de Valois, qui devait être le roi Louis-Philippe. On disait, à propos de cette pyrotechnie de l'*Armide* de l'Opéra, que, n'allumant plus de flammes naturelles, elle était obligée de recourir aux feux d'artifice.

2. Castil-Blaze, *l'Académie impériale de Musique*, 1855, in-8°, t, I, p. 369.

3. En 1745, on ne faisait que commencer à bâtir dans ce quartier. V. les *Mémoires de mademoiselle Clairon*, 1822, in-8°, p. 81, 87. — En 1770, tout était construit, ou, comme l'hôtel Guimard, en train de se construire : « Vers le soir, écrit Wille, le 14 oc-

Danseuse, elle voulut la consacrer à sa muse, et l'appela le *Temple de Terpsichore*. Vous avez pu la voir, du moins par le dehors, car en 1844 elle existait encore avec sa façade telle que Ledoux l'avait construite. Elle a disparu depuis. Les immenses magasins de *la Chaussée-d'Antin* ayant été établis sur son emplacement, les démolitions exigées par la construction de l'Opéra n'ont eu à faire tomber que ses gros murs. Le reste n'était depuis quinze ans qu'un souvenir.

Plusieurs journaux parlèrent alors de cette charmante maison, sur laquelle l'attention

---

tobre, j'allai avec M. Baader sur la Chaussée-d'Antin tout exprès pour y voir les divers palais qu'on y construit actuellement. Je fus étonné de trouver la rue presque toute formée, depuis le boulevard jusqu'à la barrière Blanche, là où j'ai dessiné il y a peu d'années d'après de pauvres baraques, mais pittoresques, qu'habitoient des jardiniers et des laitières. On a même, ajoute-t-il, commencé à voûter dans ce quartier l'égout de la ville, qui y sentoit ordinairement fort mauvais, surtout en été. » *Mémoires et Journal* de J.-G. Wille, 1857, in-8°, t. I, p. 458. — La barrière Blanche se trouvait alors à l'entrée de la rue du même nom. L'égout découvert a été remplacé par les rues de Provence et Saint-Nicolas-d'Antin.

était ainsi réveillée[1]; nous ajouterons à ce qu'ils dirent quelques détails qu'ils ne semblent pas avoir connus.

C'était une merveille d'élégance et de grâce galante. « Figurez-vous, — disait un écrivain du temps[2], encore sous le charme de cette merveille, — l'assemblage le plus heureux et le plus brillant de tous les arts. Ils se sont réunis ici pour se surpasser. »

Il décrit ensuite en quelques mots la façade de la maison ou plutôt du temple, décorée, par le sculpteur Le Comte, d'un charmant groupe représentant Terpsichore couronnée sur la terre par Apollon.

Les médisants trouvaient un peu d'insolence dans cette apothéose que mademoiselle Guimard s'adjugeait à elle-même. Ils eussent voulu pour sa maison une moins flatteuse enseigne : *elle se fait*, disait l'un[3],

> Elle se fait bâtir un temple.
> Sur le fronton de son hôtel
> On mettra, pour servir d'exemple :
> A la déesse du b.....

---

1. *V.*, entre autres, un curieux article sur tout ce quartier, dans *le Journal des Débats* du 31 mai 1861.
2. *Bibliothèque des romans*, octobre 1779, p. 211.
3. *Épître à Mademoiselle Dervieux, à l'occasion des*

Passant à la description de l'intérieur, notre guide de tout à l'heure continue ainsi :

« Dans un si petit espace, cette demeure offre toutes les commodités et tous les agréments. Ce qui n'est pas présenté par la vérité est suppléé par le prestige. Il n'y a pas jusqu'au jardin qui, bien que peu spacieux, ne charme et n'étonne par son goût tout nouveau. »

Il s'étendait, comme tous ceux des maisons parallèles, jusqu'au passage Sandrié. La nouvelle salle de l'Opéra, dont l'emplacement de ce passage est l'extrémité ou plutôt la tangente occidentale, se trouvera, par conséquent, en partie sur l'ancien terrain de la danseuse. Mais laissons continuer notre cicérone émerveillé, et qu'entre nous je soupçonne un peu d'avoir été des amis de Ledoux, l'architecte.

Il parle d'abord du *jardin d'hiver*, fastueuse dépendance du galant sanctuaire, dans lequel tout était préparé, le jour du mardi-gras 1776, pour un souper où soixante per-

---

vers que mademoiselle Guimard avoit fait faire contre elle, dans les *Mémoires secrets*, édit. J. Ravenel, t. III, p. 221.

sonnes, grands seigneurs et courtisanes, s'étaient invités par souscription[1], quand une défense de l'archevêque, appuyée d'un ordre du roi, vint brusquement faire contremander l'orgie [2].

« Une serre chaude, dit notre enthousiaste, comprise dans l'intérieur de l'appartement, y tient lieu l'hiver de jardin. C'est le goût même qui l'a décorée. Le paysage y est tendre, sans nuire à l'effet. Les treillages sont soumis à la bonne architecture; les arabesques n'y ont rien de chimérique, et ce qu'on ne doit pas négliger de faire observer, l'exécution de toutes ces différentes merveilles paroît être l'ouvrage de la même

---

1. On appelait ces nobles invités, les *Chevaliers de cinq louis*, à cause du prix de la souscription. (Grimm, *Correspondance*, édit. Taschereau, t. IX, p. 11.)

2. Mademoiselle Dervieux réconciliée avec la Guimard, était de la fête. Elle devait jouer, avant le souper, l'opéra de la *Colonie*, avec mademoiselle Duthé. Quand l'interdiction de l'archevêque, arrivée le matin même, fut venue tout empêcher, mademoiselle Guimard envoya le souper, déjà préparé, aux pauvres de Saint-Roch, avec une lettre très-respectueuse au curé. (Grimm, t. IX, p. 11; *Mémoires secrets*, 24 fév. 1776; *Correspond. secrète*, t. III, p. 3-6.)

main, harmonie délicieuse qui met le comble à l'éloge de l'architecte; parce qu'elle prouve qu'il a connu l'importance du choix des artistes qui l'ont secondé et la nécessité de leur inspirer ses idées. »

Nous dirons tout à l'heure quels étaient ces artistes.

« On y voit un petit appartement de bains enchanteur, et peut-être unique par le style des ornements.

« On y trouve aussi une petite salle de spectacle que l'on peut regarder comme un chef-d'œuvre dans son genre. »

Le théâtre de mademoiselle Guimard n'était pas desservi par des talents amateurs et des prétentions de société : les artistes les plus en renom de la Comédie-Française, de la Comédie-Italienne et de l'Opéra y venaient jouer et chanter à tour de rôle. Vainement, M. de Richelieu et les autres gentilhommes de la Chambre s'y étaient opposés, lors de l'inauguration de cette bonbonnière lyrique et comique, au mois de décembre 1772[1];

---

1. *Mémoires secrets*, t. IV, p. 84. — L'hôtel ne fut terminé que quelques mois après. Grimm écrivait, en effet, au mois de mars suivant : « L'hôtel de

M. le prince de Soubise, qui protégeait la danseuse, l'avait emporté sur eux [1].

mademoiselle Guimard est presque achevé. Si l'Amour en fit les frais, la Volupté même en dessina le plan, et cette divinité n'eut jamais en Grèce un temple plus digne de son culte. »

[1]. Un prélat, bien différent de l'archevêque de Paris, concourait avec M. le prince de Soubise au luxe de mademoiselle Guimard. « C'est, fait dire *l'Espion anglois* (t. II, p. 98) au comte de Lauraguais, une de nos courtisanes qui a fait la plus grande fortune. Croyez qu'elle n'est pas de si mauvais aloi, puisque l'Eglise en a voulu tâter. Demandez à M. l'évêque d'Orléans. — M. de Jarente, demande l'interlocuteur du comte, ce prélat renommé par ses dissolutions, qui avoit la feuille des bénéfices? — Et, réplique M. de Lauraguais, c'est chez mademoiselle Guimard qu'on alloit le payer. C'est ce qui faisoit dire à mademoiselle Arnould : « Je ne con-
« çois pas comment ce petit ver à soie est si mai-
« gre, il vit sur une si bonne feuille. » — La fréquentation de ce quartier trop galant était à elle seule une impiété. Sous l'Empire encore, un prêtre eût rougi d'y loger ; aussi cria-t-on beaucoup lorsque le cardinal Fesch se fut construit un palais au bout de la Chaussée-d'Antin, sur l'emplacement de l'hôtel de Montfermeil. Il comprit que l'Empereur lui-même y trouverait à redire. Prenant les devants sur ses reproches, il lui écrivit, le 14 août 1807 : « Votre Majesté doit savoir que si j'ai préféré la Chaussée-d'Antin à tout autre quartier, c'était

Non-seulement mademoiselle Guimard eut un théâtre à Paris, avec l'élite de nos trois grandes scènes; elle en eut encore un autre, desservi de même, à sa maison de campagne de Pantin.

C'était un abus criant, et qui fit crier en effet. « Trouve-t-on à Athènes ou dans Rome, disait *l'Espion anglois*[1], tout indigné, une danseuse qui ait eu deux théâtres à la fois, comme celle-ci; qui ait enlevé à la capitale les meilleurs acteurs de trois spectacles, pour les concentrer chez elle et les faire servir à ses amusements[2]?

pour y ranimer par de bons exemples le feu sacré de la religion. Il eût été avantageux de multiplier les secours spirituels en faveur d'un quartier qui en est presque totalement privé; et je me serais fait un plaisir de mettre à la disposition des habitants ma chapelle, toute petite qu'elle eût été, en pratiquant une entrée séparée et extérieure par la rue Saint-Lazare. » L'Empereur répondit le jour même: « La Chaussée-d'Antin n'est pas un quartier convenable pour un cardinal. » Du Casse, *Hist. des négociations diplomatiques*, Paris, Dentu, 1855, in-8°, t. I, 134-140.

1. T. II, p. 99.

2. On jouait, sur les deux théâtres de mademoiselle Guimard, « les agréables ordures » qui composent le théâtre grivois de Collé; ces *parades* que

Un ordre vint enfin de la cour pour que ce scandale cessât. Les gentilshommes de la Chambre avaient fait observer que, lorsque ces messieurs et ces dames des Comédies Française et Italienne s'étaient fatigués à jouer pour mademoiselle Guimard, ils ne voulaient plus jouer pour le public. Or, comme celui-ci devait naturellement passer avant la danseuse, on décida que les deux Comédies n'iraient plus en représentation chez elle [1].

C'était la première fois que mademoiselle Guimard trouvait une résistance. Jusqu'alors l'artiste Fragonard seul lui avait bravement tenu tête.

Sa réputation de peintre des galanteries séduisantes l'avait fait choisir par la danseuse pour la décoration de son salon. Il devait l'y représenter elle-même, en muse de la danse, en Terpsichore. Quand l'ébauche fut faite,

---

leur indécence condamne pour la plupart à la chaste obscurité de *l'inédit* éternel. Pour être plus près du temple, où l'on faisait fête à ses obscénités, Collé s'était venu loger, en 1781, dans la rue Delamichodière, percée depuis trois ans. (*Corresp. inéd.* de Collé, publiée par M. Honoré Bonhomme, 1864, in-8°, p. 258.)

1 *L'Espion anglois*, t. II, p 99; note.

mademoiselle Guimard, qui ne s'y trouvait sans doute pas assez flattée, rompit brusquement avec le peintre et le renvoya.

Tout autre que Fragonard fût parti sans rien dire; mais il avait, lui, la tête vive, et, quoiqu'il sût que la dame était toute-puissante, il jura d'en avoir raison. Comment s'y prit-il? Grimm, qui logeait auprès de la Guimard, et qui des premiers connut l'aventure, va vous la conter en bon voisin [1].

« Peu de temps après ce brusque congé, dit-il [2], Fragonard trouve le moyen de s'in-

---

1. Grimm habitait avec madame d'Epinay, au n° 3 de la Chaussée-d'Antin, un hôtel où il recueillit Mozart, chassé de l'auberge des *Quatre Fils-Aymon*, rue du Gros-Chenet, par la mort de sa mère. Cet hôtel de Grimm, où Mozart resta cinq mois, faisait presque face à la maison dont Rossini habite le premier étage, au coin de la rue de la Chaussée-d'Antin et du boulevard, laquelle remplace elle-même le *Dépôt des gardes françaises*, où se trouvait une école de musique, dont notre *Conservatoire* n'est que la continuation. (Pujoulx, *Paris à la fin du* XVIIIe *siècle*, 1801, in-8°, p. 60.) Il faut convenir que tous ces voisinages, essentiellement lyriques, préparaient bien, par une prédestination vraiment singulière, la place où s'élève aujourd'hui l'Opéra.

2. *Correspondance* de Grimm, édit. Taschereau; t. VIII, p. 167-168.

troduire dans la maison, pénètre jusqu'au salon, aperçoit dans un coin une palette et des couleurs, conçoit sur-le-champ le plan de sa vengeance et l'exécute sans délai. En quatre coups de pinceau il efface le sourire des lèvres de Terpsichore, et leur donne l'expression de la colère et de la fureur, sans rien ôter d'ailleurs au portrait de sa ressemblance, quoiqu'il eût également touché aux yeux. A peine est-il dehors que mademoiselle Guimard arrive avec plusieurs de ses amis, qui venaient juger du talent du peintre. Quelle est son indignation en se voyant transformée en Furie ! Mais plus sa colère éclate, plus la caricature devient ressemblante, etc. »

Le nouveau portrait, que peignit à la même place le nouveau peintre qu'elle avait choisi, la consola bientôt.

Ce peintre était un tout jeune homme qui étudiait encore. Boucher, le Raphaël de madame de Pompadour, était de sa famille, et l'avait entraîné dans sa manière, bien qu'il parût déjà destiné à des œuvres d'une touche bien différente.

Une chose lui manquait pour trouver le secret de cette autre manière qu'il sentait en lui, sans qu'elle pût s'en dégager encore : le séjour de Rome ; mais, pour avoir droit au voyage, il fallait obtenir le grand prix ; pour obtenir le grand prix, il fallait concourir, et pour concourir il fallait passer bien des journées sans rien gagner !

Un matin, mademoiselle Guimard étant venue le regarder travailler, le trouva triste.

« — Qu'as-tu, mon ami ? lui dit-elle.

« — Ah ! mademoiselle, c'est demain que s'ouvre le concours.

« — Eh bien, il faut concourir !

« — Mais, mademoiselle, je suis obligé de travailler pour avoir de l'argent.

« — Tu manques d'argent ? En voilà. »

Et elle lui donna de quoi vivre jusqu'à la fin des épreuves, qui furent pour lui triomphantes. Il eut le prix, il put aller à Rome, et il en revint le grand peintre qui s'est appelé Louis David[1].

Pour cette bonne action, à laquelle l'École française doit peut-être une de ses gloires, il sera beaucoup pardonné à mademoiselle Guimard. Ce n'est pas la seule, au reste, qui

---

1. Cette anecdote, inconnue des premiers biographes de David, a été racontée pour la première fois dans la *notice* que lui consacre la *Biographie portative des contemporains*, t. II, p. 12, 16.

plaide en sa faveur contre les désordres de sa vie. Un jour, un très-riche magistrat l'avait invitée à venir passer quelques heures dans sa *petite maison*, perdue au milieu de l'un des quartiers les plus misérables de Paris. Elle s'y rendit. C'était au mois de janvier, par un de ces rudes froids qui ajoutent tant de rigueurs à celles de la pauvreté. La misère qu'elle trouva partout sur son passage, dans ce quartier inconnu, lui toucha le cœur, et elle ne quitta pas l'homme riche qui l'avait invitée sans avoir obtenu de lui une somme de deux mille écus. « Elle en a distribué elle-même une partie, disent les *Mémoires secrets*[1],

1. Édit. Ravenel, t. II, p. 231.—Grimm (t. V, p. 383) plaisante un peu, et non sans cause, sur cette bonne œuvre, conséquence d'une débauche. —Compan, dans la dédicace qu'il fit à mademoiselle Guimard de son *Dictionnaire de danse*, 1787, in-12, célèbre aussi sa bienfaisance, mais dans un style qui en dégoûterait. C'est un coup de pied de danseur. « Lorsqu'alliant, dit-il, les Ris badins avec les Vertus aimables, vous essuyez les pleurs de l'indigence abandonnée, et que, dans leurs sombres réduits, tant d'infortunés vous nomment leur mère, alors vous êtes si touchante!... si sublime! que la Nation, d'une voix unanime, vous place au rang des Femmes célèbres qui, par leur bienfaisance, ont honoré l'humanité. »

et porté le surplus au curé de Saint-Roch pour le même usage. »

Le temps vint où une part de cette aumône lui eût été nécessaire à elle-même [1].

Après la banqueroute de M. le prince de Guémenée, qui entraîna presque la ruine de tous les Rohan, et notamment celle du prince de Soubise, mademoiselle Guimard se trouva dans de grands embarras d'argent. Non-seulement il lui fut impossible de suffire à la dépense de sa maison, mais elle dut se faire de cette maison une ressource.

Elle la mit en loterie [2].

1. Ce n'est pas alors qu'elle eût dédaigné la pension de 1,500 livres dont Louis XV lui avait donné le brevet en 1772, et qu'elle laissait, disait-on, au moucheur de chandelles de son théâtre, pour ses gages. (*Mém. secrets*. t. II, p. 93.)—En 1814, devenue la femme du danseur Despréaux, et réduite à la plus extrême misère, elle n'avait d'espoir que dans la pension que Louis XVI avait faite à son mari, et qu'elle avait réclamée, par la plus humble supplique, au roi Louis XVIII, dès les premiers temps de son retour. (*Mélanges tirés des autographes* de M. Lajariette, p. 162, n° 1,420.)

2. *Mém. secrets*, t. XXXI, p. 100.—Ce ne fut pas le seul hôtel qui fut mis ainsi en loterie à la fin du dernier siècle. Celui du prince de Salm, dont nous

Les billets, au nombre de 2,500, étaient de 120 livres chaque, et devaient, par conséquent, former un capital de 300,000 livres [1].

Ils furent tous pris en quelques mois, et le tirage eut lieu le 22 mai 1786, dans une salle de l'hôtel des Menus-Plaisirs [2].

La personne qui gagna n'avait pris qu'un seul billet. Son nom, du reste, la prédestinait à ce bonheur de loterie.

Elle s'appelait la comtesse Du Lau [3] !

avons fait plus haut l'histoire, eut le même sort. Depuis l'impression du chapitre qui le concerne, nous avons découvert une plaquette rarissime : *Loterie de l'hôtel de Salm, avec son mobilier*, 1791, in-8°.

1. C'était moins que l'estimation qu'en faisaient les curieux. Pour eux, l'hôtel, tout meublé, valait bien 500,000 livres. Il est vrai que la Guimard ne se fit pas faute de le démeubler avant de le livrer à la loterie : « On parlait, disent les *Mémoires* de la baronne d'Oberkirck (t. II, p. 265), d'un cabinet chinois qui valait des sommes folles, mais elle l'emporta. C'étoit, assure-t-on, une chose unique en Europe ; en Hollande même il n'en est pas un semblable ; on le visitoit par curiosité comme une merveille. »

2. *Mémoires secrets*, t. XXXII, p. 76-77.

3. L'hôtel fut, peu de temps après, acquis par le banquier Perregaux, dont Laffitte fut le commis, l'associé, puis le successeur. On sait l'histoire de

l'épingle, première recommandation de Laffitte près de M. Perregaux, qui la lui ayant vue ramasser, jugea par là de son esprit d'ordre et de son économie. C'est dans la cour de l'hôtel Guimard que Laffitte avait ramassé cette humble prémisse de sa fortune.

XIX

LE GÉANT DE LA TOMBE-ISOIRE

ET DE QUELQUES AUTRES LÉGENDES PARISIENNES

Paris, en absorbant et s'appropriant tout, ne garde rien de lui-même. Les traits de sa physionomie particulière se perdent dans l'immense ensemble que lui a créé l'universel concours d'hommes et de choses dont il est depuis des siècles le centre en mouvement. Il n'a plus de physionomie parce qu'il les a toutes, et comme les couleurs disparaissent dans un tout incolore sur le disque d'un prisme agité, Paris, ce prisme immense qui se bariole de toutes les nuances du monde, même les plus disparates, ne garde rien comme nuance tranchée et saisissable sur sa surface mouvante et tourmentée. Il s'y cherche surtout, sans se trouver. Il sait tout des autres, rien de lui-même. Son passé, qui a ses légendes, son histoire, qui a ses chroniques, lui échappent plus que le reste encore. Il n'en sait rien, parce qu'il est admis qu'il doit n'en rien ignorer, et qu'on ne suppose jamais que quelqu'un ignore sa propre histoire et ses affaires, quand il sait l'histoire et les affaires du monde entier. C'est pourtant ce qui arrive. Un Parisien, et je dis un vrai, un authentique, un Parisien *né natif* de Paris, racontera les légendes des bords du Rhin, de la Suisse, de l'Écosse, de toutes ces régions qu'on parcourt en été pour les raconter en hiver; mais de ses propres légendes, pas un mot; de ce Paris légendaire, avec lequel on eût dû le bercer, s'il était de bon ton qu'un enfant de Paris eût une nourrice parisienne : pas une chanson, pas une ballade, pas un conte.

Demandez-lui, par exemple, de vous conter la légende du *petit homme gris* (Graümanchen), si populaire en Allemagne [1], je ne se-

---

1. *V.* notamment sur cette tradition, la *Revue Britannique*, août 1836, p. 227.

rais pas du tout surpris qu'il vous la dit; mais interrogez-le sur la légende du *petit homme rouge* des Tuileries à Paris, et je jure cent contre un qu'il ne vous en dira mot[1].

Cela s'explique par ce qui l'excuse : Il n'existe pas un *guide* de la Suisse ou des bords du Rhin qui ne vous conte *par le menu* quelque légende de ces contrées, tandis qu'il n'est pas au contraire un *guide* de Paris qui daigne faire l'indiscret sur les légendes de ces rues où pourtant il devrait tout savoir. Cette discrétion n'est qu'ignorance. Afin qu'on n'impute pas la même cause à mon silence, je vais le rompre par quelques mots sur les plus cu-

---

1. Une ancienne tradition, qui reprit cours sous l'Empire, disait que le *petit homme rouge* reparaissait dans les Tuileries, chaque fois que le maître régnant était menacé d'un péril. Béranger en a fait le sujet d'une chanson. Le jardin eut aussi sa légende. De temps à autre, on y voyait, disait-on, reparaître un mystérieux personnage, qui sous Louis XIII s'appelait le *tasteur*, et qu'on nommait le *piqueur* pendant la Restauration. Il s'attaquait aux femmes sournoisement, jamais de face, sur un point auquel la crinoline bardée de fer, servirait aujourd'hui de redoutable armure; aussi le *tasteur* ou *piqueur* ne s'y frotte plus. *V.* nos *Variétés histor. et litt.* t. II, p. 37.

rieuses de ces légendes, qui demanderaient un volume, où je ne puis donner qu'un chapitre.

Les plus anciennes sont trop du domaine de la *Légende sacrée* pour être ici du mien. C'est d'abord celle de sainte Geneviève, dont je ne dirai mot, parce que, par exception, elle est à peu près connue de tout le monde; puis celle, à peine connue aujourd'hui, de l'évêque saint Marcel, qui vivait dans le même temps, et rendit aussi de très-grands services aux Parisiens.

Après *Notre-Dame de la Carolle,* dont l'image, placée au coin des rues aux Ours et Salle-au-Comte[1], fut frappée une nuit par un Suisse, qu'en punition du sacrilége on brûlait chaque année en effigie dans la rue aux Ours[2]; et

---

1. On appelait cette vierge *Notre-Dame de la Carolle,* à cause de la danse, très-populaire au moyen âge, qu'on y dansait les jours de fête. *V.* Piganiol, t. III, p. 372 et IV, p. 23.

2. Le grammairien Du Marsais faillit être écharpé, à cause d'une parole qu'il dit, le jour de cette cérémonie, à une vieille femme trop fervente dévote de *Notre-Dame de la Carolle,* et qui ameuta la populace contre lui. *V.* l'*Encyclopédiana* (1791), in-4°, p. 655. — J.-J. Rousseau, dans le temps de ses manies les plus soupçonneuses, se trouvant à Paris le jour de l'auto-

après sainte Geneviève, il n'y avait pas à Paris de popularité plus grande que celle de saint Marcel.

Geneviève avait repoussé Attila; Marcel avait détruit un monstre qui désolait les environs de la ville, vers l'endroit où fut depuis, par reconnaissance, élevée une église sous l'invocation du saint évêque. Cette gratitude des Parisiens, dont le nom du faubourg

da-fé du Suisse, s'imagina que c'est lui qu'on avait brûlé en effigie, et que, pour comble de mystification, on était exprès venu mettre en station le mannequin devant sa fenêtre. *V.* son *Dialogue* I, dans les *Œuvres complètes*, édit. Musset-Pathay, t. XVII, p. 71. — L'un des premiers actes de la Révolution fut de supprimer cette momerie. Elle n'eut pas lieu en 1789. Un arrêté du 27 juin, qui se trouve dans la réimpress. du *Moniteur*, t. IV, p. 730, et dont nous allons reproduire la teneur, l'avait interdite : « DÉPARTEMENT DE POLICE. Le département de police vient de faire afficher, qu'instruit que le 3 juillet une confrérie promène et brûle aux pieds de la Vierge appelée *Notre-Dame de la Carolle*, la représentation d'un prétendu Suisse qui frappa, dit-on, dans son ivresse, cette vierge faisant le coin des rues aux Ours et Salle-au-Comte; ouï et ce consentant le procureur-syndic de la commune, supprime et défend cette cérémonie qui, quoique se renouvelant chaque année depuis plusieurs siècles, n'est pas moins indécente. »

Saint-Marcel est aujourd'hui l'unique souvenir, avait autrefois son réveil chaque année, le jour de l'Ascension. La châsse de saint Marcel était promenée par la ville, en compagnie de celle de sainte Geneviève, et avec les mêmes honneurs. On la tirait de la magnifique crèche que lui avait fait faire le cardinal de Noailles, au chevet du chœur de Notre-Dame[1]; on la portait devant la maison de la rue de la Calandre, presqu'au coin de la rue de la Juiverie, où la tradition voulait que fût né saint Marcel[2]; puis, après quelques tours par les rues, et quelques stations, le saint et la sainte s'arrêtaient pour se dire adieu, l'un retournant à Notre-Dame, l'autre à son église.

La séparation ne se faisait pas sans peine, comme va nous le dire madame de Sévigné dans une lettre à sa fille[3], où elle se moque un peu de ce qui édifiait les fidèles : « Quoi! dit-elle, je ne vous ai point parlé de saint Marcel en vous parlant de sainte Geneviève! Je ne sais pas où j'avois l'esprit. Saint Marcel vint prendre sainte Geneviève jusque chez

---

1. *Piganiol*, t. I, p. 350.
2. *Ibid.*, p. 449.
3. Lettre du 6 août 1675.

elle ; sans cela on ne l'eût pas fait aller : c'étoient les orfévres qui portoient la châsse du saint, il y avoit pour deux millions de pierreries, c'étoit la plus belle chose du monde. La sainte alloit après, portée par ses enfants, nu-pieds, avec une dévotion extrême : au sortir de Notre-Dame, le bon saint alla reconduire la bonne sainte jusqu'à un certain endroit marqué, où ils se séparent toujours, mais savez-vous avec quelle violence ? Il faut dix hommes de plus pour les porter, à cause de l'effort qu'ils font pour se rejoindre, et, si par hasard ils s'étoient rapprochés, puissance humaine ni force humaine ne les pourroit séparer : demandez aux meilleurs bourgeois et au peuple ; mais on les empêche, et ils font seulement l'un à l'autre une douce inclination, et puis chacun s'en va chez soi. A quoi pouvais-je penser de ne point vous conter ces merveilles ? »

Comme c'est dans la Cité que naquit Lutèce, si bien devenue grande fille sous le nom de Paris, c'est là qu'il faut surtout chercher les vieilles histoires dont je m'occupe. Elles se trouvent dans le berceau des villes, comme les contes auprès du berceau des enfants. A deux pas de la rue de la Calandre et de la maison de saint Marcel, je rencontre une autre tradition. Où le Paris nouveau n'aurait vu qu'un *fait divers*, une *cause célèbre*, le vieux Paris a trouvé une légende. C'est celle du barbier et du pâtissier de la rue des *Marmousets*, ou plutôt de la rue des *Deux-Hermites*, sa voisine. C'est en effet dans celle-ci, et non dans l'autre que se serait, à ce qu'il paraît, passée l'horrible histoire. Elle est bien connue, je n'en dirai donc, faute de place, que ce qu'on en sait le moins : à savoir la manière dont fut découvert le crime du barbier juif, qui tuait ses pratiques au lieu de les raser, pour les fournir après comme gibier, au pâtissier, qui les servait lui-même en pâtés, à sa clientèle, anthropophage sans le savoir.

Un chien flaira le crime et le fit découvrir.

<pre>
Puis rue des Deux Hermites
Proche des Marmouzets
Fut deux âmes maudites
Par leurs affreux effets ;
L'un barbier sanguinaire,
Pâtissier téméraire
Découvert par un chien,
Faisant manger au monde
Par cruauté féconde
De la chair de chrétien.
</pre>

C'est par ces vers de complainte, que Poirier, dit *le Boiteux*, dans son livre si rare *l'Origine et les Antiquités de Paris,* en vers [1], nous raconte le méfait du barbier et du pâtissier, ainsi que le haut fait du chien. Son couplet ne suffit, ni comme poésie, ni comme histoire. Le chevalier du Coudray y supplée heureusement, pour le dernier point [2]. Une dame respectable, « méritant des égards, » qui tenoit le fait de son chirurgien, qui le tenoit lui-même « de témoins oculaires, » le lui raconta en quelques mots que nous abrégeons encore : La dernière pratique *rasée* par le barbier juif avait un chien qui ne quitta pas la porte de la maison, d'où n'était pas sorti son maître. La femme de celui-ci, qui le cherchait, ne trouva que le chien qui refusa de quitter la place. Elle eut un soupçon et prévint le commissaire. Une descente fut faite chez le barbier, jusque dans la cave, où fût trouvé sur un tas d'ossements la dernière victime qui n'avait pas encore été dépecée pour le pâtissier. Le chevalier du Coudray rapporte en frémissant les paroles par lesquelles le chirurgien, qui habitait la sinistre maison,

1. P. 11, cité dans la *Revue archéologique,* t. V, 1re part., p. 155.
2. *Nouv. Essais hist. sur Paris,* 1781, in-12, t. I, p. 96.

terminait son récit à la vieille dame, de qui, comme on l'a vu, le chevalier lui-même tenait l'anecdote. « Ah ! madame, lui disait cet homme sensible, je tremble et je frémis d'horreur, toutes les fois que je descends dans ma cave, en songeant à ce barbier juif. »

On comprend ce frisson du chirurgien sensible, mais lorsqu'on songe que l'aventure s'était passée avant le temps de François Ier, qui ordonna de rebâtir sur la place de la maison rasée après le crime[1], on trouve que le chirurgien qui tremblait au xviiie siècle, d'une chose arrivée avant le xvie, avait le frisson bien facile. On s'étonne surtout qu'il ait pu connaître, en 1780, des personnes se disant « témoins oculaires. » L'étonnement redouble quand, au lieu des temps voisins de François Ier, on transporte la légende au règne de saint Louis, comme le fait Poirier, dit *le Boiteux,* qui, dédaignant, il est vrai, de dire son autorité, lui donne pour date l'année 1270, et met ainsi non plus trois siècles, mais cinq, entre le chevalier du Coudray et les témoins oculaires près desquels celui-ci disait qu'il s'était renseigné.

---

1. Piganiol, t. I, p. 439-440.

Nous n'irons pas plus loin dans ces mystérieuses inconséquences. Nous aimerons mieux suivre le Boiteux et le chevalier sur un terrain où on les trouve enfin d'accord. Ils le sont pour un point, le moins connu mais non pas le moins intéressant. Quand la maison eut été rebâtie, à la requête du conseiller au Parlement Pierre Belut, à qui appartenait la place laissée vide, et qui avait obtenu pour cela des lettres patentes en janvier 1536[1], on n'oublia pas de figurer, sur la maison nouvelle, un souvenir de ce qu'avait vu l'ancienne. Ce fut, en toute justice, le chien révélateur qui eut la première place, sur le tableau expiatoire, sculpté en bas-relief. Personne ne nous l'a décrit, parce qu'il était trop facile à chacun de l'aller voir. L'image du chien survécut seule, si tant est, comme je le pense, qu'elle eût été jamais accompagnée d'autres figures : « L'empreinte de cet animal, dit M. du Coudray, est encore sur une borne haute, mais effacée par le laps de temps. » Le *Boiteux* rend le même témoignage. Après être revenu dans une note plus claire que ses vers, sur le crime du pâtissier

---

1. Piganiol, t. I, p. 439-440.

et du barbier, « ils furent, dit-il, brûlés vifs, chacun dans une cage de fer. L'effigie du chien est encore sur une borne, à la même place. »

Elle existe toujours au rez-de-chaussée de la maison qui fait l'angle de la rue des Deux-Hermites et de celle des Marmousets. En 1848, une fruitière, qui s'en servait pour adossser son étalage, achevait de la dégrader. Un antiquaire, M. Th. Pinard en eut pitié ; il fit sur la pauvre pierre commémorative une petite notice qui fut publiée avec le dessin qui l'accompagnait dans la *Revue archéologique* de cette année-là [1].

Pendant que l'image du chien s'effaçait sur la pierre, le souvenir du barbier tenait bon dans la tradition parisienne.

Il y survivait comme une espèce de Croque-Mitaine, un compère du *Moine bourru* [2],

---

1. T. V, 1ʳᵉ partie, p. 157.—La borne que nous avons vue ces jours-ci, et qui ne nous a semblé être qu'un débris d'entablement, est de plus en plus dégradée. La figure du chien, entamée par deux ou trois entailles toutes fraîches, est entièrement méconnaissable sous la couche de badigeon chocolat qui la recouvre.

2. Le *Moine bourru* est une légende toute parisienne; M. Hugo l'a donc fort à propos placé dans sa

ou du *Loup* des contes d'enfants[1]. Le barbier dont parle Hamilton dans une de ses lettres, « qui revenait jadis de l'autre monde, pour ra-

Notre-Dame. Molière, en véritable enfant de Paris, ne l'avait pas oublié non plus. Il prête au Sganarelle de *Don Juan* (acte II, sc. III), les terreurs que ce terrible moine lui avait sans doute inspirées à lui-même dans son enfance. C'était le Croque-Mitaine parisien :

> Moine bourru dont on se moque,
> A Paris l'effroi des enfants,

lisons-nous dans le *Cabinet satyrique*, 1633, in-8°, p. 156. — *V.* aussi Francisque-Michel, *Études de philologie sur l'argot*, p. 77.

1. Les loups étaient une des grandes terreurs des Parisiens, grands et petits. Ils pullulaient dans les forêts, qui alors s'avançaient jusqu'aux portes, et en hiver on disait qu'ils venaient errer dans les rues. « Et si, lit-on dans le *Journal du Bourgeois*, édit. Petitot, p. 496, mangèrent un enffent de nuit, en la *Place aux Chats*, derrière Saint-Innocent. » C'est cette peur qu'on avait du loup, qui rendit si populaire à Paris le conte du *Petit Chaperon rouge*. — Bien qu'il se trouve, selon Ch. Magnin (*National*, 21 juin 1831), dans les contes gallois du *Manibogion*, dans le recueil des frères Grimm et ailleurs aussi, comme nous l'apprend M. Edel. Duméril en ses excellentes *Études sur quelques points d'archéologie*, 1863, in-8°, p. 466; on peut dire, à cause de la popularité qu'il y obtint, aidé par la terreur du loup, que ce conte est vraiment une légende de Paris. *V.* Ch. Giraud, *les Contes de Perrault*, 1864, in-8°, p. LIV.

ser les gens de celui-ci[1], » doit être le même.

Dans une autre rue des *Marmousets*, située bien loin d'ici, mais au milieu d'un quartier tout aussi sale, car c'est celui de Mouffetard et des Gobelins, nous nous heurtons contre d'autres légendes. C'est le souvenir de saint Louis et de sa mère qui y domine. Une maison de cette rue des *Marmousets*, avec perron et portail ornés d'élégantes sculptures de la fin du xve siècle, porte le nom du saint roi[2], et longtemps dans la rue Saint-Hippolyte, qui est tout auprès, on en vit une autre où l'on disait qu'avait habité sa mère, cette bonne reine Blanche[3], si populaire surtout parmi la

---

1. *Œuvres* d'Hamilton, édit. in-8°, t. I, p. 475-476.
2. *V.* sur cette maison une curieuse note de M. de Gaulle, dans le *Mémorial encyclopédique* de l'année 1839, p. 550-551.
3. Guilhermy, *Itinéraire archéologique de Paris*, p. 299.—Une rue du voisinage, percée sur l'emplacement du *Séjour* d'Orléans, où Charles VI faillit être brûlé en 1392, s'appelle rue de *la Reine-Blanche*, parce que le domaine avait d'abord été habité par cette reine. — Il y avait dans Paris plusieurs maisons ou hôtels de la reine Blanche qu'on appelait ainsi parce que les veuves de nos rois, qui portaient le deuil en blanc, s'y étaient retirées pendant leur veuvage. Un de ces refuges de deuil se trou-

jeunesse et les écoliers, dont la chanson préférée ramenait ce refrain :

> Vive en France
> La reine Blanche[1].

Nous sommes là en plein moyen âge ; la légende du *Géant Isoré* va nous y entraîner bien plus avant encore. C'est dans ces mêmes parages qu'on en place le théâtre. Ce qu'elle raconte est exclusivement légendaire ; il n'est pas, en effet, d'histoire qui en fasse mention[2].

vait derrière l'hôtel de Cluny, dans la rue de *Boutebrie*, effacée par le boulevard Saint-Germain. Le nom de cette rue, qui lui-même est toute une légende, rappelait, avec une altération qui le rendait méconnaissable, la belle Erembourg de Brie, dont je mentionnerais ici tout au long l'histoire, enjolivée d'une chanson, si je n'en avais déjà parlé ailleurs. V. *l'Illustration* du 1er août 1857, p. 78. V. aussi Le Roux de Lincy, *les Femmes célèbres de l'ancienne France*, 1848, in-18, t. I, p. 167-168.

1. Cette chanson, longtemps populaire à Château-Thierry (*France littéraire*, t. II, p. 525), est un souvenir de celle que chantaient les écoliers du temps de saint Louis, et dont a parlé Pasquier, *Recherches de la France*, in-fol., p. 787.

2. Je dois dire pourtant, avec l'abbé Lebeuf (*Hist. du diocèse de Paris*, t. II, p. 231), « que Gervais de Tillebury, Anglois (*in otiis imperial.*), informé

Si sur ce point la chronique se tait, les romans au contraire parlent beaucoup. Nous aurons même quelque peine à nous démêler dans ce qu'ils disent. Suivant les uns, Isoré est un amiral sarrasin [1]; suivant d'autres, c'est un roi de Coïmbre [2]; mais pour tous c'est un énorme géant.

Ayant appris que son ami Sinagos avait été tué devant Palerme, il jura d'en avoir raison, et comme il s'inquiétait peu, comme on va voir, que la vengeance fût prise loin ou près du lieu où était mort celui dont il se faisait le vengeur, c'est sous les murs de Paris qu'il vint la chercher, avec une formidable armée.

Paris estoit a cel jor moult petite,

ainsi qu'il est dit dans la *Geste*, le *Moniage de Guillaume* [3]. La ville fut donc facilement entourée

Le roi Louis,—on ne dit pas lequel,—qui

---

de ce prétendu événement, le marqua dans un livre qu'il composa vers l'an 1210. »

1. *V*. P. Pâris, *Manuscrits françois de la Biblioth. Imp.*—Au t. VI, p. 140, est l'analyse de la *Geste*, le *Moniage de Guillaume*.

2. *Hist. littér. de la France*, t. XXII, p. 526-529.

3. P. Pâris, *Id.*, *ibid.*

s'y trouvait alors, eut grande frayeur. Il ne vit que Guillaume d'Orange, dit au Court-nez, qui pût le sauver de ce péril, et il lui dépêcha un bon chevalier d'Auvergne, nommé Anseis, qui, après de longues recherches, revint sans l'avoir trouvé. La frayeur du roi redoublait, lorsque Guillaume à qui l'avis était enfin parvenu, arriva de Bourgogne par le chemin d'Orléans :

Trespassa Aucerre, Orliens et Estampes,
Trusques Paris ne volt oncques attendre.

Trouvant les abords bien gardés et surtout du côté du sud, où le géant se tenait « en un lieu qu'on dit Notre-Dame des Champs[1], » Guillaume passa la Seine au-dessous de Paris, et vint heurter à une porte, oubliée à ce qu'il paraît, par les gens d'Isoré. C'est, suivant Raoul de Presle[2], celle dont on vit longtemps

---

[1]. *V.* la version en prose de l'*Hist. de Guillaume au court-nez*, mss. de la Biblioth. Imp., n° 9565, fol. 542.

[2]. Commentaire sur *la cité de Dieu*, mss. de la Biblioth. Impér., n° 6712, fol. 313. — Ce passage, cité dans un *Mémoire de l'Académie des Inscriptions*, t. XIII, p. 652, est reproduit tout entier dans la *Description de la ville de Paris au* xv° *siècle*, par Guillebert de Metz, publiée par Le Roux de Lincy, 1855, in-12, p. 20 et suiv.

une grande ruine « au lieu que l'on dit à l'archet Saint-Merry. » La sentinelle le laisse approcher, lui ouvre, et lui indique même la maison où il pourra trouver gîte jusqu'au jour :

> Ici amont. . . . .
> A un fossé qui est grant et plenier
> A un fossé qui est grant et viez
> Uns povre homs est illec hébergié...
> Or, sorés là trosqu'à l'aube esclairier.

Ce « povre homs, » qu'on appelait Bernhardt des Fossés, à cause du lieu où il logeait, et dont on montra longtemps la maison, fit bon accueil à Guillaume qui lui donna cent sous d'argent pour aller en ville lui acheter des vivres :

> Bernars s'en vet là dedans en la cit,
> Vers Petit-Pont atorne son chemin.
> Chapon achate et ploviers et perdris;
> Pain buleté, del poivre, del comin ;
> De la candoile ne mist pas en obli,
> Clox de girofle et pomes de jardin,
> Fain et avoine au bon destrier de pris, etc.

Peu de jours après, Guillaume était allé défier le géant dans son camp, l'avait tué et lui avait coupé la tête. Les assiégés, revenus de leur frayeur, sortirent en foule de la ville, et, en mesurant le cadavre, « ils trouvèrent, dit la version en prose du roman de *Guillaume au Court-nez*[1], que sans la teste, povoit bien avoir XV piés de longueur. » La même version ajoute quelques détails sur le lieu du combat, et sur un monument qu'on y aurait élevé. « Si, dit-elle, puelt-on encore voir le lieu où Guillaume le lessa mort ; car au propre lieu y ordonna le roy et filt faire une tombe ou une enseigne par quoy on l'a toujours sceu depuis et cogneu, scet l'on cognoist l'on encore, et en sera perpetue mémoire. »

Ce lieu est celui de la tombe *Isoré*, ou *Isoire*. Il occupe une partie des terres de Notre-Dame-des-Champs, et n'a pas d'autre nom dans les anciens titres.

La légende du géant venait s'y mêler à une foule d'autres, car c'était de ce côté surtout que revivait le passé de mystères et de terreurs, où se confondaient dans un singulier mélange les traditions du Paris du moyen âge et les souvenirs de la Lutèce païenne. Le château de *Vauvert,* où revenait un *diable* qui fait encore son bruit dans le nom de la rue *d'Enfer*[2], n'était-il pas dans ces mêmes para-

---

1. Mss. de la Biblioth. Imp., n° 9565, fol. 542. — Il parut, en 1788, un roman en 2 vol. sous ce titre : *Le Géant Isoire, sire de Montsouris,* trad. du Celte.

2. On a beaucoup disserté sur l'étymologie du

ges? N'était-ce pas aussi par là, dans la rue Saint-Jacques, que se trouvait le couvent des Carmélites, construit sur l'emplacement d'un *Temple de Cérès*, dont la déesse, disaient encore les commères du temps de Louis XIII, revenait « demander ses intérêts sur les blés et les terres [1], » et les prenait en effet en gâtant les moissons?

L'abbé Lebeuf n'admettait pas ces légendes, et celle d'Isoré moins que toute autre. Il n'y voyait qu'un souvenir de temps bien plus anciens, où cet endroit, consacré aux

---

nom de cette rue, mais je crois qu'il faut s'en tenir à celle qui lui vient du voisinage de

> . . . . ce diable Vauvert
> Qui gâte tout et qui tout perd.

Le château où faisait rage ce lutin dont Rabelais a parlé (liv. II, ch. xviii), ne fut exorcisé que sous saint Louis, en 1258, grâce aux Chartreux de Grenoble, à qui le saint roi l'avait donné, et qui vinrent y fonder cette grande Chartreuse parisienne, dont le cloître, décoré par Le Sueur, a disparu pour les agrandissements du Luxembourg. *V.* Jean Le Castel, *Antiquités, fondations et singularités des plus célèbres villes du royaume de France*, 1605, in-12, p. 53, et les *Mémoires du sire de Joinville*, édit. Francisque-Michel, 1858, in-12, p. 231.

1. *Les Caquets de l'Accouchée*, édit. P. Jannet, p. 74.

sépultures, en avait conservé le nom de *fief des tombes*. La présence au pignon de Notre-Dame-des-Champs, d'une statue de saint Michel, tenant une balance pour peser les âmes, lui semblait une preuve pour son opinion[1]. Nous ne la discuterons pas. Nous contons une légende, et toute discussion nous en éloignerait trop. Que cet endroit eût été dans un temps très-ancien un lieu funèbre, c'est ce qui reste à décider; qu'il le fût plus tard, c'est ce que tout le monde sait. Où furent en effet portés, après la destruction du cimetière des Innocents, en 1788, les restes de l'immense ossuaire? A la *Tombe Isoire,* dans les excavations des carrières de la plaine de Montsouris. *Le fief des tombes* redevenait ainsi digne de son nom.

On le décora comme il convenait.

Il existait dans les charniers détruits, en face de la première arcade, et sur la rue Saint-Denis même, un monument très-curieux, qu'on appelait *la Croix Gastine*, à cause de sa forme, et parce qu'il avait été posé d'abord sur l'emplacement de la maison de Philippe de Gastines[2], pendu « pour

---

1. *Hist. du diocèse de Paris*, t. II, p. 230.
2. *Les Hist. du sieur d'Aubigné*, 1718, in-4º, p. 4.

avoir faict prescher et faict la cène audict logis [1]. « Cette croix, qu'on disait avoir été sculptée par Jean Goujon, fut donc enlevée du cimetière des Innocents, au moment où on le détruisit, et portée à la Tombe Isoire pour orner l'entrée des Catacombes [2]. Elle n'y resta pas longtemps. A la Révolution, ce lieu fut vendu comme bien national, et tous les monuments furent détruits. « Une salle de danse, y fut, dit M. de Thury [3], tolérée quelques années. » On voit qu'en ce temps-là, comme nous l'avons dit plus haut, on ne

---

1. *Journal hist. de P. Fayet,* 1852, in-12, p. 4. — Nous pourrions ici, puisque nous sommes au *Charnier des Innocents*, rappeler bien d'autres légendes, notamment celle, qui fut mise en chanson, de l'écolier allant inviter à souper un squelette qui au dessert l'emporte en enfer, mais nous avons cité cette chanson dans notre travail de la *Revue française*, n° du 1er janvier 1858, p. 428 : *Comment Molière fit Tartuffe*, nous nous contenterons d'y renvoyer. — Nous signalerons seulement ici le goût des Parisiens pour les histoires sombres. Il y a toujours des cadavres dans les légendes de ce peuple gai. Une qui revient souvent est celle de la *femme à la tête de mort*. Les Parisiens de l'an 1720 s'en amusaient déjà pour se faire peur. V. le *Journal de Barbier*, in-18, t. I, p. 131-132.

2. H. de Thury, *Desc. hist. des Catacombes*, p. 170.

3. *Ibid.*, p. 184.

dansait bien que dans les lieux funèbres.

Rien ne reste de la *Tombe Isoire* que son nom qui n'est compris de personne.

Ailleurs, il n'existe pas même de débris aussi intacts de deux autres légendes qui ne furent pourtant pas moins populaires à Paris, ce sont celles du *Puits d'Amour* et des *Quatre fils Aymon*.

La première, qu'on n'a jamais bien sue [1], et que j'aurais par conséquent pu placer dans *les Énigmes des rues de Paris*, s'était perpétuée par une inscription en mauvaises lettres gothiques sur la margelle du puits, situé au carrefour des rues de la Grande et de la Petite Truanderie [2], et dans lequel

---

1. Saint-Foix pense que son nom lui vient de la belle Agnès Hellebic, qui s'y serait précipitée par désespoir d'amour, du temps de Philippe-Auguste. La place où se trouvait le puits s'appelait place *Ariane*, peut-être encore en souvenir de cette désespérée, aussi malheureuse dans son amour que l'amante de Thésée.

2. Voici cette inscription, qui indiquait la date, non de la construction du puits, mais celle de sa reconstruction en 1525 :

L'amour m'a refait
En 1525 tout à fait.

Sauval avait encore vu tirer de l'eau[1]. L'enseigne d'une boutique voisine la rappelait aussi par une allégorie galante que plusieurs marchands des autres quartiers se hâtèrent d'imiter sur les tableaux de leurs boutiques[2]. Mais, depuis longtemps, il n'y a plus de vestiges des enseignes ni du puits.

Le souvenir des *Quatre fils Aymon* n'a pas eu un sort meilleur. Autrefois, on les voyait partout cavalcadant sur les enseignes d'auberge[3]. Aucune n'a survécu. La rue à qui l'une d'elles avait donné son nom n'a pas même gardé ce nom tout entier, elle s'appelle la *rue des Quatre Fils*, sans dire quels sont ces fils. Or ce sont ceux d'Aymon, montés tous quatre sur le bon cheval que sa couleur baie obscure avait fait appeler *Bayard*, et dont le plus bel

---

1. *Antiquités de Paris*, t. I, p. 184.

2. Entre autres enseignes du *Puits d'Amour*, il y en avait une auprès des Blancs-Manteaux. La rue du *Puits*, qui est voisine, où Sedaine était maître maçon en 1758, lui doit son nom, suivant Sauval, t. I, p. 183. *V.* aussi, sur le *Puits d'Amour*, les *Essais* de Saint-Foix, t. I, p. 311.

3. L'auberge de la rue du Gros-Chenet où Mozart perdit sa mère, était à l'enseigne des *Quatre fils Aymon*. *V.* plus haut, p. 350, note.

exploit, que nous allons conter, eut lieu dans Paris même.

Charlemagne, comme vous l'avez pu lire dans le vieux livre de papier gris qui n'est qu'une traduction en style populaire d'une des grandes chansons de geste du cycle carlovingien, Charlemagne convoitait fort ce roi des bons coursiers. Mais Renaud était à Montauban, et pour l'attirer dans Paris, où se trouvait l'empereur, il fallait un motif de haute importance. Charlemagne, d'après le conseil de ses pairs, fit annoncer une grande course, dont le prix serait : « Quatre cents marcs d'or, cent pièces de soie rayée ou décorée de roues, et de plus la couronne impériale en or pur, placée au bout de la carrière, et destinée à celui qui l'atteindrait le premier[1]. »

Charlemagne, en faisant cette annonce si belle de promesses, s'était dit que Renaud ne manquerait pas de venir, monté sur Bayard, et qu'il lui serait alors facile de retenir le maître et le coursier. Renaud vint en effet avec son bon cheval, mais l'empereur ne put avoir ni la précieuse monture, ni son vaillant cavalier.

1. *Hist. littér. de la France*, t. XXII, p. 684.

Pour qu'on ne s'emparât pas de Bayard avant l'heure de l'épreuve, Maugis, qui accompagnait Renaud, teignit de blanc le poil du noble coursier, et lui apprit à clocher comme un mauvais cheval, si bien que l'empereur, le voyant s'avancer clopin clopant, se prit à rire. Renaud, Maugis et Bayard eurent bientôt leur tour quand la carrière fut ouverte.

« — Bayard, dit Renaud, nous tardons trop ; s'ils s'en vont sans nous nous serons fortement blâmés.

« Bayard entendit Renaud, il hennit clair ; il le comprit comme s'il eût été son enfant ; il joint les oreilles, secoue la tête, il fronce les narines, harpe la terre de ses pieds de devant, pour être plus rapide, il courbe tout son corps en arc. Renaud lâche les rênes, Bayard s'en va avec bruit, arpentant la terre le cou tendu ; à chaque saut il en prend la longueur d'une lance ; il fait bondir la terre et le vent siffle. » Que dites-vous de la vigueur et de l'élan de tout ce récit, que M. Francisque-Michel[1] a ramené littéralement de la *Chanson de geste* à un

---

1. *Du passé et de l'avenir des Haras*, 1861, in-12, p. 68.

français plus accessible? N'est-ce pas admirable, et M. Guessard n'a-t-il pas raison de publier les vieux poëmes, épopées de nos âges héroïques, où se trouvent à chaque page des épisodes semblables, animés de la même vie, empreints de la même couleur? Mais pendant que je m'attarde et bavarde, Bayard court et gagne le prix. Renaud touche le but et tend la main pour prendre la couronne d'or.

« —Arrête! lui crie l'empereur; laisse la couronne et prends le reste. Descends de ton bon cheval, je le payerai de tout l'argent de mon trésor.

« —Ah! Charles, je n'ai souci de vos trésors; je suis Renaud, et ce bon cheval est Bayard; dites à votre neveu Roland de venir le prendre! »

Cela dit, il pique des deux, rejoint Maugis et disparait [1].

C'est à Paris, sur le vaste espace compris entre les murs de la ville humble encore, et les pentes blanchâtres de Montmartre, c'est auprès de la métairie féodale, déjà debout alors, et qui s'appelait *Grange Bataillère* ou *Bataillée*, parce qu'elle était crénelée (*batail-*

---

1. *Hist. littér. de la France*, t. XXII, p. 686.

lata) [1], que s'étendait le champ de cette noble course [2]. Or, plus de douze siècles après, presque sur le même emplacement, à l'un des coins de la rue qui devait son nom à la célèbre grange, s'est longtemps tenu un club fameux, créé tout exprès pour l'amélioration des races, et qui n'a jamais perfectionné que les courses où les races détériorées triomphent. Le cheval qu'enviait Charlemagne, et qui pouvait, rapide comme le vent, emporter sur son dos quatre cavaliers armés de toutes pièces, n'eût pas été digne des *entraîneurs* de ce club, où l'utilité d'un cheval ferait son indignité !

Il y avait à Paris, au moyen âge, d'autres champs clos pour les joutes à cheval. Guttierre Diez de Gamez, dans la *Vie de Pero Niño*, raconte que son héros étant venu à Paris en 1406, jouta certain jour à armes

---

1. *V.* le *Glossaire* de Du Cange à ce mot, et *Paris démoli*, 2ᵉ édit., p. 233-234.

2. Ce dut être une lice pour de plus sérieux combats. Si une partie des terrains voisins fut placée sous l'invocation du parrain des batailles, *saint Georges*, dont une rue de ces quartiers porte encore le nom, ce fut, je n'en doute pas, en souvenir de l'usage belliqueux qu'on faisait de cette plaine.

courtoises contre les plus braves chevaliers de France, dans le pré ou, comme on disait alors, dans la *Culture* Sainte-Catherine [1], situé hors des murs, non loin de la Bastille ; et une autre fois dans une place appelée la *Petite-Bretagne*. « On y voyait le comte de Clermont, le comte de la Marche, le comte de Tonnerre, et plusieurs autres grands personnages de la cour. Or, dit Guttierre, ce jour-là Pero Niño jouta et rompit plusieurs lances contre d'autres seigneurs. Les Français étaient si impatients de combattre avec lui que, dans cette circonstance, deux jouteurs s'avancèrent ensemble; mais Pero Niño s'y maintint si ferme que les deux adversaires ne purent l'ébranler. Il conserva tout son sang-froid ; aussi ne tarda-t-il pas à désarçonner l'un des jouteurs. Ce jour-là, le comte de Clermont se mesura avec un seigneur : dans l'ardeur de la lutte, les deux chevaux s'abattirent en même temps, entraînant avec eux leurs cavaliers, qui seraient peut-être morts de leur chute si l'on n'avait volé promptement à leur secours [2]. »

1. *V.* nos *Énigmes des rues de Paris*, p. 6.
2. Nous donnons ce passage d'après la traduction

Cette place de la *Petite-Bretagne* était prédestinée à ces sortes de joutes. C'est là, ou du moins dans un espace tout voisin, que le jeune Louis XIV donna pendant deux jours, les 5 et 6 juin 1662, ce magnifique *Carrousel*, tournoi de parade, où l'on vit lutter bien plus par l'élégance et le luxe que par les armes; joute galante et splendide, dont la place qui en fut le champ clos devait, même après avoir décuplé son étendue, garder un souvenir dans son nom.

de M. Florencio Janer, dans un article de la *Revue française*, 1ᵉʳ avril 1859, p. 434.

FIN

TABLE

A.

Ambassade d'Autriche. Histoire de son nouvel hôtel, rue de Grenelle Saint-Germain, 179-180.

Angoulême-Saint-Honoré (rue d'). Origine de son nom, 37.

Antin (chaussée d'). Son origine, 17, 341.
— Hôtel de madame d'Epinay, 17, 350.
— Hôtel Guimard, 17, 339 et suiv.
— Petite maison de mademoiselle Verrière, aïeule de madame G. Sand, 17-18.
— Ecole où fut élevé V. Hugo, 18.
— Le cardinal Fesch et son hôtel, 347-348, note.

Antin (cité d'). Tient la place de l'hôtel Montesson 185.

Apport-Paris (l'), 159.

Ariane (place). Où située, origine de son nom, 379, note.

Armenonville (pavillon d'). Son origine, 217.

Artois (hôtel d'). Où situé, ce qu'il devint, 88.

Astorg (rue d'). Maison de madame Grisi, décrite par M. P. Juillerat, 15.

Avignon (rue d'). Célèbre cabaret qui s'y trouvait, 159.

B.

Bac (rue du). Mot de madame de Staël sur son ruisseau, 2.

Bagatelle (château de). Comment une maréchale, un prince du sang, un barbier et un traiteur l'ont tour à tour possédé, 136, 223-224.

Balbani (porte), au bois de Boulogne, d'où vient son nom, 212, note.

Balzac (rue). Son origine, 40.

— Maison de H. de Balzac, id., note.

Barbette (rue). Assassinat du duc d'Orléans, 86.

Barbier (pont). V. Pont des Tuileries.

Beaujon (quartier). Son origine, 38.

— Ses hôtels, 44.

Beaune (rue de). Pont qui lui fait face, 330.

Belhomme (la maison). Ce que c'est sous la Terreur, 173-174.

— On y enferme la duchesse d'Orléans-Égalité, 173.

Bellefonds (rue de). Pourquoi nommée ainsi, 61.

Bercy (château de), vendu, quand, pourquoi et combien, 198.

— M. de Nicolaï, son dernier propriétaire, 198.

— Son riche mobilier et sa bibliothèque, 199-200.

— Son vestibule, 200.

Malon, ses seigneurs; leur avarice, 202.

— Origine d'une scène de *l'Avare, ibid.*

Les tableaux de M. de Nointel, 205-206.

— Le château pendant et après la Révolution, 207.

Berry (rue de). Origine de son nom, 37.

Berry. Pavillon de Jefferson, *ibid.*

Bièvre (la). Ses inondations au xvie et au xviie siècles, 316-318.

Billy (quai de). D'où vient son nom, 64.
— La pompe à feu, 65.

Blanche (barrière), 8, 342.

Bohème (hôtel de), 85, note.

Bois-flotté. Son histoire à Paris, 102-107.

Boucherat (rue). Son marronnier, 41, note.

Boulogne (bois de). Chalet de Lamartine, 9, 11.
— Villa de Rossini, 9, 11.
— Plan du bois sous Louis XIV, 212.

Bourgogne (hôtel de), 81 et suiv.
— Vente et morcellement de ses terrains, 93, 95, 99 et suiv.
— Théâtre sur son emplacement, 92, 101.

Bouteille (impasse de la), 91.

Boutebrie (rue). Origine de son nom, 371, note.

Bretonvilliers (hôtel), 112.

C.

Cafés.
— (*Procope*), en face du Théâtre-Français, *rue des Fossés-Saint-Germain*, où viennent les auteurs, 230, 241.
— (*du Parnasse*), quai de l'École, 232.
— (*Gradot*), aussi quai de l'École, où vont Maupertuis, Collé, Duclos, etc., 232, 271.
— (*Laurent*), rue Dauphine, où se passe l'affaire des couplets de J.-B. Rousseau.
— (*Marion*), dans le *cul-de-sac de l'Opéra*, aujourd'hui *rue de Valois*, où vont Lamothe et ses amis, 231.

Cafés. Un vers de Desfontaines contre ce *club* académique et contre la limonadière, 231-232.
— On y discute sur la musique, 257.
— La Fontaine s'y console de la chute de son *Astrée*, 71.
— Anecdote sur son enseigne et sur l'opéra d'*Arion*, id.
— (de la Régence). Son premier nom de *Café de la place du Palais-Royal*, 232, 237.
— Le Sage y voit jouer aux échecs, 233.
— Ce qu'on en lit dans *Faublas*, 234.
— La Lefèvre et la Leclère, limonadières *à la Régence*, 236-238 [1].
— Le limonadier Bruni assassiné par l'amant de sa femme, 236.
— La *dame de comptoir*, 237.
— L'espion La Thorillière et ses pareils *à la Régence*, 238-239.
— Diderot, joueur d'échecs, 243.
— Sa lettre à Philidor *retrouvée*, 266-268.
— J.-J. Rousseau *à la Régence*, 243.
— Saint-Aubin y fait son portrait, 245.
— Si Voltaire y vint, 246.
— Visites qu'y font Joseph II et Paul de Russie, 247-250.
— Son luxe, 251.
— *La Régence* pendant la Révolution, 253-254.
— Robespierre y vient, anecdote, 260-262.
— Les parties du général Bonaparte, 263-264.

1. Après Leclère, nous trouvons à *la Régence* un nommé Rey, qui, d'après le *Tableau général des maîtres... limonadiers* de 1780, p. 15, 58, aurait tenu ce café pendant plus de quarante ans.

Cafés. Les grands joueurs et les assidus ; Deschapelles, La Bourdonnais, Saint-Amand, Boissy-d'Anglas, de Jouy, le chevalier de Barneville, Alfred de Musset, 265-274.
— (du Quai neuf). Ses espions, 239.
— (de la Rotonde), décoré par Robert, 251.
— (Turc), décoré par Visconti, id.
— (Frary), rue Montmartre en 1760 ; son luxe, 262.
— (de la Comédie italienne), tenu par Chrétien, le terroriste, 254.
— (Morisson), rival et vis-à-vis de la Régence, 269.
— (Allemand), tenu par la Muse limonadière, 274.

Caire (passage du), pavé avec des pierres de tombes, 154.

Calandre (rue de la). Maison où naquit saint Marcel, 362.

Carmélites de la rue Saint-Jacques, 376.

Carrousel (place du). Ses échoppes en 1848, 21.
— Origine de son nom, 386.

Catacombes (les), 377-378.

Cèdre. Celui du Jardin des Plantes, 28, etc.
— Celui de la Pépinière du Roi, au Roule, 33.

Cérès (son temple). Où situé, 376.
— Effraye encore les Parisiens sous Louis XIII, Id.

Cerisaie (rue de la). Le puits de l'hôtel Zamet, 212.

Chantereine (rue). Hôtel de mademoiselle Dervieux, 223, 343.

Chaillot (quai de). Jardin de madame de Pompadour, 66-67.
— Complot de Georges Cadoudal, 68-70.
— Maison de Bassompierre, 332.

Champs-Elysées inondés, 334, 335.

Chartreuse Beaujon, aujourd'hui hôtel Gudin, 42,

Chateaubriand (rue). Béranger y loge, 42.

Chatelet (le). Ses cachots, 156.

— Son état délabré sous Louis XIII et Louis XIV, 157.

Chats (placeaux). Les loups y mangent un enfant, 369.

Charonne (rue de). La maison Belhomme, 173-174.

Cité (île de la). Son terrain exhaussé, 321-322.

Civette (la). Histoire de cette fameuse boutique de marchand de tabac, d'après Casanova, 165-170.

Comtesse-d'Artois (rue). Origine de son nom, 88.

Cours-la-Reine. Bassompierre le fait empierrer, pourquoi, 334.

D.

De la Michodière (rue). Collé y loge, 349.

Dépôt des gardes françaises. Où situé, 350.

— École de musique qu'on y établit, et dont le *Conservatoire* est la continuation, 350.

— La maison occupée par Rossini en occupe la place, 350.

Désert (rue du). Où située, 190.

Deux-Hermites (rue des). Légende du barbier et du pâtissier, 364-368.

Double (pont au). Origine de son nom, 328.

Donjon de Jean sans peur, 81 et suiv.

E.

École militaire. Madame de Pompadour la fait bâtir, 66.

École (quai de l'). Ses chantiers inondés, 323.

Écuries-d'Artois (rue des). Pourquoi ainsi nommée, 37.

Enceinte de Philippe-Auguste. Ses restes, 89, 91.

Enfer (rue d'). Habitation de Béranger, 42.

— Origine de son nom, 375.

Errancis (cimetière des). On y enterre Robespierre et Saint-Just, 154.

— Bal public sur son emplacement, *ibid.*

Estaminets. Les premiers, et d'où vient leur nom, 251.

F.

Feuillantines (impasse des). Maison d'enfance de Victor Hugo, 19-21.

Feurre (rue du). Écoles au moyen âge, 4.

— Dante y étudie, *id.*

— Origine de son nom, 6.

— Vieux puits sculpté qu'on y trouve au n° 13, *id.*

Feydeau (rue). Son premier nom, et d'où lui vient celui qu'elle porte, 288.

Filles-Saint-Thomas (couvent des). Ses rentes, son pensionnat, etc., 276-286.

— Bureau d'esprit de madame Doublet, 279-283.

— Le carillon des nonnes et les fureurs de M. de la Place, 284.

— Ornements de leur église, 288.

— Convoi de la danseuse mademoiselle Chameroy, 291-296.

Flandre (hôtel de). Ce qu'il est devenu, 88.

Florentin (M. de Saint-). Son hôtel à la Ville-Lévêque, 36, note.

Foin (port au), inondé, 323.

FRANÇAISE (rue). Origine de son nom, 92-93.
FRANC-PINEAU. Cabaret de la *Curiosité*, 163.

G.

GALÈRE-D'ARGENT (la). Enseigne du cabaret de Rousseau, rue d'Avignon, 159.
GALETTE (le Moulin de la), 8, 50.
GASTINE (Croix). Son origine, 377.
— Où transportée, 378.
— Quand détruite, *Id.*
GOBELINS (rivière des). *V.* BIÈVRE.
GRAMMONT (rue de). Paul de Russie y loge, 250.
GRANGE-BATELIÈRE. Le couvent des *Petits-Pères* bâti sur son terrain, 285.
— Origine de son nom, 383-384.
GRÈVE (place de). Le feu de la Saint-Jean de 1427 éteint par l'inondation, 325-326.
— (port de), inondé, 327.
GROS-CHENET (rue du). Auberge des *Quatre Fils Aymon*, où Mozart perd sa mère, 354, 380.
GUIMARD (hôtel de mademoiselle). Où situé? par qui construit, 341.
— Banquet des chevaliers de *Cinq louis*, dans son jardin d'hivèr, 344.
— Son théâtre, 347-348.
— Peintures de Fragonard. Querelles dont elles sont cause, 350.
— Les commencements du peintre Louis David, 351-352.
— Mis en loterie, 355.
— Devient l'hôtel Perregaux, *id.*
— Commencements de Jacques Laffitte, 356.

H.

HALLE AUX CUIRS. Théâtre dont elle tient la place, 92.

HOUSSAY (rue du). D'où vient son nom, 190 [1].

I.

INNOCENTS (charnier des). Quand détruit, 377.
ISORÉ (le géant). Sa légende, 337, 371 et suiv.

J.

JOSEPH II (hôtel de l'Empereur), rue de Tournon, 247-248.

L.

LAFFITTE (rue). Son premier nom, 299.
— Quand prolongée et sur quel terrain, 306.
LAMBERT (hôtel). Son fondateur, 112.
LANTERNE (rue de la). Exhaussement de son terrain, 322.
LAVAL (rue de). Origine de son nom, 52, 61.
LAUZUN (hôtel), 117 et suiv.
LÉGION D'HONNEUR. Son palais, 123. V. SALM (Hôtel de).
LICORNE (rue de la). Le puits du médecin Pitard, 320-321.
LOURCINE (rue de), inondée par la Bièvre, 317.
LOUVRE (escalier du), fait avec des pierres de tombes, 156.

---

1. Suivant La Tynna, le nom de cette rue viendrait de celui de M. Le Pelletier de la Houssaie.

M.

Madrid (château de). Véritable origine de son nom, 214-216.
— Ses *émaillures*, 214-216-217.
— On l'appelle le *Château du bois de Boulogne* et le *Château de faïence*, pourquoi, 216.
— Quand vendu et combien, 216.
— Son état en 1657, 217.
— Manufacture de bas de soie en 1666, 217.
— Pavillon de mademoiselle de Charolais et de l'avocat Barbier, 218.

Maillot (croix et porte), 212.

Marie (pont). Inondation qui l'emporte, 330-331.

Marmousets (rue des), *en la Cité*. Exhaussement de son terrain, 322.
— Légende du barbier, 364 et suiv.
— (*Saint-Marcel*). Maison de saint Louis, 370.

Maubert (place), inondée, 324.

Mendoça (hôtel). Où situé et d'où lui vient son nom, 95.
— Antonio Perez l'habite, 96.
— Devient un *magasin des pauvres*, puis un célèbre cabaret, 97.

Michel-le-Comte (rue). Les banquiers Thélusson et Necker, 298.

Montesson (hôtel). Son origine, sa description; fête qu'on y donne en 1810; sinistre, etc., 185 et suiv.

Montmartre. Ses moulins, 8, 50.
— Son télégraphe, 47.
— La chapelle du Martyre, 48, 50.

Montmartre. Dévotion à saint Rabboni, 49, note.
— Vœu de saint Ignace, 48-49, 53.
— Fontaines disparues, 52-53.
— Plâtrières au xive siècle, 53.
— Chapelle souterraine, 53-57.
— Prétendus trésors en 1737, 57.
— Autre en 1846, 61.

N.

Navarin (rue). Le cotonnier de l'acteur Fechter, 41.
Nesle (hôtel de). Ce qu'en fit Louis XI, 93.
Neuve-des-Petits-Champs (rue). Sophie Arnould et la Vénus hottentote, 340-341.
Notre-Dame (église). Si elle eut autrefois des marches, 322.
— Châsse de saint Marcel, 363.
— (de La Carolle). Sa légende, 360-361.
— (-des-Champs). Isoré y campe, 373.
— Statue de saint Michel, à son pignon, 377.
Nouvelles a la main. Leur histoire, chez madame Doublet, aux *Filles-Saint-Thomas*, 280, etc.

O.

Ogier (hôtel), à l'île Saint-Louis, 119.
Opéra. Comment tout le prédestinait à être bâti, où on l'élève, 350.
Orléans-Saint-Marcel (rue d'). Origine de son nom, 84, 370.
— (pavillon d'), rue Taitbout, 189.
— (cité d'). Occupe, rue Saint-Lazare, le terrain de l'hôtel du danseur Dauberval, 190.

Ormes (quai des). Son origine sous Charles V, 319.
Orsel (village). Son origine, 52.
Ours (rue aux). Légende du Suisse, 360.

P.

Palais-Royal. La bouquetière Marie et la duchesse d'Orléans, 171.
Paris. (Proverbe sur), 7.
— Vers de M. L. Bouilhet, sur ses démolitions, 12-13.
— Ses légendes, 359 et suiv.
— Ses rats, 241 et suiv.
Paroisse (la). Bureau d'esprit aux Filles-Saint-Thomas, 279.
Paté-Paris. Maison de Bercy, ce que c'est et d'où son nom, 207.
— Madame Rolland au Pâté-Paris, 207.
Pavée-Saint-Sauveur (rue), 82.
Pépinière (rue de la). Origine de son nom, 33.
Petite Bretagne (la). Où située, 386.
— Tournois qu'on y donne, 385.
Petit homme rouge des Tuileries. Sa Légende, 359.
Petit-Lion (rue du), 82.
Petits-Pères. Leur couvent et leurs cloches, 285.
Picpus (cimetière de). Son origine sous la Terreur, 129, 130.
Pimodan (hôtel). Son histoire, 109 et suiv.
Pomme-de-Pin (cabaret de la), 111, 112.
Ponthieu (rue de). Pourquoi nommée ainsi, 37.
Porte-aux-Peintres, 89.
Provence (rue de). L'hôtel et le lycée Thélusson, 298, 306.

Puits. Celui de la rue du Feurre, 6.
— Du médecin Pitard, rue de la Licorne, 320.
— De Zamet, rue de la Cerisaie, 212.
— D'Amour. Sa légende, 379.
— (rue du). Origine de son nom, 380.
— Sédaine y loge, *id.*

Pute y musse (hôtel de). Où situé et pourquoi nommé ainsi, 84.

Q.

Quatre-Fils (rue des). Origine de son nom, 380.

R.

Ranelagh (le), 9.
— Celui de Londres, 213.

Rat de Paris (le). Son histoire depuis les Romains, 141.

Reine-Blanche (hôtel de la), 370.
— (rue de la), *id.*

Richer (rue). Pensionnat de mademoiselle Mendelsshon, sous l'Empire, 184.

Robinson (arbre de), 9-10.

Rochechouart (rue). Origine de son nom, 61.

Rochefoucauld (rue de la). Origine de son nom, *id.*

Rocher (rue du), 154.

Roi de Rome. Son palais, 70 et suiv.

Rouge (pont). V. *Pont des Tuileries.*

Roule (quartier du). Fief qu'y possède la *Monnaie de Paris*, 34, note.
— (rue du). Origine de son nom, *id.*

Roule (faubourg du). Atelier de Houdon, 42.
— Fonderie où l'on coule la statue de Louis XV, *id.*

s.

Saint-André-des-Arcs (quartier de), inondé, 324.
Saint-Augustin (rue Neuve-). Origine de son nom, 285-286.
Saint-Bernard (quai), inondé, 335.
Saint-Florentin (hôtel), à la Ville-l'Évêque, 36.
Sainte-Geneviève. Sa légende, 362.
Saint-Georges (rue). Origine de son nom, 384.
Saint-James (hôtel), place Vendôme; son propriétaire, en 1780. 218-220.
— (Folie), au bois de Boulogne, 218, etc.
— Son *rocher*, 224-226.
— (Pavillon). Quand bâti, puis vendu, 227.
Saint-Jérôme (rue). Où elle était située et comme elle disparut, 288.
Saint-Louis (île). Quand à la mode, 112.
Saint-Marcel (faubourg), inondé par la Bièvre, 317.
Saint-Merry (archet), 373.
Saint-Michel (pont). Ventes qu'on y fait, 163.
— Boutiques inondées, 323.
Saint-Nicaise (rue). Hôtel de la Deschamps, 221.
— Vente qu'on y fait, *id.*
Saint-Paul (quai), 114.
— (port), inondé, 322.
Saint-Roch. Convoi de mademoiselle Marquise et de madame Montesson, 186.
— Convoi de mademoiselle Chameroy, 291.
— Présent de mademoiselle Dervieux à son curé, 345.

Saint-Sulpice (cimetière). On y établit le *Bal des zéphyrs*, 154.
Salm (hôtel de). Son histoire, 123.
— Rousseau le bâtit pour le prince de Salm, 124.
— Fêtes qu'y donne celui-ci, 126.
— Mis en loterie, 355.
— Devient un *club*, 128.
— Le marquis de Beauregard, son propriétaire sous le Directoire, 131.
— Histoire de cet intrigant, 131-140.
Saunerie (rue de la), inondée, 324.
Savonnerie (tapis de la). Pourquoi ainsi nommée, 65.
— Première manufacture, *id.*
Soissons (hôtel de). Son premier nom, ce qui le remplace, 1.

T.

Table Roland (la). Fameux cabaret, 159-160.
Taitbout (rue). Son origine, 189.
Tateur (le). Sa légende, 359.
Thélusson (hôtel). Par qui bâti, et pour qui, 298-301 [1].
— Sa description, *id.*
— *Lycée* qu'on y fonde, 303-306.
— Murat y demeure, 306.
— L'ambassade de Russie y loge, 306.
— Le tailleur Berchut l'achète et le démolit, 306.

1. Nous avons dit, p. 298, que la date de la mort du banquier Thélusson nous était inconnue; nous l'avons apprise depuis par une lettre de Voltaire du *Recueil Cayrol*, t. II, p. 509, qui permet de la fixer au mois de septembre 1776.— V. aussi, sur les Thélusson, *la France protestante*, de Haag, t. IX, p. 364.

Tombe-Isoire (la). Sa légende, 375.
Tombes (fief des). Où situé, 377.
Tournon (rue de). Joseph II y loge, 247-248.
Trocadéro (hauteur du), 70.
— Projet d'y mettre le tombeau de Napoléon, 76-78.
Trois-Frères (rue des). Son origine, 190.
— Ermitage de M. de Jouy, l'*Hermite de la Chaussée-d'Antin*, 190, 270.
Tuileries (château des). Son *petit homme rouge*, 359.
— Son escalier en vis, 152.
— (pont des). Son histoire, 327-329.

V.

Val-de-Grace (le). Origine de son nom, 317-318.
Vallée de misère (la). Ses cabarets, 159.
— Inondée, 323-324.
Vannerie (rue de la). Son fameux cabaret, 163.
Vauvert (château de), 376.
— (le diable), *id.*
Veau-qui-tette (le). Origine du nom de ce restaurant, 161.
— Sa clientèle d'huissiers et de brocanteurs, 162-164.
Vivienne (rue). Histoire de son prolongement jusqu'à la rue Feydeau, puis jusqu'au boulevard, 287-288.

Z.

Zamet (hôtel), rue de la Cerisaie, 212.

FIN DE LA TABLE.

TABLE DES CHAPITRES

I
Les Poëtes à Paris.................................... 1

II
Le Cèdre de Gigoux...................................... 25

III
Les Trésors de Montmartre................ 47

IV
Le Palais du roi de Rome................... 63

V
Le Donjon de Jean-sans-Peur 87

VI
L'Hôtel Pimodan.. 110

VII
L'Hôtel de Salm.. 123

VIII
Archéologie du rat de Paris................ 141

IX
Le Veau-qui-tette...................................... 151

X
La Civette.. 165

XI
Un sinistre à la cité d'Antin................. 179

XII
Le Château de Bercy........................... 197

XIII
Le Château de Madrid et la Folie Saint-James. 211

XIV
Le Café de la Régence......................... 229

XV
Les Cloches des Filles-Saint-Thomas........ 275

XVI
Les Thélusson et le *Juif-Errant* d'Eugène Sue. 297

XVII
Paris sous l'eau................................ 315

XVIII
La Guimard et son temple.................... 339

XIX
Le Géant de la Tombe-Isoire et de quelques autres légendes parisiennes............... 337

TABLE ALPHABÉTIQUE...................... 387

FIN DE LA TABLE DES CHAPITRES.

www.ingramcontent.com/pod-product-compliance
Lightning Source LLC
Chambersburg PA
CBHW071859230426
43671CB00010B/1405